かたりあう
沖縄近現代史

——沖縄のこれからを引き継ぐための七つのムヌガタイ

前田勇樹
古波藏契
編

Conversations on Okinawa's Modern and Contemporary History
—— Seven Dialogues to Weave the Future of the Islands

ボーダーインク

かたりあう沖縄近現代史　目次

はじめに

沖縄のこれからを引き継ぐために

前田勇樹

本書を手にとられた皆さんは、「あの時、あの人にこの話聞いておけばよかった…」「あの話って何だったっけ？　なんでメモしなかったんだろう…」という経験が大なり小なりあるのではなかろうか。それは、他愛のない両親の馴れ初めの話かもしれないし、大物政治家のオーラルヒストリーかもしれないし、はたまた近親者の経験した壮絶な戦争体験の話かもしれない……歴史研究の世界においても、たびたびそういった想いに駆られることがある。とくに、二〇二四年は大先輩から身近な方まで、多くの沖縄研究者の訃報に接する一年となった。改めて、いま先輩《しーじゃー》方に聞いておくべきことは何なのか、若手がそれぞれの立場や問題意識に立脚し、対話を通した継承を試みた記録が本書である。

いまから約三年前、同様に現在の問題意識に立脚して、沖縄近現代通史をまとめたのが『つながる沖縄近現代史』。ほとんど若手研究者の勢いで出版に至り、幸いにして多くの読者に手にとっていただいた（改めて感謝申し上げます）。

一方で編者はここ数年、上の世代のこれまでのこだわりや問題意識を受け止め切れていないのではないか、なにか重要なことを受け取りそびれているのではないか、といった新

『つながる沖縄近現代史　沖縄のいまを考えるための十五章と二十のコラム』前田勇樹・古波藏契・秋山道宏編、ボーダーインク、二〇二一年。

たな課題に直面していた。こうした問題意識から本書では、大先輩たちとの対話を通して、「自分の前にも、自分と同じようなことを考えている人がいたのか!」という「思想的水脈」を掘り起こし、可視化することを試みた。

対談に入る前に、本書を読み進めるうえでの勘所をここでは二点だけ提示しておきたい。

まず一つが、一九八〇年代から九〇年代の沖縄において、何が変わり、何が変わり切れなかったのかということ。沖縄の歴史研究において、戦前から「復帰」までを研究史上のひとつの時期に区分すると、八〇〜九〇年代はターニングポイントであった。復帰を境に「日本のなかの沖縄」というそれまでの枠組みが見直され、各分野において「沖縄とは何か」という真剣な問いが追及された。そのなかで、新たな書き手が次々に現れ、つぶさな史料収集や取材と精緻な議論により新たな枠組みが生み出されていった。意外なことかもしれないが、「琉球史」という用語が社会的に定着したのも、この時代のことである。その背後にあった当時の問題意識や時代背景、さらには当事者のライフヒストリーも含めて各対談から読み取っていただければと思う。

また、大きく変動した領域がある一方で、変わり切れなかった領域も存在する。なぜ、変わらなかったのか、変えることができなかったのか、その「歴史」を通して私たちに何が投げかけられているのか、今一度目を凝らしてみてほしい。

二つ目は、多様な「可能性」を探してみることである。現代社会は「ポスト真実の時代」とも呼ばれるように、インターネットやSNSの著しい発達によって、自分の好きな話題や情報、ないしは自分の信じていることだけで、自らを取り巻く情報を埋めてしまい、自らの「正しさ」だけで生きていくことのできる時代でもある。

しかし、本書に収められた対話のなかには、我々のなかに自然と固着化してしまった思考や、一種の「正しさ」を解きほぐし、柔軟な発想へと導いてくれるような話題が随所にみられる。この歴史やこの問題はもしかしたら、こういった可能性があったんじゃないか、こういう風に考えることもできるんじゃないか、といった読者のみなさんの「思想的水脈」は、すでに誰かが考えていたことかもしれないし、誰かが実践していたことかもしれない。また、収録した対談は時間も場所も違う個別に行われたものだが、登場する人物やトピック、語り合った内容がそれぞれ響き合うようなところがある。ぜひ、そうした偶然の出会いをみつけてほしい。

最後に、本書は編者の意図でこの順番になっているが（どういった意図かは想像にお任せします）、どの対談から読み始めても一つ一つの対談は完結しているので、気になるテーマからページをめくってもらえればと思う。

また、各対談の雰囲気を極力損なわないよう、全体での語調の統一は行っておらず、話し言葉のままの部分もある。その現場に居合わせた者に共有された緊張感や、話が進むにつれて現場に流れた空気感（高揚感？）を想像して読むことで、何か大事なバトンが渡された瞬間をみつけることができるかもしれない。

なお、歴史用語や沖縄近現代史の流れについては、手前味噌だが『つながる沖縄近現代史』をご参照いただき、これを縦糸として、各対談を横糸に読み進めていただければ幸いである。

『つながる沖縄近現代史』は、しばらく品切れとなっていたが、コラムを追加し、増補新装版として二〇二五年度中に刊行する予定である。

かたりあう沖縄近現代史

沖縄のこれからを引き継ぐための七つのムヌガタイ

○凡例

・対談の収録は二〇二三年一一月から二〇二四年四月の期間に行った。
・各対談は編者がコーディネーターとして参加し、必要に応じて発言した。その後内容に対談者が追加修正した。註は対談者が基本的に執筆し、補足として編者が追加した。
・「ムヌガタイ」(munugatai)は、「話」「会話」「談話」の意味。

munugatai 1

シン・琉球史の時代へ

「安良城ショック」から「首里城焼失、再建」まで

高良倉吉
前田勇樹

高良 倉吉【たから くらよし】
一九四七年伊是名村生まれ。歴史学者。浦添市立図書館館長を経て、琉球大学法文学部教授、沖縄県副知事を歴任。琉球大学名誉教授、首里城復元に向けた技術検討委員会委員長。主な著書『琉球王府 首里城』、『琉球王国の構造』、『琉球王国史の課題』など多数。

前田 勇樹【まえだ ゆうき】
一九九〇年福岡県生まれ。琉球大学附属図書館一般職員／沖縄県立芸術大学附属研究所共同研究員。専門は琉球沖縄史。第四四回沖縄文化協会賞「比嘉春潮賞」を受賞。著書に『沖縄初期県政の政治と社会』、共著書に『つながる沖縄近現代史』などがある。

オブザーバー
濵地 龍磨【はまじ たつま】
一九九二年大阪府生まれ。沖縄県教育庁文化財課主任、名桜大学博士後期課程。専門は琉球史。「沖縄歴史倶楽部」の主要メンバーとして活動。主要な研究に「近世琉球辞令書と言上写の相関性に関する一考察」などがある。当対談には沖縄歴史倶楽部の一員としてオブザーバーで参加。

■コーディネーター　前田勇樹
■対談日　二〇二四年一月二六日

「沖縄」と「琉球」のせめぎ合い

高良倉吉　僕が最初に単行本を出したのは、一九八〇年『沖縄歴史論序説』という、それまで書いたものを集めて、三一書房から。同じ年に出した書き下ろしの本があって、筑摩書房から出した『琉球の時代』。翌八一年に沖縄タイムスから『沖縄歴史への視点』を出すんだよ。「沖縄」↓「琉球」↓「沖縄」、僕の中ではまだ強い自覚を持って、「琉球」と「沖縄」を使い分ける意識は、多分あのころまだなかったと思う。

前田勇樹　復帰前とか、米軍が意識的に「琉球」って使っていた時代があるじゃないですか。琉球大学とか琉球銀行とか、あなたたちは日本とは違う「琉球」だと。いわゆる「離日政策」と言われてますけど、一定アカデミアの中でも、「琉球」（という呼称）そのものに対する敬遠感というか……。

高良　はいはい、鹿野政直『戦後沖縄の思想史像』のね。沖縄と琉球のせめぎ合いみたいな話があるんだけど。頭の中にあったのは、要するに書名がそういう風に琉球と沖縄がバラバラに使われていることだったんだけど。『沖縄歴史論序説』で扱っているのは、考古学的な議論から古琉球から近世、ただ近代は入れてなかった。そういう現在に跨がるような議論をしているんで、そのタイトルは『沖縄歴史論序説』にした。三冊目の『沖縄歴史への視点』（一九八一年）で、三つの時代に跨がるような議論にしたから、その間に入っている『琉球の時代』は完全に古琉球に焦点を絞ったから「琉球」という言葉を使った。その『琉球の時代』は、やがて筑摩の学術文庫になるんだよね。その時、あとがきに書いたんだけど、じつは『琉球の時代』って、結構まわりの研究者から批判されたんだよ。なんで「琉球」なんだと。

『戦後沖縄の思想史像』朝日新聞社、一九八七年。第一章「「沖縄」と「琉球」のはざまで……戦後の出発」において、この二つの言葉をめぐる歴史について言及している。

まさに、せめぎ合いの話ですよ。「琉球」という言葉を使うのに、ぴったしの時代だからそうした。だから、僕の中では先史時代から近現代まで含めて、全体を貫く言葉は「沖縄」。その中で、前近代を中心とした時代が琉球という風に意識していた。ただ、のちに奄美の辞令書の調査をして、奄美のことを勉強したから、奄美と宮古・八重山を含めて、その全体を対象とする歴史研究を何というべきかといった時に、一番ふさわしいのは沖縄ではない、琉球という言葉がいちばんふさわしい。これは、言語学が琉球語と言ったりする。あるいは他の学問でも琉球を使う。それと同じだと思った。奄美と宮古・八重山を射程に入れた歴史研究はやっぱり琉球史だ。地理的に、歴史的な時間に敬意を示すのだったら琉球。あえて自覚的に「琉球史」という言葉を使いました。だから、琉球史という言葉を使った一つのきっかけは、宮古・八重山と奄美を包摂した歴史研究。それを琉球史研究という以外には、それ以前には「南島史」という言葉があったりとかしたけど、多分馴染まない。そういうふうに問題を整理する時の発想の基礎になっているのが、安良城盛昭《あらきもりあき》の議論だよね。

前田　安良城さん、けっこう近世の沖縄史って使ったりとか、あくまで沖縄史なんだという印象がありますが。

高良　いや、そうなんだけど。ネーミングというのは沖縄にとって大事なんだけども、自分が一応向き合っている歴史という空間は、あるいは歴史という時間はどういう風に表現すべきなのかと。安良城盛昭はそれを整理して言ったのではなくて、どちらかと言えばやりたかったことは、奄美から宮古・八重山まで。あと、史料を安良城さんなりに見て議論すること。

前田　琉球列島の歴史とか、そういうイメージなんですか？

高良　琉球弧に「琉球」というのは入るけれども、僕は南大東島で育ったから、南大東はそういったものからぜんぜん外れた所にある。そういった多様性のある時間を経て、今日に至るまで沖縄っていう世界は形成され続けていると思う時がある。だから、「琉球」という時間を形成する

辞令書
第二尚氏王統成立当初から王国末期まで発給された公文書。時代ごとに書式が異なり、「古琉球辞令書」、「過渡期辞令書」、「近世琉球辞令書」の三形式に分類される。同時代的には「御朱印」あるいは「御印判」と称された。その内容は官職への任用、役得地の授与、免税など多岐にわたる。

安良城盛昭
歴史学者。一九二七年東京都生まれで、両親は沖縄出身。一九九三年没。東京大学助教授、沖縄大学学長、大阪府立大学教授などを歴任。一九七四年に沖縄大学教授へ就任し、沖縄へ移住。一九八〇年に大阪府立大学へ移るまでの間、旧慣期の評価をめぐる西里喜行氏との「安良城・西里論争」や、渡口真清氏との「里主所論争」など、それまでの琉球沖縄史研究に真っ向から疑問を投げかけ、大きなインパクトを与えた。高良氏はこれを「安良城ショック」と名付けている。主な著書に『幕藩体制社会の成立と構造』、『歴史学における理論と実証・第Ⅰ部』、『太閤検地と石高制』、『新・沖縄史論』、『天皇・天皇制・沖縄』『日本封建社会成立史論』など。

そのプロセスが琉球史の問題だろうと思う。近現代だって、日本との関係が前面に出てきた中で、近現代以降の歴史研究を何というか。それはたぶん沖縄歴史になるわけ。ただ、その歴史は琉球という時代と、連続しているじゃないですか。そうすると、それは「琉球・沖縄史」なのかとか。僕はとりあえず、全体を琉球史と捉えた方が時間的・空間的にも包摂できる。しかも、中国やら、台湾やら、アジアの人間にも通じる。琉球っていう言葉を使った方が、はるかに同じ基盤で議論できる。そう思ったわけです。だから、豊見山《とみやま》（和行《かずゆき》）先生が、「琉球沖縄歴史学会」に中黒を付けなかったって（動画で）議論してるじゃないですか。その気持ちはよく分かる。分かるんだけれども、そういった議論も踏まえて、とりあえずの歴史研究のステージで言えば、琉球史研究と呼ぶべきだと。

前田　時代時代でいろんな人が緊張感もちながら……。

高良　それはね、そういう時代ごとに変化があっていいと思う。それ自体が歴史なんだからと思う。

前田　やっぱり高良先生の話にあったみたいに、「琉球」という空間自体、広がり続けていることは、たしかにそれで考えると、沖縄っていうとかなり絞られてしまうというのは確かにそうですね。

高良　『沖縄歴史への視点』だとか、『沖縄歴史論序説』とか使ってて違和感はなかった。しかし、『琉球の時代』はまさに琉球と言うべきあるひとつの原点を作った時代の話をしたかった。それに対して、「なんでお前、琉球とか使うんだ？」とか、結構クレームありましたよ。一般の市民からじゃなくて研究者から。

前田　まだちょっと、このワード（琉球）に対する違和感というか（忌避感があった）。

動画で論議……
豊見山和行×前田勇樹「琉球沖縄史研究の復帰後史」（二〇二三年二月二四日・ジュンク堂書店那覇店トークイベント）

安良城盛昭との出会い

高良　そうそう。安良城ショック（安良城旋風）の前の状況を説明すればすぐ分かる。僕は幸いと言うべきか、上原兼善さん分かるよね、彼は元々糸満高校の先生だったんだけれども、（沖縄県）史料編集所の職員になった。その後、彼はもっと勉強したいと言うんで、九州大学大学院に合格するんです。それで彼のポストが空いた。当時、夏休みとか春休みとか、史料編集所に一人で行って史料を見ていたんだよ。できればこういうところに就職できたらいいなとずっと内心思ってた。当時、史料編集所長だった大城立裕《おおしろたつひろ》に誘われて。もうオッケーです。それが一九七三年の四月。当時はね、選考任用で、採用試験を受けずに採用されたんだよ。

前田　そうなんですか？

高良　ラッキー！とか言って（笑）。僕の前に安仁屋政昭という沖縄戦の研究者がいた。彼が、国際大学に採用された。そのポストには沖縄戦研究者の大城将保さん。『沖縄県史』という刊行事業をやっていて、近代史史料を中心にいろんな史料集めてたから、そこの職員になれたのは僕の人生にとって一番の転機になりましたね。それが一九七三年の四月だから、七四年と七五年に東南アジア調査をして、その東南アジア調査をやった直後に安良城盛昭が沖縄に居住するわけさ。

前田　七五年ですか？

高良　その前から沖大の先生にはなっているんだけど、実際に沖縄に住んだのは七五年から。最初会った時、強烈な人でしたね。その前に、（自分が）名古屋にいた時に、東京（東大）にいた時の安良城盛昭の研究は、多少かじっていましたから。東大の社会科学研究所に行ったんですよ。安良城先生に会いたいと思って、もちろんアポもなし。研究所に行ったら、ロビーの所に「今月

安良城ショック（安良城旋風）については18頁以降で詳述。

史料編集班
沖縄県教育庁文化財課史料編集班。『新沖縄県史』や『歴代宝案』の編集を所掌する。

大城立裕
一九二五年中城村生まれ。沖縄出身者として初めての芥川賞を「カクテル・パーティー」で受賞。沖縄史料編集所長、沖縄県立博物館長などを務める。小説、戯曲など多くの作品がある。二〇二〇年没。

『沖縄県史』
一九六五年から現在に至るまで刊行が続く、沖縄県の歴史書。六〇年代〜七〇年代にかけて編纂された『旧県史』に対して、九〇年代以降は『新県史』の編纂が進められ、全国の自治体としては初の「女性史編」も刊行されている。

の研究発表テーマ」というのが貼られてるじゃないですか。「前近代史の研究発表……安良城盛昭」「近代史……安良城盛昭」……あ、オレみたいなガキが会うべき人じゃないと、諦めましたもん。

前田 その時は会わなかったんですか？

高良 その時は会わなかった。相当勉強して行かないと、この人の前では多分、潰されると思った。安良城盛昭という人間は、もちろん歴史研究の問題提起者として功成り名を遂げた研究者なんだけれども、沖縄（の歴史研究）に関わることで安良城さん自身が歴史研究に向き合う気分をリフレッシュしたい、リセットしたいという想いがあったと思う。あんなに、離島を飛び回って史料調査して、当時「伊波普猷生誕一〇〇年」もあったじゃないですか。それも頼まれたら講演もし、全然さぼってないんだよ、あの人。歴史研究の担い手として、ひさびさに新入生気分というか、リフレッシュする側面もあった。

前田 それこそ、『新・沖縄史論』のあとがきに、東大の時のすごく激しい（当局との）退職エピソードが書いてあって、その反面、先生たちから聞くのは、沖縄では生き生きと調査されて、議論されて、研究されていて。

高良 東大の……あの長い……「那覇のスナックの……」とか、感謝を述べている店がいっぱいあるじゃないですか。

前田 出てきますね（笑）。

高良 普通ではない「あとがき」なんだけれども、逆に言うと、安良城盛昭が沖縄で過ごした研究の雰囲気を伝えてるよね。僕が一番印象に残っているエピソードはね、ある日、史料編集所に電話がかかってきて、「ちょっと寄宮の店に付き合ってくれんか」と。沖大から歩いて一〇分くらいのところですよ。安良城先生がしょんぼり……じゃないなー、静かに（呑んでた）。「いやー、今日は我ながら考えたようにいかないもんだと思って、ビール飲みたいんで、あんたがいた方が飲みやすいと思って誘ったんだよ」と。（席に）ビールはなかったんですけどね。当時、沖大の

『新・沖縄史論』安良城盛昭、沖縄タイムス社、一九八〇年。

学長、理事長をしていたじゃないですか。職員の給料を払えなかったんだよ。地元銀行に融資を求めたら、「沖大はもう担保になる物件はすべて使い果たしています」と。安良城先生は「これを担保にしてほしい」と、自分の書いた本や論文の抜き刷りを全部風呂敷に包んで、「これで融資してくれ、俺は並みの学者じゃない。自分は信頼できるこれだけの実績を持っている。信用貸しをしてくれ」と言ったわけさ。相手にされなかったので、本人はしょぼんとしていた。よく見たら、テーブルのそばに風呂敷が二つくらいあるんだよ。そういう人なんですよ。

前田　豪快……（笑）。

濵地龍磨　その話聞くと、ちょっとイメージ変わりますよね。

高良　うん、結構悩んでましたよ。

濵地　安良城さんがずっとやり続けようとした、マルクス主義歴史学の実践でもあったのかなと思うのですけど。

高良　彼はもちろんマルクス主義歴史学の担い手なんだけど、いつも本人が言っていたのは、単純な薄っぺらなマルクス主義歴史学の理論を批判してるわけ。それをベースにしながら、絶えず自分の中で反芻しながら、応用しながらやってる。だから、マルクス主義歴史学は完成したわけじゃないと。理論を出発点にして、常に自分を鍛え直し、理論を鍛え直すことが大事なんだと言ってました。それは出発点であって、それをさまざまな現実や、さまざまなデータと格闘しながら鍛え上げていくもんだと。しかし、現実や史料と格闘しないで、ただ単に理論を適用してペタペタっと貼って結論付けても、それは理論じゃねーという感じでしたよ。だから、「安良城・西里論争」の話は、そこにつながっていくわけさ。

安良城旋風の話を僕なりに説明すると、豊見山先生もジュンク堂の対談で言っていたけど、基本的には前近代史の研究が停滞していて、戦後世代の人たちが、『沖縄県史』を通じて東京あたりの史料を収集したりして、近代史を論ずる史料的な状況が準備された。それを検討して議論で

処分以前の琉球を含めて琉球と沖縄を統一的にどうやって説明するのか。琉球史というのは常にトータルなものを描きながら、その中で自分が関心を持ってるテーマを意識して格闘する。全体像を描くための営みなんだという自覚があるかどうかというのが、安良城盛昭と僕の話だった。

高良倉吉

きる人間が戦後世代、金城正篤《きんじょうせいとく》や西里喜行《にしざときこう》だったりする。彼らがやった研究は琉球処分論とその後の旧慣温存研究が中心だった。その問題意識を当時の史料編纂所職員と共有していて、その舞台が沖縄歴史研究会だったわけですよ。『沖縄県史』と並行してやった記念碑的な本は『近代沖縄の歴史と民衆』ですよ。だから、この二つは通底してますよ。その議論の中心は、やっぱり近代史。琉球処分論と旧慣温存と、特別県政がやがて一般沖縄県政になっていくプロセス。

安良城盛昭ショックとは？

前田　一昨年、復帰五〇年に関連して、『歴史学研究』でいろんな分野の研究史五〇年を振り返る特集が組まれ、沖縄近代史のところを担当させてもらったんですけど、六〇年代に沖縄の復帰運動が盛り上がるにつれて、日本の歴史学界のなかで沖縄の歴史に関する論文が急増していくじゃないですか。高良先生と安良城先生との対談の中で、懺悔史観であったり、あくまで論点は近代が中心であって、前近代史に焦点は当たってこないし、高良先生は結構モヤモヤされているんだなと読んでて思いました。安良城さんどうですかと、高良先生が聞いた時に、安良城さんは単純に学術的な興味とおっしゃっていたんですけど、琉球処分論を議論してるんですけど、琉球王国という国家に関する議論自体がフワフワしてる分、結局琉球処分論そのものの結論が出しづらいみたいな状況が六〇年代ずっと続いてたと思うんです。

高良　そうです。

前田　そこに七〇年代〜八〇年代の琉球王国の歴史、いわゆる琉球史が定着していくことによって、その後の琉球処分論そのものも九〇年代のいわゆる併合史観の方にうまくシフトしていった

金城正篤や西里喜行だったり……歴史研究者。両氏ともに琉球大学名誉教授。復帰前後の時期には、琉球処分論をはじめ、近世末期から近代沖縄について議論を展開し、九〇年代以降は琉球の対中国外交文書である「歴代宝案」の編纂事業に携わるなど、その功績は多岐にわたる。

前田勇樹「琉球沖縄史の近世・近代転換期をめぐって：琉球処分と旧慣温存の研究動向」『歴史学研究』一〇二三号、二〇二二年六月。なお、この論文を含む特集論文の多くは歴史学研究編『日本復帰50年　琉球沖縄史の現在地』東京大学出版会、二〇二四年に収録されているので、詳細は本書参照。

一九六〇年代はいわゆる「琉球処分」の評価をめぐって活発に議論が展開した時期である。ただ、同時代の流れを受け、「琉球処分」を歴史的必然（ないしは民族統一）と評価しながら、その内実を問う議論が展開された。これが大きく変化するのは一九八〇年代以降のことである。

という風に僕は見ていたんですけど、やはり、あの六〇年代の研究状況というのは、高良先生は同時代の研究者として、モヤモヤするものがあったように思うのですが、いかがですか？

高良　琉球処分論とその後の旧慣温存論の話というのは、沖縄は日本から切り離されて、米軍の統治下にあると。そのくらいひどい状況に置かれているというなかで、復帰運動がやがて出てくる。そして、琉球処分研究はそれ（同時代状況）に応えた研究。なぜ沖縄は復帰するのか、単純に復帰という言葉では表せないようなさまざまな歴史のスペクトルはいっぱいあるわけだから。それに応えたのが、金城正篤と西里喜行だと思ってる。その中でいちばん大事な問題は、琉球処分で失ってしまった、無くなってしまう前の琉球とはいったい何だったのか。併合され処分され、その実態って何だったのと。その前近代の部分がたぶん弱かった。消滅した前近代の琉球って何なんだろう。逆にね、安良城盛昭らがやった、僕もそうです。処分された、併合されて否定された琉球というのは何なんだ。それを問いたいなと。

単純に、そのころの状況と前近代史を見なければ琉球歴史全体を描けない。だから、近代史研究、琉球処分論、旧慣温存論の研究が始まって、戦後大学で専門教育を受けた人間だからレベル高い。それ以前の研究とはぜんぜん違うレベルですよ。安良城盛昭だって、評価しつつ、しかし前の時代と統一的な歴史認識がないという問題が出てくる。そして同時に、じゃあ処分され、併合された地域の実態を物語る史料と向き合ったのかいと。資本の原始的蓄積の対象だったのか？そんな単純な話ではないでしょう、というのが安良城さんの議論なわけよね。

僕は当時、安良城さんと飲んだり議論したりする中で、いちばんの突破口は沖縄の位置づけとか、処分以前の琉球を含めて琉球と沖縄を統一的にどうやって説明するのかと、それが問われる段階に来てるんですと。だから、近代史研究だけで問われていくのはよくない。僕の言葉でいうと、琉球史というのは常にトータルなものを描きながら、その中で自分が関心を持ってるテーマを意識して格闘する。全体像を描くための営みなんだという自覚があるかどうかというのが、安

旧慣温存／旧慣温存論
「安良城・西里論争」の註にて詳述。

資本の原始的蓄積
資本主義的な生産様式が成立するための前提をなす蓄積。具体的には、農民が土地などの生産手段を奪われることによって、労働者へと転化させられていく歴史的過程を指す。

良城盛昭と僕の話だった。

　それを、安良城さんは喧嘩が上手だから、それをあえて琉球処分論や旧慣温存論にシフトした形でやった。全体像の中のこの問題を議論してますか、ということを問いかけたのかなと、当時僕は理解していた。だから、例えば資本の原始的蓄積というのは、「資本論」を読んでいれば分かるじゃないですか。西里先生も金城先生も、ただ単純にマルクス主義（の理論）を適用したわけではない。いろんな試行錯誤をしている世代の人間たちが、当時の史料状況や理論状況を含めた沖縄の置かれている現実を踏まえて、同時代沖縄の姿を投影したのが琉球処分論であるし、旧慣温存論だったわけ。気持ちが分かる部分は、あるんですよ。だから、それを現代の磁場から解いて、当時の歴史に戻せと。当時の歴史の中で実証的議論をしようじゃないかと。やってきたことはよく分かるけれども、歴史は歴史として議論しようじゃないか、ということを安良城さんは言いたかったんだけど。

前田　あまりにも強すぎる現代性（アクチュアリティ）というか、現代の問題意識を取り入れたために、例えば安良城さんは当時だと差別史観という言葉を頻繁に使って問題提起していた。

　それは流れで見ていると、その後に高良先生の国家史としての琉球史というのが出てくる。そこからさらにステップアップして、豊見山和行先生や真栄平房昭先生たちの琉球の主体性に関する議論に入っていくのかなと思っています。

高良　安良城盛昭が言いたかったことは、現代沖縄への問題意識につなげるのも大事だ。それに立脚する一定の情緒も分かると。しかし、歴史研究というのは、そういったものをリサーチした上で、しかし徹底して客観的に議論すべきだと。理論的枠組みを持つべきだ。強く嫌われてもいい、ある意味でそれまでの琉球の歴史研究を解体するような決意で、それが沖縄のために必要なんだというのが安良城盛昭の覚悟だと思うね。それが「安良城ショック」となって、昼は研究室で議論して、夜は居酒屋で呑んで……いやいやそうじゃない。徹底した議論をしなければだめだ。

琉球史の可能性はたぶん見えないよという話を彼はしたと思ってる。ある意味で、カルチャーショックでしたよ。西里さんや金城先生を含めて、安良城さんの問題提起に対して、受け止めるだけの人的な基盤が出来ている。だからだよ。西里さんがあんなに必死になって議論したのは、広い意味では共に歴史学を議論する同志だからですよ。

前田　六〇年代終わりの沖縄県史以降ですけど、格段に沖縄の史料状況はよくなったと思うんですよ。戦前以来の「球陽」とか「中山世鑑」とか定番の史料や、伊波普猷先生の史料で研究していた時代から、とにかく地域に眠っている史料を徹底的にリサーチして、そういう意味ではぺんぺん草も生えないぐらい史料を洗った上で議論するみたいな。それはまた歴史史料の編纂事業にもフィードバックされているじゃないですか。

高良　安良城ショック以降に出てきた現象は、地域史ですよ。地域に残っている史料を徹底的に調査して、史料を読み尽くす。安良城ショックが直接影響したというより、そういった環境を作った。安良城さん自身は、『名護市史』でそれを実践していたからね。名護市史の統計編は抜群の出来ですよ。沖縄県統計書を安良城流で見事に料理した。統計ってこんなに物を言うのかと思ったもん。その点では、沖縄歴史研究・琉球史研究に新たなステップが必要なんだということを促した研究者だと僕は思っている。それが安良城ショックだと思う。もちろん、論争の当事者の西里先生が『沖縄近代史研究』の「あとがき」で、俺は孤独だったみたいに書いてるじゃないですか。

前田　そうそう、仲良かったのに、みんなドンドン離れていってしまったみたいな……。

高良　いや、本人（西里さん）は酒の席にガンガンに付き合うような人じゃなかったから。

前田　あーそうなんですか？　そういうパーソナルなところもあるんですか？

高良　はい。その頃に、沖縄歴史研究会でサマーセミナーと言って、安良城さんたちと伊計島でやったりしていたんです。この論争（安良城・西里論争）の論点を整理するために、一緒にどっ

地域史
県史を筆頭に、市町村字において刊行される地域の歴史・文化を集成した書籍の総称。沖縄県は他の都道府県と比較して地域史の刊行が盛んな地域とされる。

『沖縄近代史研究』
沖縄時事出版、一九八一年。

安良城・西里論争
論争の要点をまとめると、安良城盛昭は旧慣期において旧慣の「温存」が一貫していたのではなく、「明治十四年の政変」と「壬午事変」を境に当初の改革志向（旧慣存置／据置）から旧慣温存へ方針転換したとする見解を提示した。そして、国庫収支の赤字を顧みず、政治的配慮から沖縄を優遇したと指摘し、西里や金城正篤をはじめとする『沖縄県史』で指摘された「収奪」の側面を烈しく批判した。これに対し西里は、旧慣期を通して旧慣「温存」は貫かれており、明治政府の財政的見地（糖業利益による本源的蓄積）から沖縄の糖業が重要視されたのだと反論し、両者の議論は平行線のまま現在に至っている。

かの離島で合宿して、忌憚のない議論をしませんかと、僕は企画書を書いたんだよ。賛同してもらえなかった。あの長い新聞の論争をね、もっと率直に議論する場を作りましょうと……みんな賛同しなかった。

前田 それこそ研究者だけじゃなくて、メディアも含めて、安良城ショックみたいなものが出来上がってきたのかなあと思うこともあるのですが。

高良 そうじゃないです。新聞にあれだけ長い学術的な連載が続くのは異常だよ。

前田 ありえないですね。

高良 僕に言わせると、編集者の失敗だと思う。お互いの結論を上中下でまとめて……というイニシアティブを発揮できなかったという話ですよ。ほんとの批判はできなかったわけですよ。

前田 来たものをひたすら新聞に載せるみたいになってましたもんね。

高良 あの議論は新聞でやる議論じゃないですよ。

前田 たしかに、論文でやる議論ではありましたよね。

高良 まあしかし、両者ともそれをお構いなしにやるからね。

濵地 近現代だけじゃないですよ。ほぼ同時期に、里主所論争も起きてる。

前田 あの論争も新聞？

濵地 もともと新聞ですよ。新聞での応酬だったので。

高良 渡口真清さんの話？

濵地 後世の研究者から言えることは、渡口さんの議論というのは、あくまで麻氏の史料しか見れてなかったんだろうと。あとは仲原（善忠）先生から史料をもらっていたり、情報提供を受けているけれども、それをステップアップできるだけの議論がないままやっていた。前近代では高良先生も携わっていますけど、古文書の悉皆調査が行われる中で、そこに巻き込まれたか、巻き込まれていないかで認識の差があった。

安良城ショックみたいなもの……
高良氏は「ここで強調したいのは、一九七〇年代後半から八〇年代初頭にかけて沖縄を舞台に活動した安良城の仕事や主張を通じて、それ以前にすでに高い水準を獲得していた近代史研究と低迷を続ける前近代史研究とが同一の場で語られたこと、その結果として近代史の水準が前近代史の側に「輸出」されたことであろう」と述べている（「琉球史研究をめぐる四〇年」）。

里主所論争
王府から授与される役得地「さとぬしところ」について、「さとぬしところ」は間切内の一地域全体を指すとする渡口真清の指摘に対して、安良城盛昭が「さとぬしところ」とは間切（行政区域）内の一地域に所在する特定の田畑を指すと批判したことによって新聞紙面上で行われた論争のこと。論争は、新たな史料の発見と伊江島で実施された地名調査の成果に基づき、安良城による指摘が正当なものと評価され現在に至る。

論争の問題点となったのは、渡口さんはあくまで古琉球の一部分を議論しようとしたんだけれども、安良城さんは琉球王国の第二尚氏王統期の土地の実態というのを一四〇〇年代から一八七九年まで通して議論しようとした。時代のスパンがあまりにも違いすぎて、議論の中で齟齬が起きてるんですよ。それをどこかでまとめる、仲介になる人たちが必要だったんですけど、たぶんそれをメディアは面白おかしくはやし立ててしまったという。

高良　当時の琉球新報、沖縄タイムスは学術研究の発表の場でもあったんだよ。

濵地　あ、そうなんですか。

高良　あんなに長く続くのは異常だけど……研究の場。ある一定の専門家たちが意見を言う場として、学術雑誌とかまだ整備されていなかったから、地元紙はそういう発表の場だったんだよ。

前田　そのあとの『新・琉球史』も新報での連載のあとに出版されてますよね。

高良　新聞メディアはそういう点で、大きな役割を果たした。しかし、安良城・西里論争の時は、当時の編集者がどんな深刻な問題か、深く考えていなかっただけの話。

前田　編集者も含めて、双方落とし所がもう見つからない。

高良　見つからない。

安良城盛昭と二つの論争を通して

濵地　僕は前近代の研究者として思うんですけど、里主所論争は明らかに決着をみているわけですよ。里主所論争の対象時期の方が、史料状況は悪いはずなのに決着している。なにがそんなに、安良城・西里論争は落としどころが見えなかったんですか？

今って研究がどんどん蛸壷化していって、誰々は何々時代の経済の何々みたいな……細分化するのは解像度が上がっていいんですけど。琉球・沖縄史の流れでみた時に、この出来事はどういうふうに見たらいいのかという視点が弱くなってきているのかなと。

前田勇樹

高良　多分ね、沖縄の近代史（琉球処分とそれ以降の状況）をめぐる議論というのは、いろんな論者がそれぞれの視点で議論している。だから、誰もあれを総括できないんだよ。「琉球併合論」であるとか、最近の自己決定権の議論であるとか。いまだに現代的な問題につながっているわけ。あの論争を歴史の論争として、史学史としてクールに整理するって、誰もやってないでしょう。

前田　一応、最近の原稿で書いたのは書いたんですけど……難しいですよね。自分もお二人の議論を読み直した時に、安良城さんの議論は細かいところからそれを大きく見せるテクニックはすごい。一方で、自分の感覚で言うと、西里先生の史料解釈のところは妥当なんですよ。僕もこの史料は、こういうふうに読むなと思うところは多いんですけど、結論のところが違う。そこが多分、研究者の同時代性のところなんですけど。西里先生として譲れない結論があるじゃないですか。安良城さんとしても差別史観を克服していく上では、譲れない結論があると。だから、僕は、西里先生の論証（史料解釈）で、安良城さんの結論に近づけていくと、けっこう妥当な議論になるのかなと。

最近、ウェンディ・マツムラさんの近代史の本が出てきて、いわゆる本源的蓄積そのものが、あの短いスパンじゃなくて、戦後を含めた広いスパンで見ないといけないと問題提起されている。旧慣温存が本源的蓄積かどうかという点がそもそも論点じゃなくなってきた。改めて、僕はどういう風に沖縄統治が作り上げられてきたかという方に、これからは入っていくのかなと思っている。旧慣温存という時代の中で、紆余曲折を経て、いわゆるヤマト（明治日本）による沖縄統治っていうのが出来上がってきたのか。その点では、確かに安良城さんが言っているみたいに行き当たりばったりなんですね。西里先生の場合は首尾一貫した統一方針があるように見えるんですけど、ではない。紆余曲折経る中で、でも出来上がってくるものを改めてどう捉えるか。それがひいては琉球沖縄史の近世から近代の転換というのを、ただただ力でねじ伏せられるだけじゃない側面がたぶん見えてくると思うんですよね。そこに持って行かないといけないのかなと。

『生きた労働への闘い：沖縄共同体の限界を問う』ウェンディ・マツムラ著、増渕あさ子、古波藏契、森亜紀子訳、法政大学出版局、二〇二三年。

高良　それは前田さんがやってきた初期県政の分析とかね。
前田　そうですね。あらためて旧慣論を議論の俎上に載せないと。
高良　あの時、安良城さんが提起したのは、「旧慣温存」なのか「旧慣存続」なのかという問題だったんだけど。意図的に旧慣を温存して原始的蓄積をやりましたという話なのか、安良城風に言えば、存続させざるを得ない事情があった。沖縄県初期体制を揺らぎのないように静かにやろうと。結局は近代史にとって大きな問題じゃないですか。
前田　大きいですね。
高良　しかし、評価の問題なんです。じゃあ、実態としては温存をして収奪するような仕組みを作って、王国時代の統治制度、租税制度を温存すれば搾取である。しかし、王国時代より強固な搾取の構造ができたのかと。逆に近世の徴税だとか、そういったデータはどうだったのと問われるわけじゃないですか。その前提は、前近代の首里王府の搾取の問題と連動する。首里王府はどういう財政構造していて、どんなふうに国家を運営したのか、そういう問題を問われるわけじゃないですか。安良城さんは、そういう連関する連立方程式を解いているわけですよ。
前田　搾取っていう時に、確か安良城さんが指摘したと思うんですけど、じゃあなんで、そのあと日清戦争後に台湾が領有された瞬間、沖縄を経済的には見切られてしまう。でも、搾取の対象として重要であるならば、しかるべき近代的な経済政策が行われるべきであった。しかし、目線が台湾にいってしまい、南側の経済拠点が台湾になると。沖縄はもう根本的な経済政策が打たれない中で、ぐだぐだと近代から戦後へとつながっていく。自分はそういう見取り図なんですけど。
高良　いやいや、僕もそうです。完全に植民地台湾とヤマトとの間の谷間になるんだよね。だから、逆に、停滞した経済構造が温存される。そういった点は仲吉朝助《なかよしちょうじょ》『沖縄県糖業論』で指摘してますよ。台湾糖業は発展して、沖縄はやがて台湾に飲み込まれるって。
前田　伊波普猷も太田朝敷も台湾に対する恐怖っていうのは、あの時代の知識人はみんな書いて

初期県政
一八七九年～一八八三年までの廃琉置県後、初代・鍋島直彬県政～二代・上杉茂憲県政まで。前田勇樹『沖縄初期県政の政治と社会』榕樹書林、二〇二一年参照。

仲吉朝助『沖縄県糖業論』嘉数詠清、一九七〇年。

ますし、それがリアルな感覚ですよね。

高良 それが、三〇年代の南洋道問題に象徴されるわけさ。そういう前の時代と後の時代を展望した上で、明治一〇年前後の琉球処分から統治の過程を見なきゃだめだというのが、安良城盛昭の提案なんだよね。

前田 そこのいちばん根っこの提起が、引き継がれてない感じが自分の中であって。今って研究がどんどん蛸壷化していって、誰々は何々時代の経済の何々みたいな……細分化するのは解像度が上がっていいんですけど。琉球・沖縄史の流れでみた時に、この出来事はどういうふうに見たらいいのかという視点が弱くなってきているのかなと。

高良 細分化して徹底的に琉球の実態を追及するのは絶対的に必要な作業。しかし、安良城盛昭が言いたかったことは、これを進めながら全体像を見ませんかと。どういう全体像を描いているんですかと。多分、彼は日本の歴史学界では基本的に一匹狼だったと思うんだよね。従来の認識ってものを打破する、刷新すると。それを求めているのは自分じゃない、理論じゃない。横たわっている歴史的現実や、史料がそれを求めているんだと。基礎の歴史議論というものは、安定的ではなく、絶えず見直されるべきものだし、歴史家はそれをやるべきだと。前提そのものを疑えというのが安良城流だったと思う。金城正篤と西里喜行は、あの当時、沖縄近代史を作った立役者じゃないですか。

前田 イケイケの時代ですよね。

高良 安良城さんは中心的な論客を叩くわけさ。周りの人は叩かない。最前線を叩く。そういうのを作ってきた人間だからこそ、俺も緊張感もって向き合いたいと。だから、あえて最先端の研究を叩く。それが安良城流だと思う。だから、西里さんは沖縄近代史を作った最先端の研究者だから叩くんです。会話できるはずと思うんです。

前田 そこで鍛えて鍛えて、また新しい次のステップへということですか？

南洋道問題
明治末期に起きた沖縄と台湾の合併問題（南洋道）。沖縄を台湾総督府の直轄にしようとする策動に対し、琉球新報をはじめとするメディアがこれに激しく反発。各方面からの反対が相次ぎ立ち消えとなった。

高良　そう。西里喜行に対する安良城流の敬意と僕は思う。

前田　なかなか激しい敬意ですけど……（笑）。

高良　はい。安良城盛昭はリップサービスしないから。

前田　毎朝、（安良城さんから）電話がかかってきたって本に書いてありましたけど……。

高良　そうそう。だって、西里先生はそういうタイプの人間に攻撃されてこなかったわけだから。

濵地　だいたいの人は無いと思いますよ（笑）。

高良　あっ、そう？

前田　ほぼ無いと思いますよ。

高良　安良城盛昭は、楽しんでいたんだと思うよ。ただねえ、安良城さんは戦争の末期に、江田島の海軍兵学校にいたんだよ。その時いたのが大江志乃夫先生、近代思想史研究した。大江志乃夫とは当時、一緒だったと言っていた。だから、太平洋戦争末期、もっと戦争長引いていたら死んでいた人間ですよ。あの人はそういったエッセイとか書いて、こんな体験がありましたって書かない人じゃないですか。正面の議論しかしない人だから。

前田　常にフルスロットルって感じですね。

高良　渡口真清《とぐちしんせい》さんは、矛盾を突かれた時に、「その史料は見てません」と言えばよかったんだよ。安良城さんが当時使った言葉で言えば、自分の説を私的所有化するという。当時、前近代史研究が貧弱な時に、あの人の本職はお医者さんなんだけど、麻氏の子孫ということもあって、『近世の琉球』という本があるんだけど。

濵地　大著ですよね。

高良　当時としては（渡口さんは）勉強してますよね。それを安良城盛昭は、情け容赦なしにやっちゃうわけだから。

前田　何の手加減もないですよね。

安良城盛昭の戦争体験
安良城は一九四五年八月一五日の「敗戦」を、海軍兵学校生徒として広島の江田島で迎えた。敗戦直後の「生涯忘れられない経験」として、「マンセイ」と叫び喜ぶ朝鮮人軍夫の姿や、復員の際に原爆投下から間もない広島駅で体験した数万の死体が腐敗する臭いのことを回想している(安良城盛昭『天皇・天皇制・百姓・沖縄』参照)。

高良　はい、議論に手加減はないです。書く前に配慮はあるんですよ。そういう優しさはありますよ。しかし、発表した時には情け容赦ない。論文には感情とか情緒とかいれるべきじゃない。それが、あの人の主義主張だった。渡口真清さんからいうと、俺は医者しながら球陽研究会に入って、球陽の校訂本とか、近世地方経済史料を読んだり、麻氏の史料読んだり、一所懸命やってきた。こんなにやってきたのに、感謝の気持ちはないのか。お前のやっていることが違うといきなり言われたから、カチンときたわけさ。渡口真清さん、そう言っていた。だって、球陽研究会のメンバーで、近世地方経済史料をみているのは、あの人しかいなかった。
前田　そういう意味でもさっきの話とかぶりますけど、当時の前近代史のトップランナーの人を狙って、ガツンと……。
高良　琉球沖縄史研究の最先端にいる人間たちに、あえて議論しようとしたわけです。それが多分、自分のエクスキューズだと。その前の世代の伊波普猷とか東恩納寛惇とかじゃないです。目の前にいる研究を担ってきた人間だからこそ、逆に、同じ土俵に立って議論したい。
前田　もちろん（安良城さんは）書いてはいるんですけど、あの感じだと批判の矛先は伊波普猷とか、前の世代に向くのかなと思っていました。ただ、当時の最先端と、バチバチ議論やっていこうという話をお聞きすると、だから伊波普猷に対する評価は穏やかなのかと。
高良　今まで議論してきた前にいる人間たちについては、そうですね。安良城盛昭は、真境名安興に対して発言してないじゃないですか。
前田　たしかに、そうですね。
高良　そういった人間たちの想いや成果を、現代の人間たちが引き取って、突っ込まれながら議論していると思っている。だから、次のテーマを議論しましょうという話になる。

球陽研究会
嘉手納宗徳を筆頭に結成された研究会。琉球関係の漢文史料の輪読会が主たる活動であり、その成果は活字本として世に供されている。会は歴史研究者だけではなく、渡口真清など他分野の人材も含めて構成されていた。

「卓球台勉強会」（沖縄歴史研究会）のインパクト

前田　ちょっと話はずれるかもしれませんけど、聞いてみたかったことがあって、県立図書館の二階で安良城さんも加わって卓球台で勉強会をやっていたという話を先生方がされるじゃないですか。真栄平房昭先生の勉強会に、僕と濵地は出ていたんですけど。真栄平先生から毎回、卓球台研究会の雰囲気の中で育ってきた。あれを僕も再現したいんだよねってことを言われていた。豊見山先生も大学院のゼミで同じようなこと言うんですよ。僕らの中であの研究会ってなんだったんだろうとおもうんですね。

高良　あの事務局長は僕だったからね。史料編集所の間借りしているフロアの講堂に卓球台が置いてあって。昼休み時間に僕は大城立裕さんと卓球やっていた。アフターファイブに、そこのネットをはずして、布巾で拭いて、パイプ椅子を並べて、そこが沖縄歴史研究会の古文書講読会場になったわけ。

前田　高良先生から見た時に、どういうところが参加した人たちの心をつかんだと思いますか？

高良　それは、安良城盛昭や仲地哲夫さんとか、一応業績持ってる人たち以外に、僕らみたいな人間がいて。琉大史学科の学生もいた。あれは一応、沖縄歴史研究古文書講読会だったから、場所を提供し、世話したのは沖縄史料編集所。僕だったわけです。安良城・西里論争という歴史像を巡る議論ではなくて、もっと地域に伝わる史料をどのように読んで、どんな議論をするか。当時、多良間の古文書をコピーしたものを読んだりとか。古文書を読むノウハウというよりも、史料を読みながら、この史料にはどういうメッセージを含んでるのかと、率直な議論をする。逆に言うと、復帰後の琉球沖縄史研究のひとつの出発点、風景を示す事例かなと思う。

沖縄歴史研究会
古文書講読会は沖縄県立図書館二階の卓球台で開催されていた。会誌『沖縄歴史研究』一九六六年刊行をはじめ、六〇〜八〇年代にかけて多くの出版を行っている。今なお最前線で活躍する多くの歴史研究者の原風景になっているものと思われる。

前田　そういう意味では、先生方の原体験という意味で印象深い会だったと。

高良　そこに安良城先生が現れて。史料見て、読むテクニックを教えるんじゃなくて、この事実はこういう問題になるんじゃないかと言うわけさ。史料から問題を発見する論理を安良城さんが説明したよ。すごい貴重な体験でしたよ。豊見山氏と真栄平氏には、お前たちは研究会が始まる三〇分前に来てくれって言って、座らせてピッチング練習してた。

前田　そこでやってたんですか（笑）。その話とそこがつながってくるんですね。

高良　研究会は一応六時か六時半から始まったから。五時くらいに来てもらって、ピッチング練習して、テーブル拭いて準備していた。始まる前はみんな座っていて、そこでお互いのおしゃべりが始まる。じゃあ、始めましょう！って。初期のころの主役は、安良城盛昭でしたよ。

前田　何年ぐらい続いたんですか。

高良　二年か三年くらい続いたんじゃないかな。そのあと僕は県立博物館に移って、その前に首里の平良のところに、そこでニューバージョンの古文書講読会をやった。そこに現れたのが、小野まさ子（沖縄県教育庁文化財課指導主事）。日本史やっていた山里純一先生、農学部の仲間勇栄。古文書を読むと、来てましたよ。

濵地　仲間先生もですか？

高良　来てましたよ。彼は「林政八書」を原文で読みたいと。

前田　農学部で唯一じゃないですかね、古文書が読める先生は。

高良　浦添に移ってからもやりましたよ。二年くらい続けましたよ。

濵地　いつも不思議に思うんですけど。当時の文化課ですかね、上江洲敏夫さんが前近代の史料調査をやったり、報告書に名前が出てくるんですけど、上江洲さんはどんな方だったんですか？

高良　上江洲敏夫さんはね、彼は民俗学なんだよ、彼って勉強家だから、史料も読めて。インパクト与えたのが『辞令書等古文書調査報告書』。安良城さんも加わってた。

「林政八書」
近世琉球の林政書。三司官の蔡温が公布した森林に関する法令などが記されている。

『辞令書等古文書調査報告書』
沖縄県教育委員会、一九七八年。一九七八〜七九年にかけて沖縄県教育委員会主導のもと行われた悉皆調査の成果報告書。報告書内に収録されている当時の文化課専門員上江洲敏夫によって執筆された「辞令書の古文書学的考察」は辞令書を古文書学の分析対象とした研究の嚆矢と言える。

濵地　じゃいきなり、担当に当たったたんですか？

高良　彼しか人いなかった。真っ当な人材だと思う。当時の文化課は意外と、文献史料に精通した人がいなかったんですよ。西原町の内間御殿、尚円王（金丸）が隠遁生活した場所があって、後の尚敬王時代に整備した場所。そこの隣に、ノロのおうちがあって、行って調査したら古文書があったんだよ。当時、文化財保護委員長の島尻勝太郎先生と、西原町に呼びかけるために記者会見したんだよね。そしたら、文化課のある職員から「高良お前、俺の知らないところで勝手なことしやがって」とか怒られた。お前ら何を調査してるんだって言ったわけさ。なんで周辺調査しないんだと。中山家文書という後の内間御殿の祭祀を書いた貴重な記録じゃないですか。由来を書いた。周りをちゃんと調査しろと。その一方で、上江洲敏夫が文化課の専門員として勤務していました。安良城先生との付き合いで彼がやった仕事は見事で、史料調査もちゃんと予算取ってやったんだってね。辞令書についても、彼がきちっとした報告書を書きました。

濵地　高良先生が、いわゆる古琉球っていう時代に問題意識を持たれたきっかけには、何があったんですか。

高良　私にとって出発点は、安良城盛昭ですよ。近世以前をとりあえず古琉球と呼ぼうと、安良城さんが言うわけだから。辞令書を勉強していて、様式論の問題で言えば、明らかな変化がある。薩摩侵攻は、当時の琉球にとって決定的な画期になった。奄美も分割される。琉球史という奄美も包んだ空間の中で議論しようと思っていたところ、薩摩侵攻以前の状況をどういう名前で説明しようかと。伊波普猷が使用し、安良城盛昭が規定した古琉球を使う場合、とりあえずネーミングとしてはいいんじゃないか。みんなに分かりやすい。

濵地　高良先生自身が、一六世紀半ばまでの琉球を着眼点に置いて、いわゆる歴史学的に言ったらすごいシフトするわけですよね。専門性がビビットになっていくところは、安良城さんとの調査の影響ですか？

高良　調査と、飲んで議論したり。とにかく彼が書いた文章を読んで、飲み屋で飲んだ時の発言じゃなくて、オフィシャルな場での発言が刺激になりました。つまり、琉球史にだってメリハリがあるでしょうと。安良城先生といろいろ議論したんだけど。それを総括した時に、薩摩侵攻のそれ以前と以降では、とりあえず前の時代と後の時代とを区別できる変化だよねと。それをネーミングとしては、安良城先生が古琉球にしようと。時代区分論争っていうのは、戦後いっぱい読んでるわけさ。地元沖縄の歴史について言えば、とりあえず薩摩侵攻以前の琉球社会と後の社会は、一応ネーミングを変えた方がみんなも分かりやすい。安良城さんも古琉球という概念を規定する話してないじゃないですか。

濵地　非常に分かりやすいと思うんですけど。

高良　批判しながら、伊波普猷という先達の研究ですよ、彼が明治四四年に出した論集のタイトルを『古琉球』にしたっていうのは、それも一応念頭にある。おもろさうし研究を中心とした、薩摩侵攻以前の琉球社会が一定のワールドを作っていた時代の、それをどう呼ぶかという発想ですよね。

琉球史にとっての一九九〇年代と二〇二〇年代

前田　僕から最後の話題に入って……。

高良　もう終わって、はい［あとはゆっくり飲もう］。

前田　今回の本のテーマのひとつとして、九〇年代をどう見るか？　そこで大きく変わったこと、一方で断絶しているものであったり。復帰五〇年で、復帰（の歴史）には目が向いたんですけど、

古琉球
琉球沖縄にかかる時代区分の名称。現在ではグスク時代から一六〇九年の島津氏による琉球侵攻までをあらわすことが多い。高良による古琉球研究はこの内、特に第二尚氏王統の成立から一六〇九年までを主とする。

伊波普猷『古琉球』
初版沖縄公論社、一九一一年。歴史・言語・民俗など多角的視野から沖縄県設置以前の琉球を探究した伊波の単著。伊波は「古琉球」を時代区分名称としては用いておらず、この語句を時代区分名称として用い始めたのは安良城盛昭であった。

歴史研究も含めて、九〇年代はかなり大きな変化の時代になってくると思うんです。琉球史研究で言えば、ポスト安良城の時代になってくると思うんです。七〇～八〇年代にできあがってきた琉球史像、まさに高良先生たちが関わってきた大河ドラマや首里城復元を通して、一般的にも可視化していった時代。琉球史ブームと言ったりもしますけど。改めて、高良先生から九〇年代ってどう見えていたのか、聞いてみたいなと思います。

高良 九〇年代、私は琉球史を勉強してますと言っても、たしかに県内でコンセンサスを得られる時代になった。沖縄における歴史研究というものが、学会や専門家の間だけじゃなくて、市民権と言うべきなのか、多少そういう言葉を使っても表すことができる状況。逆に言えば、琉球史研究の大衆化が始まったと思っている。象徴は首里城なんですけどね。だから、沖縄研究というのは民俗学や言語学といろいろあるんだけれども、そういう琉球史研究の大衆化みたいなことが起こったのはたしかに大きい。前から言っているみたいに、さまざまな資料集が出て、(歴史研究の)基礎工事がいっぱいできて、上物はいっぱいつくりますよ、研究からみるとそうなる。沖縄の歴史研究、琉球史研究というものが、小説を書いたり、詩を書いたり、芸能を表現したりするのと同じように、沖縄の中で文化的クリエーティブとしてやや浸透した。「沖縄の歴史って何なの?」という質問を受けずに、いつの時代やっているんですかとかね。琉球沖縄史研究が、巷間に多少知れ渡った時代じゃないかな。それを象徴するような存在が首里城で、もちろん大河ドラマ「琉球の風」があったりするんだけど。沖縄の一般県民が、沖縄全般のさまざまな歴史について、語り始めていった。濃淡いっぱいあるんだけれども、琉球王国の歴史がどうとか。琉球王朝がどうとか。私たちのお酒に名前を「琉球王朝」にしましたとか。そういう歴史語りから、一般の県民の間に共有され始めたのが一九九〇年代だと思う。

前田 歴史研究と実践というところで、かなり動きのある時代かなと思っていて。まさに高良先生のお話にあるみたいに、(歴史研究者ではない)一般の沖縄の人たちが、自分たちのルーツと

琉球史ブーム
一九九二年の首里城公園開園を皮切りに、八〇年代に蓄積された琉球史研究の成果が観光・メディア等の多様なコンテンツを通して可視化され、沖縄の人々のルーツとしての「琉球史」を定着させた。

「琉球の風 DRAGON SPIRIT」
一九九三年一〇月～一九九四年六月に放送された薩摩侵攻前後の琉球を舞台にした大河ドラマ。主演の東山紀之演じる主人公の啓泰は架空の琉球役人。

して、独自の国家としての琉球がルーツにあったんだと、一種のアイデンティティ化していった時代なのかなとも思うんですね。その意味では、研究やエンターテインメントだけではなくて、研究業界と官民も含めて沖縄全体で動いていく雰囲気の中で、九〇年代くらいから高良先生がけっこう「ソフトパワー」というワードを使われていた。あの時代のリアルというか、歴史が力を持たせるみたいなあの時代の盛り上がってきた雰囲気と、二〇一〇年代や二〇二〇年代は明らかにフェーズが変わってきていると思うのですが、どうですか？

高良 多分ね、九〇年代というのは復帰二〇年ぐらい？ 復帰していろいろな状況ありましたけれど、沖縄のムードとして、本土との一体化なり、制度上の調整とか、要するに混乱がばーっときたんだけれども。沖縄の人たちが、じゃあ沖縄ってなに？ って自分たちの地域の立ち位置みたいなことについて考え初めた時期だと思う。沖縄戦の語りはいっぱいあるけれども、その前はどうだったのって。沖縄戦の前の沖縄はどうだったの、沖縄をもう少し長いスパンで考えたい。そういった流れが九〇年代から複数出始めたと思っている。当時、いきなり刺激できなかったんだけど、首里城復元がそうですよ、火をつけた。後に定着していく。あるいは、評判悪かった「琉球の風」とかね。沖縄に、たくさんの過去がありますとか、そういった意味では発信しなきゃならないみたいなのが早まった。そうか、あれから何年経った？

濵地 三〇年くらい経ちますよ。

高良 でしょ。だから僕は何度も言ったんだけど、首里城が焼けた時に、なんで多くの人が龍潭の北側の所に立って、焼ける首里城を見て涙を流してるのかよく分からなかった。地元のテレビのインタビューに答えました。気持ちは分からんわけではないけど、しかし本当はよく分かっていません。「なんで若者が涙を流しているのか、意味が分からん」と言ったら、そのコメントを聞いた大学生たちが、自分たちの気持ちを説明したいと（申し出てきた）。僕、ちゃんと会いました、焼けた跡の夜の首里城を案内して、首里の居酒屋で飲んだ。（大学生）五名が、私たちは

首里城火災
二〇一九年一〇月三一日未明に発生した正殿内部から発生した火災。火災により正殿を含む九施設が焼失した。火災原因は不明。

何度もミーティングして、高良先生に自分たちの気持ちを伝えたいと思ったけど、答えが見つかりませんでしたと、正直に言ってました。首里城は、一応形を復元したんだけど、それがどういうふうに届いたかと検証したことはないじゃない。想定していない火災が発生すると、それをどうやって受け止めたか、逆に僕が聞きたい。

前田　今日来れなかったんですけど、新城和博さん（編集者）がこんなことを言っていた。最初のころはハリボテじゃないかとか、いろいろ批判してけっこう厳しいことを書いていたのに、首里に住んで、家族で散歩したりだとか、生活の風景の中に入ってきてるうちに、いつの間にか自分のパーソナルな風景になってきて、家族との思い出ができて、それがある日突然、燃えて消えてしまった時に、その喪失感は大きかったと。三〇年前にあんなこと書いていた人が、こんなに悲しくなるのかって思うぐらい、悲しい、喪失感が大きかったってことを、最近出たエッセイで書かれていた。空間として、いろんな人の思い出なり、関わり方なりっていうのが、三〇年通していろんな形でできたんだろうなと。もちろん、一回も行ったことないっていう学生が悲しいっていう感想が、自分の講義アンケートでもありましたけど……それは分かんないです（理解できなかったです）。定点観測したら二年経って、三年経って、同じような質問を講義でやると、やっぱ変わってくるんですよね。

濵地　あの当時、名護で募金活動をやった高校生が、名桜大学に進学して僕の講義を取っていた。その学生も募金活動をしていたけど、何か悲しいって。何が悲しいか分からないって。

前田　ほんとそういう意味では、別に興味があるないに関わらず、沖縄の日常の風景になっていたのかなと思うんですけど。

濵地　高良先生がソフトパワーっていう話を押し出したのは、九二年に首里城が部分開業した時期ですよね。その時期、先生の古琉球に対する問題意識はいったん薄れていて、元々の問題意識があった考古から近代までの沖縄に対する呼び戻しがあったと思うんですよ。首里城を復元して

「あの夜まで、ぼくたちは気づかなかった。平成の首里城が。二十七年間かけて、国営公園からシンボルになっていたことに。いやもしかしたら、焼失するその姿を共有したことで、絶対に忘れられない風景となり、あらたな歴史をまとった沖縄のシンボルになったかもしれない……（中略）シンボルは、その姿がなくても、人々のあり方に、社会に影響を及ぼす。良くも悪くもぼくたちは無意識に支配されてしまう」（新城和博「ぴかぴかの首里城の記憶」『来年の今ごろは』二〇二三年、ボーダーインク）

いく中で、改めてやらないといけないと思ったのか、歴史の活用や実践として問題意識を持たれたのか、どんな感じですか？

高良　ああそうか……（笑）。簡単にいうと三つあるんだけど。一つは首里城復元に関わることになってしまったこと。歴史研究者以外に、建築だとか彫刻だとか、専門家がいっぱいいるじゃないですか。自分が関心持って関与しなければならないテーマが、たくさんの専門分野に取り囲まれたテーマだと。その中で歴史研究者として、どうやってこの話ができるか考える。その中で自分のオリジナリティはなんだと考え始めた。

二つ目はね、（沖縄の）建築史を議論した過去の文献読みましたよ。なんと素人の議論だと思いましたよ。沖縄の伝統建築を議論する学術的基盤が全くなかった。その時感じたのは、首里城の復元を契機に、本土から専門家がいっぱい来るはずだから、琉球建築ってあるのかと。それを復元の過程に関わりながら、琉球歴史や琉球文化を建築の観点からちゃんと議論できるステージができるんだろうか、という知的好奇心を持ちました。

三つ目は、出来上がりつつあった首里城をどうやって活用するか。とりあえず歴史公園になるんだけど、そこでどんなイベントをするか。首里城のイベントには、一切関与していません。どう活用しますかという話です。でも、一応ずっとやってきたことを眺めていて、発展途上だと思っていた時に焼けたんです。まだ完成形じゃなかった。

前田　外との関わりの幅が増えたきっかけには、首里城復元があるんですか。

高良　だって、本土の専門家たちも首里城復元に力を貸したいという人がいっぱいいたんだから。面白いです。当時、日本の建築史の大御所がいっぱい参加した。知らないんだよ、みんな。奈良の東大寺、京都の古代建築史をやった鈴木嘉吉先生がいる。東大の工学部にいた稲垣栄三先生がいる。いっぱい専門家が来たんです。首里城を復元したいと、こんなすごい人が参加したんですよ。かれらは地味だからあまり反発しない。しかしすごかった。とくに委員長をやっていた鈴木嘉吉先生は素晴らしい。日本の木造建築の歴史的な推移をよく知っている。尚家文書を見たら、首里城の正殿は、全部日本の木造建築の専門用語ですよ、中国じゃないです。当然、琉球の大工たちはヤマトで修行したんだよ。中国建築の用語は一つもでてきません。コンセプトの一部に中国建築を取り入れた。中国建築のマニュアルがあって、『営造法式』という文書があります。ある研究者はそれを使ったんじゃないかと言うが、違います。そうじゃない。二重の屋根の構造は、日本建築を使いました。日本建築の用語ですよ。だから、前回の復元を通じて、中国の北京を見てやったら参考にならなかった。台風はないし。基本的に木造で作ったりするけど、基本的なもの全部石でやるじゃないですか。琉球は日本の木造建築技術を勉強したんですよ。

濵地　……琉大の「琉球史概論Ⅰ」が、この話なんですよ。

高良　覚えてねー。そうか?

濵地　あの時は何とも言えなかったんですけど、貴重だったのは高良先生による「首里城概論Ⅰ」だった。

高良　すいませーん(笑)。

前田　それは贅沢な講義ですね。

濵地　教わった学生としては、こういう話を聞かされて、そのあと歴史研究に関わって、実際に建築(復元)に関わった国建の人たちの話も聞かされた。一つの歴史事業が終わってしまったなっていうのは、歴史の現場にいて思った。だからこそ、先生がテレビとかで「なんで泣いているのか分からない」って言っているのを聞いて、僕らからしたらもっと分からなかった。

前田　明らかに時代背景は九〇年代と変わっているじゃないですか。首里城復元一つとっても、(九〇年代とは)動きが違っていてご苦労されていると思うんですけど。それも、ひとつ歴史を巡る歴史認識みたいなものが鍛えられてきた証拠でもあるのかなと思うんです。沖縄の歴史の実践というのは、研究者だけのものでは明らかになくなっている。

琉球大学「琉球史概論Ⅰ」　琉球大学において法文学部国際言語文化学科琉球アジア文化専攻の基礎科目として開講されていた。濵地は、二〇一二年に受講。主に沖縄県設置以前の琉球についての講義であったが、復元の進む首里城や周辺史跡を話題の中心に置き関連する歴史、文化についての解説が高良によってなされた。

高良　はい。そうですね。

前田　こういった時代の中で、今後求められていく歴史像とか、ソフトパワー二〇二〇年代版っていう時には何が必要になってくるんですか？

高良　それは多分、歴史分野だけじゃなくて、幅広く伝統芸能がどうとか、地域における食文化がどうとか、地域のコミュニティに属する名所旧跡を訪ねて行くとか。前からあったけど。実はずいぶん変わってきていて、研究するのはいわゆるウチナーンチュだけではなくて、移住しているヤマトンチュもいっぱいいる。沖縄の歴史や文化というものの、意味っていうものを多くの人間が共有できるような状況があると思う。

　首里城も普通に言えば観光地だし、修学旅行の対象なんだけど、一般県民がほんとに静かに自分のために琉球の歴史や文化を感じたい、学びたいために、日曜に首里城へ行くような状況ではありません。沖縄の歴史や文化と向き合う人間たちは、県内ではけっこう多様化したし、県外でも多様化したし、国外でもそう。去年のいつだったかクルーズ船が入ってきて、首里城に用があって行ったら、海外のお客さんがいっぱいいるわけさ。僕ら（歴史研究者）が首里城をこういうふうに見るべきですとか、沖縄の歴史はこういうふうに勉強すべきですとか、そういう言い方がもうできない。みんなそれぞれが、自由な時間と立場で沖縄の歴史や文化を感じてほしい。中国文化も含めて。沖縄に向き合う人間たちが、自由に感じて、自由に情報やそういったものを引き受けるって話になっていると思う。喜ばしいことである一方で、そういった実践を下支えしている歴史研究者たちは、大切な議論をすべきです。対外的に発信するコンテンツはあるけど、コンテンツは普遍ではなくて、常に鍛え直す必要がある。

　過去を振り返ってもそうです。学術研究分野に染まっている認識と、それをどうやって一般化するのか、どうやって調整するっていう問題はありますけど。前田さんたちがやっている沖縄歴史倶楽部、あれもそうですよ。沖縄の歴史研究者たちがきちっとやっている仕事を個人の領域に

那覇「カラカラとちぶぐゎー」にて

するなと。おまえ個人や仲間たちがどんな思いで、どんな気持ちでやっているかということをオープンにしようと、いうものじゃないですか。

前田 そうですね、可視化していこうと。

高良 それはやっぱり必要なんだよ。それが多分九〇年代以降、今日の首里城復元は可視化しようと。前回は城が仕上がった瞬間に正殿が登場しましたが、もう今はみんなで共有しましょうと。共有するというのが大事なこと。専門家が議論していることを、みなさんがやっているみたいにいろんな出版物でボーダーインクと組んで、琉球沖縄歴史学会の学会誌（琉球沖縄歴史）もそうだけど、もう一つ砕いた議論をやった方がいい。昔、メディアとか、講演とか、社会的に発言したのはたぶん僕だった。あえてやった。現場を知らせたい。伊波普猷以来、沖縄研究の伝統はそうだった。歴史研究は学術だけのものじゃない。

前田 研究室だけで完結するものではないですもんね。

高良 沖縄の県民と共有することで、初めてこの学問は意味がある。全くそうだと思う。安良城盛昭もそれを考えていたんだよ。しかし、その代わり専門家同士はきちっと議論しようねと。表向きのステージでやるパフォーマンスと、舞台裏でやるしっかりした研究と議論をやる。両方あって初めて健康な沖縄の歴史研究になるんです。と僕は思う。

前田 かなり長時間になりましたけど、ありがとうございました。じゃあ、こっからはオフレコで……（笑）。

沖縄歴史倶楽部
沖縄の歴史研究者と、有志で運営しているYouTubeを活用した「倶楽部／サロン／研究会」（登録者約二七五〇人）。コロナ禍の二〇二〇年七月、初の動画配信「歴史系ポスドクのサバイバルのために～琉球沖縄史研究篇～」を配信。以降、論文執筆者をゲストに招いた論文配信や、沖縄の史跡をめぐるロケ動画など約一六〇本の動画を投稿。とくにコロナ禍においては、琉球沖縄史の知的交流の場として一定の役割を果たしたと思われる。主宰はチャンネル主の前田勇樹。主宰が動画編集を担当しているため、その忙しさが投稿頻度にもろ影響している。

琉球沖縄歴史学会
二〇一八年に設立された歴史系学会。現会長は豊見山和行氏（琉球大学名誉教授）。

munugatai 2

現在進行形の「沖縄民衆史」を記す

西太平洋「オキネシア」としての琉球弧から

三木 健
森 亜紀子

三木 健【みき けん】

一九四〇年石垣生まれ。ジャーナリスト。琉球新報社にて編集局長、副社長など歴任。著書に『ドキュメント・沖縄返還交渉』、『沖縄・西表炭坑史』、『聞書西表炭坑』、『八重山近代民衆史』、『民衆史を掘る』、『八重山研究の人々』、『空白の移民史』など。

森 亜紀子【もり あきこ】

一九八〇年広島県生まれ、小豆島在住。同志社大学〈奄美・沖縄・琉球〉研究センター嘱託研究員。著書に『複数の旋律を聞く―沖縄・南洋群島に生きたひとびとの声と生―』『はじまりの光景―日本統治下南洋群島に暮らした沖縄移民の語りから―』。論文に「〈南洋群島〉という植民地空間における沖縄女性の生を辿る」風間計博・丹羽典生『記憶と歴史の人類学』など。

■コーディネーター　古波藏契
■対談日　二〇二四年四月一五日

沖縄近代史とミクロネシア

森　亜紀子　たくさんある三木さんのご著書の中で、私が最初に読んで感銘を受けたのは『原郷の島々――沖縄南洋移民紀行』でした。三木さんは、一九八五年というとても早い時期に、戦前に沖縄の人たちがたくさん移民したサイパン、テニアン、パラオ、ヤップ、ポナペ、トラック、マーシャルなどの旧南洋群島（ミクロネシア）の島々や、パプアニューギニア、ソロモン諸島など太平洋の島々に取材に行かれて、戦後も引き揚げずに向こうに残った沖縄系の方々や、戦後に新たに沖縄から移民した方々に詳細にインタビューされていますよね。三木さんは、現地の人のなかに溶け込んで暮らす沖縄系の人を探し出し、交流していく過程を「ぼく」という一人称で書かれていています。今回改めて読んでみても新鮮な驚きがあり、一緒に旅に連れて行ってもらったような感覚になりました。

三木　健　あぁ、そうですか。

森　私自身は沖縄近代史を専門としていて、特に戦前に沖縄から南洋群島（ミクロネシア）へ移民した人たちの歴史を書きたいと思って研究を続けていますが、ミクロネシアは沖縄から戦前最も多くの移民が渡った場所で密接な関係があるにもかかわらず、沖縄との関係性はなかなか沖縄近代史に組み込まれないというイメージを持っています。別個のものとして捉えられている。三木さんも『オキネシア文化論』という本で同様の指摘をされていますが、今までミクロネシアとの関係を沖縄近代史の一部として捉え直そうという試みが大きな動きにならなかったのはなぜでしょうか。

『原郷の島々――沖縄南洋移民紀行』ひるぎ社、一九九一年。

南洋群島
帝国日本が第一次世界大戦の際に占領し、一九二二年から国際連盟の委任統治領として統治した赤道以北のミクロネシアの島々。戦前には、大阪など「内地」の出稼ぎ地に次ぐ、沖縄出身者集住地であった。南洋群島の一九四二年の人口構成は、現地住民五万二千人、「内地」出身者 八万七千人（うち沖縄出身者 五万五千人）、朝鮮人 六千人、外国人 百人。

『オキネシア文化論』海風社、一九八八年。

三木　いやー、本当にそれは非常に残念な話だけど、どちらかっていうと「成功者物語」みたいなものがどうも裏表になっていて。南洋移民は非常に苦労もしたし、沖縄の人たちは戦争の時は大変な犠牲を背負っていっているにもかかわらず、なぜそれが評価されなかったのかっていうのはね、非常に僕も残念なんですよね。だから、せめてこういう人たちがどういう足跡を残してきたかをね、きちっと伝えていく必要があると思うんですよね。どうも見ていると、あまり言いたくないけど、ハワイとかアメリカとかね、ああいう華やかな場所に行った人はクローズアップされるけど、南洋移民とか、中国大陸に行った人とかね、そういう人たちは本当に悲惨で、時代の運命を背負ってきたにもかかわらず、歴史の中でその足跡が残されていないんじゃないかと僕は思って、まぁ及ばずながらやってきたわけですね。

森　確かに南洋群島へ移民した人たちは、特に戦争と引き揚げの時にはとてもつらい目にあって苦労された方々が多いわけですが、私は逆に、サイパンでの「集団自決」に象徴されるような戦争体験の部分だけが切り取られて、一面的なイメージだけが伝えられてきたように思っています。三木さんがこの本で書かれたような、旧南洋群島への慰霊墓参団のような組織的な活動ではない個々に続いていたミクロネシア社会との交流だったり、ミクロネシアに残留した沖縄系の子孫の人たちの沖縄に対する思いだったり、戦争前後にあった人びとの営みのようなものが、あまり注目されずにきたのかなという感じはしますね。

三木　そうですね。あなたの証言集（『複数の旋律を聞く―沖縄・南洋群島に生きたひとびとの声と生―』『はじまりの光景―日本統治下南洋群島に暮らした沖縄移民の語りから―』）にも書かれているけど、屋慶名とか石川とか、あの辺から行っている人多いさね、逆になんでそこが多いんだろうと、聞いてみたいんだ。

森　その点は私も最初から疑問で、博士論文でも追究したんですが、すごく難しくて。石川とか屋慶名っていうところは当時の様子が分かる文書資料がほとんど残っていないんです。ただでさ

『複数の旋律を聞く―沖縄・南洋群島に生きたひとびとの声と生』新月舎、二〇一六年（非売品）。主に戦時期に南洋群島に渡った沖縄の人びと五〇人の移民経験や戦争体験を収録。

『はじまりの光景― 日本統治下南洋群島に暮らした沖縄移民の語りから』新月舎、二〇一七年（非売品）。『日本統治下南洋群島に暮らした沖縄移民―いま、ひとびとの経験と声に学ぶ』（二〇二二）の増補版で、『複数の旋律を聞く』の姉妹編となっている。『複数の旋律を聞く』と同様に公共図書館に寄贈している。

え沖縄の近代というのは文書資料、特に民衆の様子が分かる資料がとても少ないのに。

三木　そう、そう。それはあるね。

森　例えば同じ沖縄本島中部でも西海岸側の嘉手納とか南部の地域だと、台南製糖株式会社などのような大きな資本が近代的な製糖業を興したので、製糖企業の資料や、沖縄県が製糖業の振興のために作った資料がありますが、石川とか屋慶名という中部の東海岸側は、もともとサトウキビの栽培に不向きな地域だったから、政策的な対象にもならない。だから余計に資料がないんだと思うんです。それで私はどうしたかというと、『記録を残さなかった男の歴史』というヨーロッパの木靴職人の歴史を書いたアラン・コルバンというアナール学派の歴史学者の真似してみたんです。木靴職人自身は何も資料残さなかった。でも、彼の周囲の状況が分かる資料をかき集めて、その人が見ていたであろう景色や、一緒に過ごしていた人たちのこと、木靴職人が住んでいた村の同時代の政治経済状況など、木靴職人の周囲の様子を復元していくと、その男の輪郭も見えてくるというやり方なんですね。そのやり方をちょっとやってみたんです。南洋移民の一世の人たちはほとんど何も語り残さずに亡くなっていて、南洋帰りの人たちの回想録『サイパン会誌』はあるけれど、あれは南洋群島で子ども時代を過ごしたより若い人たちが書いていますよね。

三木　そう、そう。

森　だからなぜ、どういう経緯で石川や屋慶名から南洋にあれだけたくさんの人が渡ったのかが分からなくて、凄く苦労して、藁をも掴む気持ちで、アラン・コルバンの方法を試してみたんですね。その地域の南洋移民とは関係ないと思われる資料も、その地域に生まれ育って、第一次世界大戦のころに成人したくらいの人たちが、やがては南洋に渡って行く……ということを想定していろんな断片的な地域資料を集めてみたんです。そうすると、あの地域から南洋に移民した人が多かった理由としては、そもそも製糖業が盛んではなく、沼地の多い稲作地帯だったっていうことが影響していたのかなと思ったんです。沖縄近代史の教科書的な歴史の説明では、ソテツ

台南製糖株式会社
一九一三年に植民地台湾で創立された日本の製糖資本。第一次世界大戦時に沖縄県下の製糖企業（沖縄製糖、沖台拓殖製糖、宮古製糖）を次々と買収。沖縄県のバックアップを受けながら沖縄糖業の「近代化・白糖化」を推進。一九二七年には経営が順調な台湾工場を昭和製糖とし、不調な沖縄工場を沖縄製糖として分離。

『記録を残さなかった男の歴史―ある木靴職人の世界 1798-1876』
藤原書店、一九九九年。一切の痕跡を残さずに死んでいった「普通の人びと」の歴史を書くことに挑戦した刺激的な書。フランス北部のある村で貧しい木靴職人のピナゴの一生を、彼の周囲の生活空間や人間関係を描き出すことで再構成。著者のアラン・コルバンは「感性の歴史家」と呼ばれる。

アナール学派
二〇世紀はじめにフランスで誕生した歴史学の学派。呼称はマルク・ブロック、リュシアン・フェーブルが一九二九年に創刊した「社会経済史年報（Annales d'histoire économique et sociale）」にちなむ。事件史中心の実証主義歴史学を批判し、過去に生きた人間全体を蘇らせる歴史学を目指す。

地獄があって、糖価が暴落したから一九二〇年代に沖縄から南洋移民がたくさん出ていったんだと説明されますが、深く調べてみたら、糖価がむしろ暴騰していた一九一八年ぐらいから、石川から南洋に先発隊のような人たちが出ているんですね。だから実際には糖価暴落の影響ではなくて、それ以前から日本政府の意向を受けて沖縄県が近代糖業を振興したことで、サトウキビ栽培に力を入れられない稲作地帯の経済がジワジワと落ち目になって、南洋移民に繋がったんじゃないかと。

三木　あぁ、稲作。……まぁこれは非常に主観的な感想だけど、なんか、東海岸のあの辺から、南洋群島が見えるのかなぁと思うぐらい、ねぇ。実際、あそこから海見ていると、親近感が沸くんじゃないかなという感じはしますよね。しかし、見事、見事ですよ、あなたのインタビューと、それからこの言葉を書き起こすやり方、非常に丁寧に話者の心情をくみ上げてね、記録残されているんで、本当に頭が下がりました。

森　ありがとうございます。

三木　僕もあなたからこの本をいただくまで、知らなかった。沖縄ではもっと知られてもいいんじゃないかなと思うんだけどね。

森　ありがとうございます（笑）。もう線を引いて読んでいただいて、感激です。

三木　いやいや、もういっぱい線だらけ。南洋の世代別の見方っていうのも示されていますけど、これもやっぱり実態をよく踏まえた上で分類をされている点で、僕も非常に同感がしました。僕は実際に南洋に行って引き揚げた人たちというよりは、現地に残った人たちの様子や、いま、現地はどうなっているかっていうのが、目的で取材に行っているのでね。あなたのように引揚者の記録を取ってはいないんですよね。でも、やっぱり欠落していたものをこれだけやって補ったっていうのは、もう補って余りあるというか、素晴らしい。今にこうやってね、受け継がれて。

森　逆に私は、戦後も引き揚げずに現地に残った人や一度引き揚げたけどもミクロネシアに戻っ

ソテツ地獄
一九二〇年の糖価暴落で製糖業を主としていた沖縄経済が壊滅的な打撃を受け、沖縄民衆がサツマイモさえ口にできずに救荒作物のソテツで飢えをしのぐほど困窮した状況を表現。下処理をせずソテツを食して中毒死した一家もあった。当時新聞記者や知識人が多用し、歴史用語として定着。

た人、現地の人と沖縄の人との間に生まれた二世、三世についてはインタビューしていなかったので、三木さんの『原郷の島々』と私の証言集はちょうど入れ子状になっています。両方を見ていただけたら沖縄とミクロネシアの戦争だけに限らない関わりっていうのが見えてくるのかなと思います。

波瀾万丈な家族の歴史　四国、八重山、台湾

森　今日は、いろいろ伺いたいことがあって。

三木　どうぞ、どうぞ。

森　一つめは、三木さんのルーツについてです。三木さんは石垣島でお生まれになったということですが、ご両親のルーツを辿ったら、香川と大阪ですよね。そういう三木さんのご家族も含めた来歴が、その後のお仕事に影響しているんじゃないかなと思うのですが、いかがですか。

三木　うーん。いや、あまり影響してないね。僕は生まれも育ちもみんな石垣だしね。それはまぁ、上はおじいさんの代まで、正確に言えばね、おじいさんは高松で生まれて、農家の子だったらしいんだけど、日露戦争で中国大陸へ行っているんですよね。そこで、二〇三高地のあの激戦に参戦したという話なんだけど、生き延びてきて帰ってきた。それで農業をやるんだけど満足しなくて、日露戦争後の不況のなかで、農民は兵役に行くような状態。それで移民募集があったんで、おじいさんは台湾に行っているんですね、移民募集に乗っかってね。ちょうどこのあいだ地震があった東海岸のほうへ入植して。あそこにねぇ、日露戦争後の入植地跡がある。僕は見に行きましたよ。

父方の祖父の名前は専太郎って言うんですけどね、おじいさんは百姓の倅ではあるけれども、非常に事業意欲が旺盛で、台湾ではなんていうのかな、線路の枕木、あれに使う材木を山から伐ってきて、製材して売りに出している。祖父の兄と兄弟でやっていたらしい。それが当たったようなんだ。台湾内の鉄道をどんどん設置し、台湾の実質的支配を強めていこうとしていたんだろうね。それで、鉄道事業で時代の波に乗ったっていうか、枕木は大当たりしていた。

もう一つは、製糖ですね。製材所では黒砂糖を詰める樽板なんか作ってね、それも結構量が多くて当たったみたい。台湾の資材が不足してきたのか、あるいは手を広げて石垣島や西表島にも目を付けて、原木を仕入れようということになったのか、それで石垣島に製材所を新たに造るんですね。製材所は山菱製材所と言うんですけれど。もう一つは台湾から物資を輸入して、石垣で販売する貿易会社・三勇商会も立ち上げている。

だから台湾との関係は非常に深くてですね、だんだんこの石垣島で事業を拡大していくわけね。そのうち島の有力者になって盲学校を建てたり、一時は町会議員にもなるんです。こうして専太郎の事業も軌道に乗ってきたけど、後継者が必要っていうんで、満州で建築の仕事をしていた息子の義行、私から言えば父親になりますけど「帰ってきて石垣で仕事をやれ」って祖父が言った。でも、なかなか帰ってこない。そこで一計を案じて「ハハキトクスグカエレ」と偽の電報打って呼び寄せるわけね。急いで満州から高松に帰ってみると、母親が出迎えに来たんでびっくり。「しまった騙されたか」と思ったけどあとの祭り。専太郎の待つ石垣島に行って、父親と一緒に事業をやり、そのうちに石垣島で見染めた鶴亀堂の三女・清子と結婚して、僕が生まれるんです。

鶴亀堂の初代・庄太郎は、大阪から明治の半ばに石垣島に移住してきたんだ。なんでも南の島に憧れていたそうで、島に来ると石垣島の桟橋通りの船舶会社の荷物の責任者になったんです。そのうち大浜村の女性横目つると結ばれて、鶴亀堂という大きな菓子屋を石垣の商店街のど真ん中に開いた。つるは商才にたけていて、店を切り盛りしていた。その七人兄弟の三女・清子が三木家に嫁ぐ、というわけです。いや、これは長話になってしまった。

森　『「八重山合衆国」の系譜』でかなり詳しく家族史が書かれていたのを読んで、三木家は波乱万丈だなと思いました。

三木　だから、血筋から言えば私の四分の一は石垣島。石垣以外はあまり知らないもんだから、ルーツが四国の人間であるとかいう意識はなかったね。

森　改めて『「八重山合衆国」の系譜』を書こうと思って辿ったら、ルーツが香川や大阪にあったということでしょうか。

三木　そう、そう。ただ、学生の頃に四国に行ったことはありますよ。祖父が里帰りして、故郷をたずねるというんで、それに合わせて行きました。東京の大学生だったけど合流して訪ねたことがあります。そこで祖父の故事来歴を聞きましたね。祖父の生家は前田と言って農家の出だけど、幼いころ生駒藩の藩主の教育係をしていた三木という人の所に養子に出された。子どもがいなかったらしい。それが良かったのか。農業以外の勉強もしたんだろうね。僕が生まれた一九四〇年（昭和一五年）頃に前田姓を三木に改姓しているんだ。

森　本に書かれていましたが、そもそもおじいさんが高松から台湾へ行くきっかけになったのが、台湾の東海岸に日本人を入植させて製糖業させるということで、日本の中でもサトウキビの生産が盛んだった、香川とか徳島とか九州あたりから多く募集したんですよね。

三木　だから、新しく日本の植民地になった土地に行くというので、当時としては選ばれた農民だったみたい。

森　台湾の植民地化が進められ、近代的な製糖業が興されていく過程で、四国と台湾と沖縄、八重山っていう場所が結びつけられていったんですね。

三木　徳島県では「阿波三盆白」といって言って、お菓子に使う砂糖の原料としてのサトウキビを栽培していたんだけど、それも明治の頃にはだんだん衰退してきた。そこで阿波の作糖家・中

『「八重山合衆国」の系譜』南山舎、二〇一〇年。

川虎之助という人が、明治半ばに沖縄を調査し、石垣島の名蔵に目をつけて、大々的なサトウキビの栽培と製糖工場を造るんです。それは八重山の近代史の中でも特筆すべき出来事で、四国のほうから三百人くらい連れてくるわけです、石垣島にね。それが中川虎之助の名蔵開墾ということになるんですが、それが八重山の近代史に大きく影響していくんですね。何かというと、その頃まだ八重山では金銭の流通は発達していなくて、庶民は物々交換だったらしい。ところが中川農場の入植が始まって、島の人を雇う時に払うのに日本の貨幣を使ったということで金銭の流通が促進される。その貨幣の穴が升に似ていたところから「一升銭」と呼んでいたようなんだけど、一升銭が普及して石垣島に貨幣の流通を促し、それから資本主義的な農業が入ってきて、これまでの島の形態とは違う大きな変化が出てくるんですね。

台湾疎開と引揚げの記憶

森　三木さん自身は、そういう大きな変化が生じた後の石垣島にお生まれになって、戦時中には台湾に疎開するという経験もされていますが、台湾にいた頃の記憶はありますか？

三木　はい、途切れ途切れではあるけれども記憶しています。戦時の台湾疎開には、縁故疎開と集団疎開というのがあってね、集団疎開っていうのは台湾に縁故者のいない人が集団で疎開すること。縁故疎開は台湾の縁故者を頼っての疎開ということで、私は母の実家の親たちを頼りに疎開しました。実家の三島家は昭和一七、八年頃に和菓子屋をたたんで、長男が台湾の水産試験場にいたもんだから、これを頼りに台湾へ移り住んでいました。三島家がなぜ大きな和菓子屋をたたんで石垣島から台湾へ渡ったのか。これは親たちから直接聞いたことはないんだけど、いろいろ当時の新聞などを調べてみたら、戦時の統制経済が布かれ、業種を「一地域に一業種」という企業統合があったんです。強制的に合併したり廃業したりして、石垣でもいくつかの製菓業者が統合されたわけね。それで三島家は見切りをつけて台湾に行った……と。

森　あぁ、そういう経緯があるんですね。台湾のパイナップルの企業が戦時体制に入って一つに統合されて、パインの中小企業をやっていた台湾人が石垣島に入植した話は有名ですが、三木さんのお母さんの家族がやっていたお菓子屋さんは、一地域に一社の統合で、逆に台湾に渡ったということですね。

三木　そうそう。これは親たちから聞いたことはないんだけど、あんな大きなお店を持っていながら、なんで店仕舞いして台湾に行ったかっていうのが、ちょっと僕には理解できなかった。台湾には長男の初雄が水産試験場に勤めていたので、その人を頼って親たちは台湾に移り住んだみたいだね。戦争が始まって、いよいよ石垣島も危ないという段階になって疎開が始まります。昭和一九年六月に私も母親に連れられ、弟と三人ですでに台北にいた母方の親戚の家に世話になったわけです。

森　五歳くらいでしょうか？

三木　そうですね。そのころに父方の祖母も高松から石垣に来ていたんですが、そのおばあさんが大きなおにぎりを握って、僕たちに持たして見送りましたね。祖父は消防団長をやっていたものだから、島から動けなかった。もちろん台湾疎開にも行けないし、山に避難もできない。山に避難した町民の財産を守るのが祖父たち消防団(そのころは警察と統合され警防団と呼んでいた)の役割だから、街から動けないわけね。父も急きょ町民で編成された特設警備隊にとられていた。

疎開した台湾では、時々空襲がありました。母の親たちと同居していた台北では、米軍の戦闘機が飛んできて、その度に玄関の右側に掘られた防空壕に頭巾をかぶって駆け込んだ。それで、飛行機の爆音が通り過ぎるのを待って出てきた。夕暮れ時に台北の大通りでは、サーチライトの光の束が夜空に吸い込まれているのを度々見ました。時には空襲警報のサイレンがけたたましく鳴り響いていました。空襲の合間を縫って、親戚の家を訪ねた時は、途中で大きな家の爆弾が投下され、家財道具がさらけ出されているのを見ました。

そのうち台北も危ないと言って三島家の人と共に台北の西の新竹の三峡という山奥に避難しました。母の兄が勤めていた水産試験場の寮があって、仕切られたマスの中で親類同士がお世話になった。三峡という名の通り竹藪の多い山の渓谷だった。そこでは近くの川や田んぼでエビやどじょうを捕まえて暮らしたんです。

そのうちに、戦争が終わったらしいというんで台北に戻って、僕は市内の日本人子弟の幼稚園にちょっとだけ通っていました。街では日本人に対する台湾人の仕打ちがあるんじゃないかと噂がたって、行き帰り「気を付けんと危ないよ」と注意されたこともある。しかしそういうことはなかったね。それよりもむしろ台湾の人から親切にされて、アヒルをご馳走してもらったり、私が間違って肥溜めに落ちた時など、台湾人の農夫が腰までつかって助けてくれたり、台湾人については悪い思い出は一つもない。そうこうしているうちに宜蘭から石垣島に引き揚げることになった。台湾には一年余りいたかな。私にとって台湾は、第二の故郷みたいなものです。

そんなこともあり、機会があればなんとか石垣に入植している台湾農業移民の方々のためになることをしよう、と考えていた。一九八四年に台湾人の故・林発の遺稿『沖縄パイン産業史』の編集・刊行したり、二〇一二年には石垣島の名蔵ダムにパインと水牛の導入の功績をたたえた「台湾農業者入植顕彰碑」を建立して、映画「はるかなるオンライ山」の原作を書いたのも、そうした気持ちの現れかもしれないな。

森　私も、台湾に疎開した人の話を聞いたことがあります。その人は、戦時中に南洋群島から本土に引き揚げる疎開船に乗ったんだけど、途中で乗っていた船が沈没させられそうになったということで台湾に避難して、戦後に台湾から沖縄へ引き揚げたそうなんです。それで台湾で避難生

『沖縄パイン産業史』沖縄パイン産業史刊行会、一九八四年。

活をしていた時に、「琉球人は台湾人の兄弟だ」と言われて、台湾の人からとても良くしてもらったっていう話を聞きました。やっぱり、日本本土ではなくて、沖縄から疎開して来ているっていうことが、台湾の人に温かく迎える要因にもなっていたのでしょうか。

三木 まあその辺は台湾の人に聞いてないから、何とも言えないんだけど。少なくとも敵意を持って見るとかね、そういう対応は子どもながらにも、受けたことは全然ないね。大きくなった今でも、台湾にご恩返しをしたい、という気持ちはありますね。

台湾から石垣島に引き揚げたのは敗戦の年の暮れでした。海軍が傭船していた小船に便乗させてもらって、台湾北東部宜蘭県の蘇澳から与那国に行きました。冬の北風に翻弄されて、船酔いして胃袋をカラにしてようやく与那国島に着いた。与那国にはまだ駐屯兵が残留していましたね。二晩ほど島でお世話になり、ようやく石垣に帰ってきたんです。石垣に帰って来ても、まだ日本軍兵隊はたくさんいましたね。

祖父が住んでいた山菱商会の家や倉庫もみんな日本軍が借り上げて、軍事物資の倉庫になっていた。防毒服やマスクなど、さまざまな軍事物資が倉庫に山積みにされていた。大砲の弾頭が薪を積み上げたように積まれていたね。大きなドラム缶をお風呂の釜にしていたんだけど、ある日そのドラム缶の下でマキを焚いていると、機関銃の薬莢が入っているのも分からず、それが爆発して弾が股の間をくぐって飛んだ。近くにいた母親が、あわや当たるところだった。そんなような状態で戦争直後は、惨憺たる感じだったたね。そのうちに米兵が上陸用舟艇に乗って、近くの桟橋から上陸してくる。戦時中は「アメリカ兵は日本人を見たら食べるよ」と脅かされていたので、上陸して来る米兵を戸の節穴からしばらく観察していたんだ。

森 その時初めて米兵に出会った。

三木 そうです。祖父の家が桟橋のすぐ近くだったからね。だから戸の節穴から米兵がぞろぞろ上陸してくるのをじっと見ていた。兵隊たちはみんな銃を肩につるしてね。中には黒人兵もいて、こんな黒い人もいるのかとびっくりして……。そのうち米兵たちは街を闊歩するようになる。彼らは子どもにチューインガムを与え、珍しいものを見せたり、あげたりしてね。これを欲しさに僕たち子どもは米兵のあとを付いて回って、ガムやチョコレートなど貰ったりしたものさ。

八重山の近代史を生きている

三木　話は少しもどるけど、石垣島の場合は先ほどの台湾に疎開した組と、島の山中に疎開した組がいる。大部分は山中に疎開した組だが、山中疎開ではマラリアが爆発的に流行し、戦争が終わるまでに、なんと三千人余りが死ぬんですよ。これを「戦争マラリア」と呼んで、戦時以外のマラリアと区別しています。島の医師団がマラリアの治療薬のキニーネを島の避難者にも分けてほしい、と申し入れをしていますが「軍も必要としている」といって断っているんです。山中の各地に避難した住民は次々にマラリアに罹って、地獄のようだったらしい。その体験記は石垣市史がまとめた『市民の戦争体験記』に寄せられています。中には僕の同期生もいます。戦争が終わりみんな黄色い顔をして避難地から街に戻ってきたんですよね。

敗戦の翌年の四月から学校の授業が始まりました。僕は登野城国民学校の一年生。この年、二学期から初等小学校にかわります。

当時、先生方の中には校門入る時に立ち止まって、一礼する方もおられた。その敬礼の先には、奉安殿があったんだよね。コンクリート造り、中には、天皇陛下の御真影が入っている。初めのころ僕は知らなかったんだ。なんでいつも敬礼をするんだろうと思っていた。ある日その奉安殿の中を掃除するというので見に行ったら、戦前の古い教科書がいっぱい詰め込んであったね。御

琉球弧というのは太平洋の島々の一角をなしている文化圏じゃないかと。琉球王朝時代から近代に至って、権力が入ってきて琉球王朝が明治政府のほうに組み込まれていくんだけど、元々はそういう島じゃなかったのかなと。それを言うにはどういう表現が適当だろうかと「オキネシア」という言葉を考案したのですがね。

三木 健

真影はなかった。あとで知ったけど、学校の御真影は住民が避難した名蔵白水の山中に移していた。住民が疎開した一帯の一番奥の藪中に御真影を安置する壕が造られ、校長先生のご家族が守っていたという話です。戦後、これらの真影はまとめて焼却処分された、ということも聞きましたね。

森　そのあと、寄留人ということで、財産を米軍に接収されて、別の開拓地に入植していくことになるんですよね。おじいさんと、お父さんと。

三木　よくご存じで。しかし、接収されたのは製材所だけ。それも米軍ではなく石垣市による補償付きの強制買い上げなんです。なぜかと言えば市民生活や戦後復興のために、直営の製材所が必要だったから。祖父はそれに協力して製材所を手放したんです。けれどもその後、再び別の所で製材所を起こし、規模は縮小されたが事業を再開しています。その事業意欲の旺盛なのには、驚かされます。

森　『「八重山合衆国」の系譜』は家族史の書き方も凄く面白いなと思っています。前半は八重山の伝統社会についてのいわば「公的な領域」の歴史。後半は、三木さんの祖父である三木専太郎の家族を中心とした「私的領域」の歴史。三木さんは、前半の八重山の伝統社会をタテ糸に例え、外からのインパクトをヨコ糸として、両者が組み合わさって一つの模様が出来上がっている、それが「八重山合衆国」なのだと言われていますね。こういう書き方から、私は上野英信《うえのえいしん》さんの『眉屋私記』を連想したのですが、影響を受けられた面はありますか？

三木　いやそれは、あんまり意識したことはないけど。

森　でも凄く響き合うものがあると思います。

三木　そうですか。私は自分の家族を自慢するとかじゃなくて、生きてきたありのままの姿を素材にして、そこから島の何が見えるか、ということを心掛けたんです。

森　本当に三木さんのご家族が見事に八重山の近代史を生きているっていう感じで読みました。

三木　それは嬉しいですね。しかし、それは島社会のある一面でしかない。それに自慢話と取ら

『眉屋私記』潮出版社、一九八四年。メキシコ・キューバへ移民した兄の日記を縦糸に、辻売りされた妹の語りを横糸にして編まれた沖縄近代民衆史の先駆的名作。三木さんは『眉の清らさいで神の島――上野英信と沖縄』（一葉社、二〇二〇年）で上野夫婦と沖縄の濃密な交流を描いた。

れると心外なんだけど。伏せたいと思うこともないわけではないけど、そういうのも見ながら、じゃあそれが島の中でどういう意味を持っているかっていうことと、私的なことをとうしてそこから何が見え、それが何であったか、ということに心がけたつもりです。

森　もう一度、ルーツについての話に戻りたいのですが、三木さんはどこにいても「異邦人」みたいな立場ですよね。八重山にこだわって家族史をひも解いていくと、石垣の中でも三木家の人たちはもともと沖縄の人ではないし、台湾でも避難民としての経験をしている。そういう「異邦人」としての原体験のようなものが、その後にミクロネシアに目を向けたり、ニューカレドニア移民に目を向けたりという、三木さんの目線の根源的なところにあるのかなって思ったんですが、どうでしょうか？

三木　それは、ことさら意識してはいませんが、ないとは言えないと思います。それを前面に出すつもりもないいんだけど、意識の深層にはあったかもしれませんね。

東京で沖縄、八重山について考える

森　大学で東京に出るまでは、基本はずっと石垣島におられたんですよね。

三木　そう、そう、島の洟垂れ小僧です。

森　石垣からその東京の明治大学に入られたということなのですが、復帰前の時期に八重山から東京の大学に進学する人は結構おられましたか？

三木　大学に進学するコースは、二つあってね。選抜されて優秀な出来のいい人たちは国費留学とかで本土に行く。僕みたいに道草ばかりしていた奴は、自費留学で受けていたんですけどね。

あまり勉強もしていなかったんで、自信はなかったけど、東京に行って勉強してなんとか入学できた、というわけです。

森 予備校の時から東京にいらして。

三木 はい、親戚がいたもんだから、伯母さんたちの家に転がり込んで。それから下宿屋を転々としながら大学を歩いていたんだけどね。

森 東京に対する憧れというか、そういうものが強くありましたか?

三木 東京に対する憧れということよりも、島にいることがだんだん窮屈に思えて、もっと広いところで何かやってみたいという気持ちがありましたね。だからそのころは毎日海ばっかり見ていたんだ。その延長線でミクロネシアとか、ニューカレドニアなどあっちこっち行ってるわけ(笑)。

森 大学では、中村雄《なかむらゆう》二郎《じろう》先生のゼミに入って、逆に東京に行って沖縄に関する本を読まれたっていうふうに三木さんは本に書かれていますよね。

三木 そうですね。沖縄にいる時は沖縄の本はあまり読まなかった。第一、あんまりなかったしね。東京に出て来て神田の明治大学に入ってみると、周りは本屋だらけ。本屋回りをしているうちに、どの本屋には沖縄のどんな本がある、ということまで覚えましたね。二年生の時『駿台論潮』という学内評論雑誌のサークルに入部して、部の仲間と六〇年安保闘争の渦中にいましたね。どこのセクトとも関わってはいなかったが、『駿台論潮』の先輩に後藤総一郎さんという方がおられた。そのころ全学連の理論的なリーダーでもあった。僕は沖縄出身ということもあって、何かとかわいがってもらったんです。国会で日米安保条約が可決されて、後藤さんが挫折して落ちこんでいる時、主任教授の橋川文三先生に「日本はそうたやすく変われるもんじゃない。柳田国男を読みなさい」と『日本の祭り』という柳田の本を勧められたそうです。それがきっかけで、後藤さんは柳田と四つに組んで、押しも押されぬ柳田研究者になった。後藤さんとは大学卒業後

中村雄二郎 哲学者・評論家。明治大学教授を務めた。主著に『共通感覚論』(一九七九年、岩波書店)、『術語集』(一九八四年、岩波書店)等がある。

もお付き合いし、講演で沖縄に招いたこともあります。

大学に入ってから沖縄への関心は次第に強くなり、沖縄の歴史や文化に関する本を買っては読んでいたんだ。学内では中村雄二郎教授が主宰するゼミがあったから、三年生の時「社会思想史ゼミ」に入った。その年、親しいゼミ仲間でいろいろ話しているうちに「沖縄に調査に行こう」となった。それは何かというと、沖縄の戦後世代が、日本復帰やアメリカ統治に対して、どのように考えているかというのを、アンケート調査して客観的に把握できるような調査をやろう、ということだったんです。「明治大学社会思想史ゼミナール沖縄調査団」として夏休みを利用して調査に出かけたんですよ。それはいい勉強になりましたね。帰ってきて集計し、そのデータをどう解釈するかとか、例えば日の丸に対する受け止め方とか。これは本当にナショナリズムなのかとか、分析しながら討論し、まとめの作業を重ねて報告書を作った。これをもとに展示会も学内でしたんです。これらの報告書を作るにあたって、国会近くの海野法律事務所の中に、評論家の中野好夫《なかのよしお》さんが作られた沖縄資料センターをよく活用しましたね。

森　ちょうどその時期が重なっていたんですね。

三木　そう、そこに東京都庁にいた新崎盛暉《あらさきもりてる》さんも出入りしていました。調査団のメンバーもそこに通いながら資料を借りたりした。お礼に調査報告書を中野好夫先生にさしあげたら、岩波書店の『世界』とか、いろんなものにその報告書を引用しておられた。沖縄の民意がこれに現われていて、客観的に訴える力がある、ということでしょうね。その時のゼミ仲間で、千葉や宮崎で農業を営む両氏とは、いまも文通しています。その後も僕は、沖縄の問題に関心を持続するようになる。当然、沖縄に関する本も読むようになる。

その少し前には、島根大学の溝上泰子《みぞうえやすこ》先生という家政学の教授が、琉球大学の招聘教授で沖縄に来られて、その時の視察や体験を『受難島の人びと』という本を出された。これを読んで非常に心打たれた。溝上先生は若いころアメリカにも留学していて、アメリカに対する見方も非常に

中野好夫
英文学者。戦後も米軍占領下に置かれた沖縄の実情を日本本土に伝える活動に注力した。著書に新崎盛暉との共著『沖縄問題二十年』（岩波書店、一九六五年）等がある。

沖縄資料センター
一九六〇年代初頭に設立。初代所長は中村哲。一九七二年以後は資料を法政大学沖縄文化研究所に移管しており、二〇二四年現在も一般の利用に供している。

新崎盛暉
一九三六年生まれ。沖縄戦後史研究家、社会運動家。東京都庁で勤務しながら沖縄資料センター運営に携わる。一九七四年沖縄へ移り、沖縄大学教授、同大学学長となる。二〇一八年没。

『受難島の人びと——日本の縮図・沖縄』
未来社、一九六九年。『人類学者・溝上泰子著作集』の第六巻（影書房、一九八六年）として再刊されている。

鋭いところがあった。また、沖縄の庶民生活への深い理解があった。僕はすぐその先生に感想文書いて送った。そしたら先生からご丁寧なご返事をいただいて、その後も文通するようになった。先生は晩年に「自分はもう死ぬ、お墓はいらない」といって、お墓を造るお金で自分のこれまで書いてきたものを全集にまとめたいっていう。「何名か編集委員をお願いするので、三木さんもなってちょうだい」というので、全集の編集委員にもなったんです。

先生は復帰後の沖縄にも二回来られた。ちょうど僕も那覇に転勤していたので、沖縄に招きお世話をした。琉球新報にも沖縄再訪の感想などを書いてもらった。先生は筆まめな方で、手紙を出すとすぐに返事がきた。それをファイルに入れて、全部取っておいたんだけど、引っ越ししているうちに、どこへしまったのか、なかなか見当たらなくて困っている。

森　結局、復帰運動が沖縄では凄く盛んだった時期に、三木さんは東京で大学生活をされて、琉球新報に入社されてからも東京勤務を十年くらいされたわけですね。

三木　そう、十年ぐらいね。

森　大きな復帰運動のうねりがあった時に、東京にいたことで、客観的にというか、社会科学的な目で復帰運動っていうのは何なのか、見られていたという体験だったのでしょうか。

三木　そうですね。客観的かどうか分らんけども、ちょっと一歩こう引いたところから見る立ち位置にはあったと思いますね。

――（古波藏）三木さんが明治大学で取ったアンケート調査で、俺、いまそれ引用してから論文書いていました。

三木　調査報告書、持っているの？

――持っています。沖縄県公文書館に入っていて、コピーしてから。

三木　それはちゃんとした冊子になっているやつ？

――なっているやつ。とても助かりました。

森　いまも活用されている（笑）。

三木　最後のほうの復帰に対する若者の意識というか、「日の丸」に対する意識、あれは僕が書いたんだ。いわゆるナショナリズムではなくて、米軍に対する反発、反動としての意識の表れだって書いたことがあるんだけど。

――いろんなこと聞いて、いろんなもの盛り込んでいますよね。てんこ盛りだ。なんで調査したんだろうと思ったんです。今日初めて聞いた。

三木　へえ、珍しいね。僕も原本は持ってないのに。

八重山文化研究会からネットワークが形成

森　三木さんの仕事いろいろ見させていただいて、面白かったのが、色川大吉《いろかわだいきち》さんとか、民衆史の人たちとの交流が凄く盛んだったんだなというところなんです。上野英信さんについてはご本も書かれていますし、そこだけは知っていたんですが、凄く民衆史にかかわっていた人の層が厚くて、交流も盛んだったんだなぁ、ということがよく分かって。

三木　『西表炭坑概史』ね。あれは東京にいた時の仕事です。僕は一九七六年四月に那覇の本社へ転勤するんですが、ご指摘の西表炭坑に関するものは、転勤前の東京で書いたものです。

森　東京で書かれたんですか？

三木　はい、東京で書いたんですよ。話せば長いんだけど、ちょうど東京で八重山文化研究会を立ち上げたころでね。私はその研究会の事務局をやっていました。一九七二年に日本復帰した直後でしたね。一九八〇年に三一書房から出した『八重山近代民衆史』という拙著がありますが、

色川大吉
民衆史・自分史提唱者。主著に『ある昭和史――自分史の試み』（中央公論社、一九七五年）など多数。二〇二一年九月七日に九六歳で逝去。同日刊行された三木健編『沖縄と色川大吉』（不二出版、二〇二一年）が遺著となる。三木さんはその後『民衆史の狼火を――追悼 色川大吉』（不二出版、二〇二三年）を編集。

『西表炭坑概史』
ひるぎ社、一九八三年。

『八重山近代民衆史』
三一書房、一九八〇年。

東京時代に資料収集していたころに書いた論文をまとめたものです。

　現実に起きていることを、ちょっと離れた目でというか、歴史的にどうだったかということを、石垣島や八重山の歴史をとおして捉え返したものです。余談ですが、この三一書房の菊版シリーズの沖縄研究叢書は、新進気鋭の沖縄研究者によるもので、当時の研究水準を示した画期的なものでした。色川大吉さんたちと自由民権期の建白書シリーズを刊行していた我部政男《がべまさお》さんが、三一書房の竹村一社長を口説き落として、実現させたんです。

森　八重山文化研究会には何人ぐらいが集まったんですか？

三木　ちゃんとした会員がいるわけじゃなくて、毎月一回の例会には誰でも来ていいって形。おのずから常連は絞られてくるんだけど。毎回十数人はいたかな。多い時で二〇人ほどで。レポーターがいてね、チューターっていうのか、それを基にして議論をした。年配の人もいて、その方々の話がなかなか面白かったね。

森　大学生もいたんですか？

三木　そう、そう大学生もいた。だからそれは教科書では得られない非常にいい勉強になったんではないかな。

森　それはもう琉球新報に入った後ですか？

三木　入ったあとですよ。私は一九六五年に琉球新報に入っていますから、それから数年後ですね。それで、さっきの溝上泰子先生の話なんだけど、『受難島の人びと』の中に、琉球大学の家政学科を批判したくだりがあるんですよ。アメリカ式の料理を研究して、ああだこうだ言っているけども、いったいこの首里城あとの琉大から見下ろす庶民たちの料理と、これはなんの関係があるのかと。琉球大学はもっと庶民の生活のことも見ながら研究すべきじゃないかということを、その『受難島の人びと』で書いていた。僕はこのくだりに非常に同感してね。もちろん、琉球大学はアメリカのカネで出来た大学ですから、アメリカ式の料理を教える理由もあったのだろう。

我部政男
歴史学者。山梨学院大学名誉教授。主著に『明治国家と沖縄』(三一書房、一九七九年)、『近代日本と沖縄』(三一書房、一九八一年)、『沖縄史料学の方法』(新泉社、一九八八年)、『日本近代史のなかの沖縄』(不二出版、二〇二一年)がある。

けれど、それとは別に庶民の目線で捉え返す、それに非常に心打たれましたね。つまり何のために、誰のために研究するのか、それを私にも問いかけてきたんですよね。それらのことも含めて、だんだんと新聞記者になろうという決意を固めていったんです。

森　東京に赴任することになったのは、希望というよりは勝手に配属されて。

三木　大学卒業の年に、琉球新報社が初めて東京で採用試験をやるというので、その採用試験を受けたのです。当面は東京勤務だけど、いずれは那覇の本社へというわけです。五〇人くらい受けたかな。その中から編集ひとり、営業ひとりの採用ということで、希望していた編集のほうに採用されたんです。採用にあたっては保証人が必要だということなので、ちょうど毎日新聞東京本社に論説委員をやっておられた同郷の宮良高夫さんにお願いして、保証人になってもらった。

　宮良高夫さんは戦前の沖縄県立一中の卒業で、そのころから抒情詩を書いたりしている。そんな同郷のよしみで「どこそこの誰の子ども」といえば「ああ、あそこの家の子か」という具合で、すぐ分かるんです。それと編集委員の時には、東京版の投書欄も担当しておられたんだけど、僕はそれを知らずに沖縄の復帰問題について投稿したら、それがトップに扱われてびっくりしたけど、その面を担当していたのが宮良さんだとは知らなかった。そんなことで毎日新聞本社を訪ねて保証人をお願いしたら、喜んで引き受けてくださった。ところがその二か月後の五月に、脳溢血で急死されてね。あれにはショックだったな。

森　そういう風に当時の東京には、八重山出身の知識人がある程度いらっしゃったんですね。

三木　大学の先生もいたし、東京・八重山文化研究会を立ち上げて、だんだんネットワークが形成されていったんです。

不思議な縁でむすびついた人びと、資料収集

森　琉球新報に入社して、記者として働きながら、八重山文化研究会の活動にも参加して、そのなかで書いたのが『西表炭坑概史』ですか？

三木　八重山の近代史に関する僕の最初の論文です。

森　色川大吉さんとかいろんな人に読まれて、影響を与えていますよね。

三木　影響を与えたと言えば言いすぎだろうけど、西表炭坑のことはほとんど知られていなかったのでね。西表炭坑のことを書いたきっかけは、西表島の白浜とか炭坑のあった集落近くで、夜になると幽霊が出る、という話を聞いたことでした。高校二年の夏休みに文芸部の旅行で行った時です。なんでも炭坑にいた人が苦しめられて、夜な夜な恨みつらみを言うために姿を現わしているんじゃないか、という話でした。その時はそんな歴史もあるのか、ぐらいに思ってね。そこで西表炭坑とはどんなところなのか、史書ではどんなふうに書かれているのかと読んでみたんだけど、ほんの数行こういう炭坑会社があって、台湾あたりからも炭坑夫が送られてきたとか、そんな程度のことで終わっていた。これで幽霊が出るような話になるのか、という疑問を持ったわけ。きっとその裏にはいろんなことがあるんだろう、とそれから少しずつ調べ始めた。資料を探し、集めたりしているうちに、知らないことが次々と出てきてね。

森　東京にいたから資料にアクセスできたんですね。

三木　そうですね。資料集めは東京にいたせいで出来たということもある。それと炭坑の関係者もいて、直接そのころの話が聞けたことも大きい。西表炭坑のことをきっかけに、八重山のいろ

「写真風景　八重山西表炭鉱」
琉球大学附属図書館所蔵

館問もない国立公文書館などで、沖縄近代史の関係資料を見てまわったんです。

の教育大学で沖縄・日本近代史の研究を始めていた我部政男さんと二人で、国立国会図書館や開

んな歴史資料をちょっとずつ収集し始めたんです。その頃ちょうど琉球大学から上京して、東京

森　そうなんですね。

三木　特に書庫に埋もれている未公開の沖縄関係資料を見てまわったね。

国立国会図書館とか公文書館とかには、アーキビストや専門家がいらしたんだけど、とても親切でね、書庫の中まで案内して見せてくれましたよ。沖縄の日本復帰直後の頃で、国会議員や各政党の沖縄問題への関心も高かった。これらの要望に応えるためにも、国立図書館自体が独自に沖縄調査団を派遣していたほどです。だから司書の皆さんも沖縄の研究者や沖縄の記者にも関心を寄せていた。そんなことからお互いに資料に関する情報を交換しあうような関係ができていたんですね。我部政男さんとは、それ以来の同志です。彼とは不思議な縁で知り合ったんですよ。

僕が琉球新報に採用された年の三月に一度石垣島に帰りました。そしてまたまた那覇の琉球新報社に寄りました。挨拶もありましたが、もう一つは前借りに行ったんです。那覇や石垣で小遣いを呑み代に使い果たしたもんだから、前借りしに行ったんです。そうしたら経理担当の上司は「君はまだ本社員じゃないだろ」っていうわけ（笑）。「いや、いや、採用は間違いありません。ただ東京に戻るお金が足りなくなったので……」と。

森　入社する前に前借りですか（笑）。

三木　「もうこの四月から勤めるのは間違いないので、逃げる心配はありません」と言って借りたのです。

森　借りたの！？

三木　それで、いよいよ鹿児島行きの船に乗って行ったんです。あの頃は、石垣から鹿児島だと、那覇で一泊せんといかん。下手すると二泊になる。それで鹿児島行きの船に乗って、また一昼夜、

二四時間。それで東京行きの急行列車に乗り換え、車中で一泊の三六時間。だから、石垣からだと東京へは下手すると一週間近くかかる。そんなしてやっと行きよった。

それで那覇から鹿児島に向う船中で、盗難事件があったんです。ある学生がお金盗まれたと、怒っていた。「なんだこの船は。泥棒も乗せやがって」とか言って息巻いていた。いざ、ここは新聞記者の出番とばかり「はい、名前は？」「いくら盗まれた？」とか（笑）。学生は「いや、これは新聞に載せんでくれ」と言うので「いや、そうはいかない」と。「新聞記者はそんなこと言われてやめるわけにいかない」とか言ってね（笑）。そんなこんなで僕は鹿児島に着くや書き上げた記事を鹿児島支局へ届けたんだけど、支局長は不在。そこで書置きして「この記事を本社に送ってほしい」と。盗難事件の概要を書き置きした。そうしたら鹿児島支局長から東京に電話があって、「三木っていう男がこの記事を送れと来ているんだけど、この男は何者か」と。「こんな記者は聞いたことない」って言うわけ。電話に出た東京総局の記者は「いやー、この四月から採用みたいですよ」とか言ってね。（笑）。それでまあ、渋々、送ったらしいんだけど、本紙のほうには載らなくて。あの頃、系列のラジオ沖縄の記者が社会部にまわってきて「何か面白い記事ありませんか」と言って、ラジオ向けにリライトして流していた。そこでくだんの船中盗難事件がラジオで流れたらしいんだな。まあ、そんなようなことがあって、なぜか彼とは親しくなっていた。

森　入社前からもう記者活動していたんですか（笑）。

三木　そう、記者活動というか船中盗難事件がきっかけでね。彼とはその後、生涯の友達になった。今年（二〇二四年）の六月に彼がこれまで集めた蔵書三万冊を台湾大学に寄贈するというんで、僕もお祝いにはせ参じるんですけどね。

森　船で我部政男さんとずっと一緒だったということですか？

三木　そう、そう、一緒だった。

森　盗難事件後も一緒に。

三木　そう、そう。

森　えっ、まさか我部さんが盗難にあったわけじゃないですよね？

三木　いや、彼が盗まれたわけですよ、彼が。

森　そういうこと（笑）。それで三木さんが我部さんに、取材した？

三木　そう、それで「君の名前は？」とか言ってね（笑）。おそらく大学院の受験料なんかを盗られたんじゃないかな。大学院を受けるって言っていたからね。そんなハプニングがあって仲良くなり、後に東京での資料収集も一緒に続けていった、というわけ。

森　面白いです。我部政男さんは近代史の人で、三木さんは八重山の研究積み重ねたっていうイメージだったんですけど、そういう風に共同で、資料を一緒に見に行ったりされてたんですね。

三木　国会図書館とか、防衛庁の戦史資料室とか、開館間もなかった国立公文書館もまわった。いろんな資料がたくさんあったんだけど、そのころはまだ紹介されていなかった。そういう時に彼と僕は資料収集していた。それで僕も明治の二〇年代に山県有朋《やまがたありとも》が船で西表視察に来た時の復命書などを見つけるんです。これなどはまったく未発掘だった。西表炭坑のことだけじゃなく、辺境防備ということで、八重山の国境防備論を書いて明治政府に復命書を提出していたが、この復命書も出てきた。これなどそれまでまったく知られてなかった。それらのことは三一書房から出た『八重山近代民衆史』の中に書いて載せたんです。それまでは田代安定の資料は『沖縄結縄考』があるくらいで、そのほかはほとんど知られてなかった。この五〇年間、誰も注目してなかったといってもよい。

――「結縄考」ですか？

三木　せいぜい『沖縄結縄考』とかね。まあ、ああいう特殊なものはそれなりの人が注目していたけど、田代安定は近代化論を意見書として出しているが、ほとんど知られていなかった。彼の論文の中に、五〇何冊の復命書を「自分は農商務省の役人だったから農商務省に提出する」と書

山県有朋
一八八六年、内務大臣の山県有朋は西村捨三沖縄県令や官吏を伴い、沖縄島や八重山、対馬を視察。翌年には「復命書」と「南航日記」を閣議に提出した。

田代安定
植物学者・民俗学者。一八八二年に農商務省の命でキニーネを試植するために沖縄へ出張。一八八五年、一八八七年に二度に渡って八重山諸島を訪問し、農商務省に対して島政改革の意見書を提出する。一八九五年に台湾へ転居。没後に長谷部言人の校訂で『沖縄結縄考』（養徳社、一九四五年）が発刊された。

いてあったんだ。だからこれは絶対どっかにあるはずだということで、注目していた。それで僕は我部さんと台湾大学の呉密察さんという歴史学者、もう彼はリタイアしたんだけど、東大の院生時代に、よく沖縄に遊びに来ていたんだ。それで三人でよく那覇の泡盛屋を呑んでまわった。その後、呉さんは台湾大学の教授になって、最後は故宮博物院の院長にもなった。あそこの院長は閣僚級らしい。知っている？　彼のこと……。

森　知らないです。

三木　知らない？　そう。我部さんが台湾に蔵書三万冊の寄贈を申し出ると、呉さんが一肌脱いで、実現させたんだ。裏の事情を知る者からすると、今回の寄贈が実現したのは、呉さんと我部さんとの友情の結晶だ、と言える。そのことを呉さんに話したら感激していた。そんな因縁もあって、私も台湾の贈呈式に行くことになったんだ。

それともう一つの目的は、私が長年研究してきた田代安定の資料を見ることなんだ。実は台大の旧図書館にあった田代の資料発見にもかかわったことがあるんだ。田代は八重山の旧慣調査にかかわり、いくつかの意見書を明治政府に出しているんだけど、ある資料に八重山の旧慣調査にかかわる復命書四〇冊余を農商務省に提出した、との記述があり、僕は長年それを追っていた。しかし、その存在は確認されなかった。そこで僕は呉さんに国際電話で「あるとすれば絶対台湾大学にあると思う、もし出てきたら教えてくれ」とお願いしておいた。今からもう何年も前のことだよ。そしたら呉さんから電話があって、「三木さんが探していた史料はこれじゃないかなと思うよ。いちど台湾に来て確認してくれませんか」と言う。その年の五月の連休を利用して台湾に飛び、さっそく台湾大学の図書館へ行った。旧台北帝大時代の図書館の蔵書類が新館に移され、ガランとした旧館の倉庫に、資料類の入った木箱が何十箱も出てきた。不思議がって職員が開けてみると、手書きの日本語の文書類が出てきたんだ。呼ばれて見に来た呉教授は、「ひょっとすると三木さんが言っていた田代安定のものかもしれない」というので、私に連絡してきた。私がかけつけたころには、すでに木箱から出され、整理が始まっていた。まぎれもなく田代関係の史料群だったんだ。

森 なんで台湾に、農商務省に出した報告書があったんですか?

三木 田代は農商務省役人の頃に、八重山調査の命令を受けているので、農商務省に送ったと思う。ただ、田代はよく復命書などの複製をつくっていたので、八重山調査のあとこれを保存しておいたのかもしれない。田代はその後、領有間もない台湾に渡って、南部で恒春植物園という植物園をつくったりして、最後は台北で亡くなった。台湾大学では旧蔵資料を基に「田代文庫」として整理し、現在はネットでも公開が始まっています。それらの資料を基に石垣市では全五巻の田代安定八重山近代資料集を出す計画をしているよ。ようやくここまで来たかと感慨深いんだ。まぁ、田代にはいろいろ思い出がある。

鎌倉芳太郎のガラス乾板のスクープ

森 それで東京勤務を終えて、一九七六年ぐらいでしたかね、沖縄に戻って来られたんですよね。その頃に三木さんが書かれた論文を辿っていくと、結構『南島史学』とか『新沖縄文学』とか、いろんな雑誌が沖縄の中でも生まれていて、そこにいろいろな方が論文を発表されているんだなぁと驚きました。

三木 結局、僕はいまさっき言ったように資料収集とかして、それをそのまま埋もらせてはいけないと思い、紹介したり論文にしたりしてきたんですね。

もう一つ東京時代の思い出があります。工芸家で人間国宝の鎌倉芳太郎《かまくらよしたろう》さんのことです。鎌倉

『南島史学』
一九七二年に設立された南島史学会の学会誌。琉球沖縄を研究する民俗学・歴史学・文化人類学者の研究交流の場となっている。

『新沖縄文学』
沖縄タイムス社が一九六六年に創刊した総合誌。沖縄を主題とした文学作品や論文を中心に掲載し、論壇形成機能を担った。一九九三年以降休刊となっていたが、新沖縄文学賞の五〇回記念号として、二〇二五年二月に続巻が刊行予定。

鎌倉芳太郎
型絵染の人間国宝。一九二一年に沖縄県女子師範学校・第一高等女学校の教師として赴任した際、紅型をはじめとした琉球古美術の調査に着手する。一九二四年から三年にわたって首里城の調査を実施。一九七二年沖縄の日本復帰の際に、一九二〇年代に撮影した首里城などの調査写真を公開。

さんは大正時代に、首里城の取り壊しをいち早く中止させた方として沖縄でも知られていますが、また、琉球王朝期の文化財の写真を撮り、そのネガのガラス乾板を残した方としても著名です。実はそのガラス乾板の存在を戦後はじめて報じたのは、私なんです。

一九七一年のことですけど、当時、那覇市の市史編纂室長をしていた外間政彰さんが「歴史民俗資料展」をやるというので、その資料収集のため上京してきた。僕に電話で「三木くん、明日、鎌倉芳太郎さんの家行くから一緒に行こう、来てくれ」と言って電話を切ったんだ。翌日、中野の沼袋の鎌倉邸に行くと、外間さんはもう先に来ていた。ひとしきり話が一段落して、鎌倉さんは私たちを裏座に案内すると、銀紙で裏打ちされた大きな茶箱を開けた。茶色い紙に包まれた長方形の箱状のものを取り上げると、鎌倉さんはその紙を開いて、中から重ねられた板状のガラス乾板を見せてくれた。「これが私が大正時代に撮った文化財のガラス乾板です」と言われた。戦禍に消え失せて今は見ることのできない写真でした。それも密封して以来、五〇年ぶりの開封でした。外間さんと目を合わせて、しばし感動したものです。その数は二千枚にも及ぶという。そのほか取材ノートや、文化財のスケッチなども見せてくれました。

外間さんはそれらのいくつかを借用し､私はガラス乾板を借りました。翌日の朝刊トップに｢戦前の写真二千枚、鎌倉氏が原板保存、国宝級建造物、工芸品」といくつもの大見出しで報じられたんです。これは鎌倉さんが戦後沖縄に紹介された初めてのものとなった。その後、夕刊に十数回鎌倉さんの解説で写真を紹介しました。その連載原稿をいただきにたびたび沼袋のお宅にお邪魔して、二畳ほどの茶室で大正時代の沖縄の思い出話を聞いたもんだ。これら鎌倉さんの写真や取材ノートなどが、首里城の再建や、沖縄の文化振興に大きく貢献したことは、いまさら言うこともないけど……。一九七六年三月、那覇の本社転勤でお礼のあいさつにお邪魔した時、例の茶室で記念に毛筆でしたためた琉歌を書いてくださった。大正期に満月の夜、石垣島の浜から竹富島を見た時の感動を詠んだものでした。貴重なものなので、私はこれを石垣市立八重山博物館に寄贈した。つい、自慢話が長くなってしまったね。

連載『世界のウチナーンチュ』の取材でミクロネシアへ

森　そのあと行かれたミクロネシアの話もお伺いしたいんですが、『世界のウチナーンチュ』の企画が生まれて、たまたま三木さんはミクロネシアの担当になったんですよね。

三木　そう、そう。これはね、一九七二年に日本復帰はしたけれど、一九八〇年代に入ってからさまざまな問題が噴出し「復帰とはいったいなんだったのか」と、沖縄中が非常に陰気になって、出口を求めて彷徨っている時代だったんだ。我々記者仲間も寄ると触ると鬱憤を晴らすように「なんかいい話はないか」って言っていたんだけど。そういう記者仲間との呑み会というか、そういう集まりの中で「ウチナーンチュは全国的にレベルが低いといって馬鹿にされるけど、世界を見たら他府県からの移民よりむしろ沖縄移民のほうが活躍しているではないか、これはなんなんだ」ということで、その辺にこれからの沖縄が生きていく道のヒントがあるんじゃないか、鍵がありやしないか、ということで、一度それを取材してみたらどうかなということで誰いうこともなく落ち着いたんだ。

森　あー、そうなんですか。呑みながら話してる時に……。

三木　そう。それがあって編集局のテーブルに乗っかった。社会部のデスクワークをしてた山根安昇副部長がみんなの出した企画案を整理してまとめ、それで上司や社長を説得して渡りをつけ、その後二年間、「世界のウチナーンチュ」という連載がスタートする。まず、世界各国に散っている沖縄移民地をリストアップし、どこの国に行くかを絞り込み、それに記者を割り振って、

『世界のウチナーンチュ』　県系海外移民の愛称。その現在を取材した『琉球新報』紙の連載（一九八四―一九八五年）で注目を集め、一九九〇年代以降は「世界のウチナーンチュ大会」などの動きにつながった。

いまの沖縄近代史の説明の仕方では東アジアの中に琉球沖縄を位置付ける見方が中心になっています。それは古琉球時代からのアジアとの歴史的な関係の強さがあるので当然ですが、近代に目を向けたら太平洋との関わりを抜きには語れない。

森 亜紀子

一九八五年元旦からスタートした。私が取材で行ったのは一九八六年。担当エリアはミクロネシア。社会部のデスクなんかは沖縄移民の多い南米のブラジルとか、ペルー、アルゼンチン、ボリビアね。あっちがメインなんだけどね。どっちかっていうと。

森　なんで南米がメインだったんですか。

三木　いや、沖縄からの移民の数も多いし。

森　戦後移民もあるし。

三木　数では圧倒的に多い。沖縄移民史の主流といったらおかしいが、そうだったわけよ。

森　世界のウチナーンチュの企画が出る前に、海外を見渡したら、沖縄の人がいろいろ活躍しているっていうのはどういうふうに情報として入って来ていたんですか？

三木　時々記者が海外行って取材する機会があって、僕もハワイに行ったんですよ、以前に。そうしたら、沖縄系は各界で活躍しているし、特に三世になると相当の社会的地位に就いているということで、それはウチナーンチュの何かメンタリティーと関連があるんじゃないかということで……。そういうところをもう一度見直し、評価して、我々のこれからの進路に生かせないかというのが、あの企画の狙いだったわけです。それが当たったわけです。特に南米移民なんかは沖縄と同じくらいの大きさの農場持っているとか、ほんとかねと思うぐらいに話が大きいわけ、もう。

森　ダイナミックで。

三木　農場への出勤はヘリコプターで行っているとか。「えー？」とか驚いてね（笑）。もう桁はずれに、そういうのが茶の間の話題になるのさ。それで沖縄テレビも記者を派遣して、各地をまわってやるようになる。タイムスもあとを追っかけてやってくるし、もう沖縄のマスコミあげてだった。だから「世界のウチナーンチュの時代」といっていいぐらいにね。それで連載がずっと始まって、僕はさっきも言ったように、急きょ南洋群島ということで、デスクから話があって、

沖縄テレビも記者を……
沖縄テレビ「沖縄発われら地球人」一九八七年〜「世界ウチナーンチュ紀行」一九九五年〜二〇〇四年。担当・前原信一。

二つ返事で行ったんですよ。
森　それが初めてのミクロネシアとの出会いですか？
三木　そうですね。
森　それまでは特にあまり意識したこともなかったですか？
三木　行ったことはなかったのでね。ただハワイやグアムはありましたが、それは主に米軍基地の取材で行ったものですから。
森　八重山の人はやっぱり台湾に行く人が多かったから。
三木　そう、どちらかと言えば台湾が多い。でも僕はその前から旧南洋群島には行ってみたいと思っていた。それで二つ返事で行ったんですよ。といっても取っ掛かりがないわけよ。どこにどう、電話もあるのかないのかも、宿もあるのかないのかも分からんし。
森　何も知らないで行ったんですか？　しかも最初に一番遠いマーシャル諸島のほうに行って。
三木　いや、あのね、バッグにフイルムとかいろいろ詰めて、その一つだけ持って、フィリピンから東回りにメラネシアのほうにまわって行きました。それから……。
森　それからマーシャル。
三木　それからポナペのほうへ行った。それでまた北のほうに、サイパン、テニアンに行って。五〇日かかったんだ。ところがさっきも言ったように、全然あてもないし、取っ掛かりもないもんだから、もうままよと、ぶっつけ本番で行って、マニラだけ宿を予約して、あとはもう行き当たりばったりでいこうと決めたんです。
森　滞在しながら記事を書いて載せるというような感じだったんですか？
三木　連載そのものの記事は、帰って来てからですね。
森　南洋の引揚者からの反応もいろいろあったと思うんですけど、どんな反応がありました？
三木　新聞の連載ですか、そうですね、具体的にフォローしてはいませんが「読んだよ」とか、そういう話はよく聞きましたね。帰国後に出版した『原郷の島々』の本は、新聞に連載したものとは別に、いわば私の個人的な日記風に書いた紀行本です。

森　はい、それが『原郷の島々』ですよね。私にとっては、特に前半の「オキネシア」という枠組みがとても刺激的でした。メラネシア、ポリネシア、ミクロネシアと並べる形で沖縄も、太平洋の枠組みで考えたらどうかという提案で、目から鱗というか。やっぱり、いまの沖縄近代史の説明の仕方では東アジアの中に琉球沖縄を位置付ける見方が中心になっています。それは古琉球時代からのアジアとの歴史的な関係の強さがあるので当然ですが、近代に目を向けたら太平洋との関わりを抜きには語れない。近代に入ったらアジアとの関わりもあるし、太平洋との関わりもあって、それらが交差する所に沖縄がある。そういう沖縄だからこそ果たせる役割があるんじゃないか、発信できることがあるんじゃないかっていうふうに言われていて、すごく面白かったです。ただ、こういう議論がその後は、あまり引き継がれてこなかったと思うんですね。

三木　二、三、注目した人もいましたがね。私はなんて言うかな、本当に真っさらな感じで、この太平洋の島々をまわった率直な感想を書いたんだけど、その辺から石垣島で海を見ていた感じとか、早い話が、子どもがこんな風に頭に物を乗せて道を歩いているとかに出会い、あれも全く同じさ沖縄の光景とね。これはどう見ても僕は琉球弧というのは太平洋の島々の一角をなしている、そういう文化圏じゃないかと。それが琉球王朝時代から近代に至って、権力が入ってきて琉球王朝が明治政府のほうに組み込まれていくんだけど、元々はそういう島じゃなかったのかなと。それを言うにはどういう表現が適当だろうかとかんがえて「オキネシア」という言葉を考案したのですがね。

森　はい、はい、すごく面白い。だから、近代に入って以降の南洋移民という形での具体的な関わりもあるけど、もっと基層の部分で共通するところがあるんじゃないか、という主張ですよね。

三木　近代以前のベーシックなところでね。その上に歴史的にいろいろ積み重ねがあって、というのが僕の率直な印象でしてね。

森　五〇日間の滞在を通して、体感したっていう……。

三木　そう、帰って来て「沖縄はやっぱりオキネシアだったんだ」ということで、太平洋の文化圏の一つに入れて位置付けるべきではないかと、素人ながらに書いたわけですよ。

現在進行形の「沖縄民衆史」へ

森　オキネシア文化論は、当時はどう受け取られたんですか？　沖縄ではどんな反応がありましたか？

三木　沖縄でも面白い見方だ、みたいな受け止め方があったね。琉球大学の岡本恵徳教授は、しきりに発想のユニークさをほめていた。僕は「ヤポネシアの亜流と言われないかと気にしていますが」と言うと「そんなことはない」と励ましてくれた。そのころ出版した『原郷の島々』とセットで論評されることもあり、沖縄県の国際交流財団が出していた『国際おきなわ』という機関誌でも無署名だが「著者が石垣島で生まれ、育った体験から、ミクロ、メラ、沖縄をネシア（島々）という共通の糸で結び、深い愛着を感じるにとどまらず、そこに『原郷』を求めていることだ。さらに発展させて『オキネシア』という新しい概念を編み出して、文化論を試みているところは、さすが行動派の著者ならではの発想」とコメントしていたね。

また、津田塾大学で南洋移民史の研究をしていた今泉裕美子さんは、琉球新報の書評で「太平洋島嶼国と日本の関係を国家単位ではなく、島単位の『ネシアの思想』で捉えようとする姿勢は示唆に富む」とコメントしていた。異色だったのは作家の中上健次が産経新聞の書評（一九九〇年二月二六日）で『オキネシア文化論』を取り上げて「これは問題提起の本である。議論百出必須の魅力的なテーマである。一読をすすめたい」と書いていたことです。中上さんは日本文化の多様性を書いた作家としても知られるが、どうやらその中上さんの目に引っかかったようだね。そのなかで中上さんは「このオキネシア論の新しいところは島尾敏雄氏や谷川健一氏が言い出した日本を南方から島の連綿としてとらえるヤポネシア論から、ヤマト（日本）を切り棄てた点である」と書いていた。「オキネシア」のネーミングにも触れ「ウチナーンチュが自分で自分を名付けた、苦痛にも満ちている」などと書いていた。「議論百出」とまではいかなかったけど、少しは「問題提起」を果たしたかもしれない。

森　最後になるんですが、いま宮古・八重山では自衛隊の配備が進んでいます。そういう状況に対して、台湾と八重山の歴史的な関係をもう一回振り返ることで、植民地主義的な歴史ではない、共生できるような関係性を築いていこうっていうことがこれまでも提起されてきたと思いますが、そういった議論や試みが潰されていくような現状があります。こういう状況に対してどんな風に思われますか？

三木　政府の関係者が「南西シフト」だの「島嶼防衛」だのと言うのを聞いていると、明治時代の政府関係者が調査報告書とかで書いていた、「辺境防備論」というのを連想するわけです。そうかと思えば宮古・八重山を切り離して中国との取引に利用し、まるで商品みたいに扱う。近代以降の外交交渉を見ると、なんでこんなブレがあるのかという思いがある。だから、その辺から掘り返していかんといけないんじゃないか、というふうに思いますけどね。台湾との関係も政治的ではなくて、同じ隣の島同士交流して、お互い助けたり助けられたり、民衆レベルの良い関係を構築していくべきじゃないか、と思っているんです。

それと現今のそういう一連の先島に対する政府の言動は、戦前の昭和六年頃に沖縄に来た沖縄連隊長などが言っていたこととそっくりなんだね。ということはいずれ数年後か、あるいは十数年後に戦争に入ってもおかしくはない非常に危険な雰囲気を感じますね。自衛隊に関していえば九州への戦時疎開の訓練をするとか、沖縄本島と比べても宮古・八重山地域への国の関心が突出していて、違和感が非常にありますね。

森 それに対して、そうじゃない人間関係であったり、共生できる空間を一緒に作っていくような交流がもう一回見直されてもいいのかなと。

三木 それは、個人個人の努力にもかかっていると思うね。少しでもいいから。

森 三木さんの仕事は沖縄民衆史という領域に括れるように思うのですが、今後この領域をこう展開してったらいいんじゃないかというような、若い人に向けてこんな視点がもっとあってもいいんじゃないかとかメッセージを聞かせてください。

三木 そうですね。やっぱり固定的にものを見ないで、自分が率直に感じたことを追究していく。それによってまた新たな歴史の見直しとか、いろんな視点が出てくる可能性だってあるわけだから、固定観念にとらわれないで考えることでしょうかね。まぁ僕の「オキネシア論」じゃないけど、そういう自由な発想で物事を考えてみたらどうかと思うんだね。いまの時局の問題にしても、政府の言っていることは到底承服できないと私自身は思っているが、それをどういう形でみんなと共有していけるのか、僕も年も年だし、そんなに動けないんだけど、気持ちだけは持っていますね。

――石垣島にいて、狭いなって言って、東京に出るんだって三木さん東京に行くじゃないですか。そのあとこう戻って来て、過去を掘り下げていくと、やっぱり世界が広がっていってるように見えるんですけど、やっている時ってそんな感じなんですか。広がっていくっていう感じで、動機、情熱っていうんですか。何故、この量の書物を残せるんだろうっていう……。

三木 それは僕もことさら考えたこともないんだけど。ただ、神のお導きに添って……。

――いまやらないといけないし。

三木　そう、そう、だからいつも現在進行形です。

──自分がやるべきことだって言う感じがするんですかね。

三木　そう、自分が知った以上は、やっぱり残す義務がある、という感じかな。

森　自分自身が調べていてすごく面白いって感覚もあるんですか？

三木　それは、そうですね。それがないと持続できませんよ。

森　自分の世界が広がっていくような……。

三木　だからまぁ石垣、八重山というエリアとしては小さいかもしれないが、そこではいろんな問題が凝縮して見えるわけだね。言うなれば島や地域は、僕にとっては、原郷であり原点みたいなものだね。

浦添・三木邸にて

munugatai 3

歴史としての地元を掘る

沖縄戦の記憶継承とメディア・平和教育と街づくり

謝花直美
石垣綾音
狩俣日姫

謝花 直美【じゃはな なおみ】

一九六二年沖縄生まれ。沖縄タイムス記者をへて、現在は琉球大学人文社会学部准教授。専門は沖縄戦後史、沖縄戦。著書に『戦後沖縄と復興の「異音」：米軍占領下 復興を求めた人々の生存と希望』、『戦場《いくさば》の童《わらび》 沖縄戦の孤児たち』、『証言沖縄「集団自決」：慶良間諸島で何が起こったか』など。

石垣 綾音【いしがき あやね】

一九九〇年沖縄県那覇市生まれ。まちづくりファシリテーター。「人と土地をつなぐ、コミュニティをエンパワメントする」をモットーに、「こみゅとば」として県内各分野の個人や団体とコミュニティと場づくりに関する活動を行ない、防災・教育・食文化・歴史・観光など多分野において市民のパブリックマインドの醸成をはじめとするエンパワメントに取り組んでいる。

狩俣 日姫【かりまた につき】

一九九七年沖縄県宜野湾市生まれ。平和教育ファシリテーター／株式会社さびら共同創業者。普天間高校卒業後、オーストラリアにワーキングホリデーへ。帰国後、友人のつながりで修学旅行生向けの学習コンテンツを提供する教育ベンチャーで働き始める。その後、フリーで平和教育を行い、平和教育ファシリテーターとして活動。Forbes Japan 2022「世界を変える30人」に選出。

■コーディネーター　前田勇樹
■対談日　二〇二四年一月二六日

「沖縄戦新聞」と「戦争孤児」　戦後六〇年の沖縄の新聞報道

石垣綾音　記者になった経緯、また研究を始めるようになったきっかけはなんでしょう。

謝花直美　大学三年ころがちょうど戦後四〇年で沖縄タイムスの「百万人の証言」という企画があって、沖縄戦と戦後史の経験を簡潔に毎日紹介する、非常に短い記事。それが印象的でこういう仕事ができる記者になりたいと思ったのが始まりでしたね。その時はメディアの試験は全て落ちて、数年後再挑戦で入ったのですが、意外なことに沖縄戦担当はなかったんですよ。「慰霊の日」に集中的に記事や連載を書くという状況だった。担当というよりどの記者も書かないといけなくて、多くの体験者が元気だったのでそれが可能だった。私は沖縄社会を沖縄戦が規定しているという思いがあって、一九九一年に写真家の石川真生《いしかわまお》さんと『語らなうちなー　戦四七年目の風景』という長期連載を担当することがあった。反響はあったけど局内の調整も分からず、若い記者が熱意だけで一年近い企画を押し通した。正直周りの人は大変だったと思うし、先輩からは批判されたこともあった。「百万人の証言」や学芸面で連載をしていた「身近な女性学」という素晴らしい連載に勇気をもらったので、自由に書けると思っていたけど、それと同時に組織を知らない未熟さがあったと思う。

　それからは浦添・西原担当、学芸部くらし担当、整理部、再びくらし報道担当、そして入社一二年目で社会部デスクになった。病欠が出たのが理由でしたが、入社が遅く記者九年と経験が浅い中でデスクになるのは早すぎた。朝から晩まで紙面づくりのことを考えるのは大変で、当時、二〇〇四年に戦後六〇年を控えて機会が回ってきた。琉球新報が「沖縄戦新聞」という大変すば

石川真生
写真家。一九五三年大宜味出身。二〇一一年「FENCES,OKINAWA」でさがみはら写真賞を受賞。二〇二四年第四三回土門拳賞を受賞。写真展「大琉球写真絵巻」シリーズなど。

「沖縄戦新聞」
琉球新報が沖縄戦から六〇年の節目に合わせ、二〇〇四年から二〇〇五年にかけて掲載した大型企画（全一四回）。「サイパン玉砕」「十・十空襲」など沖縄戦への道程と戦時の状況について、報道統制を受けた「沖縄新報」が報じなかった実態を、現在の視点から新たな視点や証言を盛り込み新聞形式で再現した。二〇〇五年度「新聞協会賞」、第五回「石橋湛山記念 早稲田ジャーナリズム大賞」受賞。

らしい企画を先行させていたから、私もその年の初めから沖縄戦をやりたいと局内で手を挙げていた。なかなか通らないなかで、「沖縄戦新聞」が出て、そのインパクトに打ちひしがれていた。私が担当になって取材を始めると、先々で「沖縄戦新聞」の素晴らしさを聞かされて、私の企画は始まってもいないのに完全に出遅れたかたちだった。でも、初めて沖縄戦だけをかく担当になれて、陸上競技に例えたら、二周遅れで走っているようなものだったけど、せめて、前を走る新報の後ろ髪に手を伸ばす距離につきたいと思っていた。新報は編集局を横断して何人もの記者が関わっていたけど、タイムスの専従は私と若い記者の二人しかいませんでした。キャンペーン期間の一年半、毎日たくさんの記事を書きました。「沖縄戦新聞」はその年の「新聞協会賞」を受賞して、タイムスも日本ジャーナリスト会議賞などを受賞したんですよ。勝負が最終目標だったわけではないけど、新報の疾走をおっかけるうちに、私たちにもスピードと持久力がついたと思う。まあ、局内で手を挙げ続けても企画に着手させなかったというくやしさもあり、「コノヤロー見ておれ」という気持ちは局内向けにもあったのだけど……（笑）。

石垣　琉球新報の企画に対して、自分はこんな方向性でいくというのはあったんですか？

謝花　タイムスは毎日の連載を重点的に書いていた。現在の視点で過去を再現する「沖縄戦新聞」の視点は素晴らしいですけど、現在の人々を登場させる仕組みが弱いし、二月に一回程度しか発行されないんですよ。私はこれらを勘案して視点の新しさと企画の連続性を考えて、それで最初に書いたのが「戦争孤児」だった。東京の「戦争孤児」は上野などが取り上げられますけど、沖縄戦の孤児はそれまでRBC（琉球放送）の玉城朋彦《たまきともひこ》さんが「チャーリー」として取り上げたものだけだった。その年刊行された『読谷村史』に子どもの戦争体験の項目があって、読谷の大湾近常さんが『渡具知誌』に書いた手記を転載していた。大湾さんはやんばるで両親も兄も妹も家族全員を失い、大叔母に育てられ、後に読谷村職員になってからは反基地闘争を闘い、基地から開放された故郷に大叔母と帰るまでの道のりを連載で書かせてもらった。今は、多くの戦争孤児

「チャーリー」
身元の分からない戦争孤児を追ったテレビドキュメンタリー。後に絵本『チャーリー　1フィートからよみがえった男』（沖縄出版、一九八五年）として刊行。

の方が語ってくれるようになりましたけど、当時はかなり困難だった。
　戦争孤児の体験をまとめる時にポイントとなったことがあって、沖縄戦の記録は当然のことですが、沖縄戦で何があったのか、実証的な確認を行うんですよ。でも、それによって語り手の感情は新しい記録になるほど落ちていて、記憶が不確かと見られた子どもは聞き取られていなかった。分厚い沖縄戦記録があっても戦争孤児の実態は知られていなかったんですね。それが社会に孤児として育った人々の存在を見えなくさせていて、その悲しみも行き場がなかった。だから、戦争孤児の歩みが分かるように、戦後も書くことにしたんですよ。その視点は戦後六〇年の全ての企画にあてはまることでした。キャンペーン終盤には、コザ孤児院の写真として有名な写真を報道する機会を得ました。民家の馬小屋にやせ衰えた裸の子どもたちが収容されている写真はご存じですか？　その中の一人が名乗りでてくれた。長らく沈黙していたが、一緒に映っている方に会いたいと話す決意をしたそうです。

石垣　写真を撮った人ですか？

謝花　いいえ、映っている子どもです。

石垣　集まりたいということですか？

謝花　ええ。その写真にご自身が映っていたことは秘密にしていたが、もう年をとったし、写真の方々のその後を心配されていて集まりたいということだった。

狩俣日姫・石垣　はぁーっ……。

謝花　新聞で記事化すると、すぐに男性が名乗りでてくれた。その人も孤児であることを話したことはなかったが、記事をみたら、いてもたってもいられなくなったと。それをきっかけに次々と孤児の方々から連絡が入るようになって、なぜ辛い話を新聞記者に明かすのかと思って、話を聞いていると、つらい思いを語る場がなかったことに気付かされた。それで、「戦争孤児が語る集い」を会社で開いたら、予想を超える四、五〇人の方が集まった。「自分は妹を亡くしたんだけど、

コザ孤児院
沖縄戦により多くの子どもたちが両親や家族を失い戦争孤児となった。一九四五年から約四年間、当時のコザに設置された孤児院。正確な収容人数は不明、さらに収容後にも栄養失調やケガで命を落とした子どもも多かった。

食事をする栄養不足の子ども。沖縄本島のコザにて
沖縄県公文書館所蔵

遺骨がどこにあるのか分からない」など、一人で抱えた苦しみを皆の前で話してもらった。同様に思っていた人も多くて、記事化しながらコザ孤児院の遺骨が沖縄市の無縁仏として合葬されたことをつきとめた。また、コザ孤児院に建物を使用されていた方がとても良い人で、戦後ずっとその建物を残していたんですよ。大勢の子がなくなったが、多くの子どもたちも生き延びていった。そうした方々が訪ねてくるから、沖縄戦当時のままに建物を残されていた。その方に埋葬場所を教えてもらい、さらにそこから遺骨がどこに移動したのかを取材して、場所が分かった。きょうだいを亡くした孤児の方々は、戦後初めて慰霊祭をすることができた。

この他にも戦後「六〇年キャンペーン」では、靖国や援護法など多くのテーマを書いたのですが、沖縄戦そのものだけでなく、戦後を視野に入れることで現在への影響を書くという視点で一貫していました。

石垣　それまで光があたっていなかったことを発見することだったんですか。

謝花　そうです、そうです。「沖縄戦新聞」の後ろ髪をつかまえることは新聞社の隠された目標だったが、それだけを目標にするのではなくて、キャンペーンとして取り組むからには、沖縄社会を規定する沖縄戦をいかに書くかが目的だったと思う。新聞はnewsを書くわけだから、過去の経験や歴史的事象を書くにも現在と結びつけた新しさがなければいけない。当時、戦争孤児は着目されていなかったけど、振り返ると、社会が戦争孤児の方々について考えるきっかけになったのではと思います。

狩俣　琉球新報の「沖縄戦新聞」は大きな特集として発行されていました。そこには沖縄戦であった大きな出来事が年間でまとめられていて、その後に謝花さんがタイムスで「小さな声」を拾っていて、「大きな声」と「小さな声」という二つの視点があるから、沖縄戦の解像度が高まったと考えると、もちつもたれつというか……。

謝花　私の意見ですが、「沖縄戦新聞」は素晴らしいけど実は課題があったと思う。報道って明治の創刊から政府の保護を受けたことで規制がかかっていて、アジア・太平洋戦争の頃までは政府が発行を取り消すこともできた。そうした体制の中にいて、当時の記者が日常や生活ががんじがらめになっていて書いた報道を、現在の記者が現在の視点から書くには、戦前の総力戦体制を十分に書かなければならない。沖縄戦研究もそうですが、その部分は課題と思います。現代の記者が書いたことを当時書いていたら、解雇されたり、前線に飛ばされたりして、死ぬ覚悟が必要だったと思う。例えば、島田叡《しまだあきら》の映画をオール沖縄のメディアが支援しましたよね。でも、メディアの中では私も含めて大なり小なり異論を述べて反対した記者はいたわけですよ。この時、上が決めたから、仕事だから、と組織の論理を優先して引き受けてしまうのなら、それまで携わった沖縄戦報道や、多くの亡き人々の声を生きた人々から聞いて、戦争をしてはいけないと言葉を託された記者の仕事は無化されてしまう。組織の上意下達に異論を述べ、反対し続けることはできたはずなんですよ。でも、沖縄メディアはあの映画を推進した。その時に、「沖縄戦新聞」をつくった記者は、戦前の「沖縄新報」の記者と全く別の道を歩いているといえるのか。現在でも、自衛隊の南西諸島配備が急速に展開するなかで、メディア企業が国民保護などを理由に協力を求められたら、反対できるだろうか。

石垣　確実に「沖縄戦新聞」の注釈は入りますね（笑）。それは今にもつながる課題ですかね。

平和学習で木にぶら下がっていた先生

謝花　「戦後六〇年キャンペーン」の後は憲法や沖縄戦後史を書いたけど、非常に難しかった。土地闘争を書いたら、琉球新報の記者から「局内で『あちらしけーさー』と言われてるけど、そ

島田叡映画と沖縄メディア
二〇二二年公開の映画「島守の塔」は沖縄戦時下で県知事だった島田叡を主人公とした映画で、制作委員会には県内から「琉球新報社、沖縄タイムス社」が名を連ね、メディアパートナーには県内テレビ・ラジオ各社の名前もみえ、玉城デニー沖縄県知事からの応援メッセージも寄せられた。他方、沖縄戦研究者を中心に沖縄戦中の島田知事を美化しすぎではないかと疑義が呈された。

「沖縄新報」
一九四〇年、戦時体制下の沖縄で地元三紙（琉球新報、沖縄朝日新聞、沖縄日報）を統合した新聞。四五年三月から首里の壕内で「陣中新聞」を発行したが、五月二五日に解散、廃刊した。

自衛隊の南西諸島配備
石垣島の自衛隊配備をはじめ、対中国を想定した日米の軍事再編にともない、琉球弧の島々での自衛隊配備と軍備が進んでいる。

うじゃないよね」と同情されたこともあった。証言で書くのは沖縄戦も一緒ですけど、戦後史は「〇〇事件」という事象の切り取りがあって、それにそった証言で書くから、新しいことは書きにくい。そもそもそのことについて何が書かれていないのか、新しいのかが分からない。それでも、書き方は少し変えてはいた。一九五〇年代の土地闘争といえば、伊佐浜や伊江島、小禄が中心となりますが、まず読谷村から始めた。それまで新聞ではあまり書かれていなかったのですが、読谷村では激しい闘争にはならなかった一方で、軍用地接収通告に対して、請願を繰り返されていた。また、その後に「島ぐるみ闘争」が盛り上がっても、立法院は、「抗議決議」ではなく、米軍にまず請願していた。

石垣・狩俣 ふーん。

謝花 なぜ請願なのか。抗議の声なんて上げられないんですよ。今なら米軍がらみの事件では、市長村議会も県議会も当たり前に抗議しますけど、今と全然違うと思いませんか。

石垣・狩俣 うん、うん。

謝花 この間、大学の授業でそのことを伝えたら、学生が驚いていましたよ。声の上げかたが現在と違うわけ。だから激しい抵抗だけをクライマックスにせず、声の上げ方の後ろには当時の米軍支配の実態が隠れている。読谷の人々は、声を聴いてもらえなくて、戦後にやっと戻った楚辺や渡具知からも追い立てられていった。でも、読谷を書くことの意味が伝わらず、「あちらしけーさー」といわれてしまった。局内に興味がある人もおらず、相談もできない。それでは学ぶしかないと、私だけでなく後輩も書けなくなるということで、大学院にいくことにした。

狩俣 沖縄戦について謝花さんが小さい時はどのように情報をキャッチしていましたか。

謝花 平和学習では戦争体験者が講演をすることはなかったと思う。ただ一つ印象的なのは、高校一年の時の出来事。通っていた高校は平和学習を熱心に取り組んでいて、ホームルームの時間に先生が平和学習をしていた。でも、私のクラスは玉陵《たまうどぅん》でバレーボールをしていた。変だなー

玉陵
首里金城町にある第二尚氏王統の墓陵。沖縄戦では大きな被害を受けたが戦後修復され、一九七二年日本復帰とともに国指定記念物史跡となる。苑内はガジュマルなどに囲まれた内庭がある。

と思いながらも、バレーは楽しかった。先生はその光景をガジュマルの枝にぶら下がってゆれながら見ていたんですよ。「僕は宮古の出身だから沖縄戦のことは分からないんだ」と。後に、宮古では上陸戦がないから教えづらいと聞く事もあった。沖縄島でも平和学習は長らく激戦地の南部が中心だったから、先生自身もまた高校までの体験と違って戸惑っていたと思う。ガジュマルにぶら下がる姿が寂しげに見えたのは気のせいではないかもしれない。

　生活の中では家族が話していたことの意味が後になって分かるということがあった。久米島出身の親から朝鮮人の谷川昇さん家族の虐殺の話を聞かされていて、谷川さんの子どもと国民学校が同じで、断片的な話を聞かされていた。大人が言うことをその場で理解していないのだが、成長とともにそれを手がかりに沖縄戦の断片を知るようになった。

石垣　全容が見えないからこそ記憶に残って、あれは何だったんだろうとなる。

謝花　おばあさんの話は、考えれば三〇代後半だったと思う。北部の話で、行列の中の若い女性を黒人兵がひっぱったというもの。おばあさんは女性の手を引っ張り返して取り返したらしい。おばあさんは笑いながら話していたけど、よくよく考えると、非常に怖い話だった。北部一帯では終戦直後に米兵の強姦事件が多発していたので、おばあさんはそこまでは言わなかったけど、命もあぶなかった出来事だったと思う。

石垣　それが勇気ある行動だったかも。

謝花　前提が違っているので分からなかったんです。後で分かることが多かったです。

石垣　そうしたお話を親族から聴くことが多かったんですね。

謝花　いや、この二つだけです。周囲の人は何も言わなかったと思う。

狩俣　先生が平和教育するってことですよね。

石垣　先生が体験者だから？

謝花　ひめゆりの講話はもっと後だと思う。一つ覚えているのは、中学校の理科の先生が今思えば鉄血勤皇隊だった。でも、その先生の話は戦後の話が印象的で、占領で教育制度が変わり、一番割をくった世代だった。教員免許は頑張ってとりましたよ、という話だった。慣性の法則を教えるために机の上に上って紐をぶるんぶるん回してコマを回転させながら、教員免許取得の苦労話をしていた。琉大ができるまでは具志川にあった文教学校で皆教員になっていたので、そういう先生だった。これも記者の仕事をして理解しました。不思議な光景で今でもはっきりと覚えている。

石垣　戦後の社会をつくってきた人たちがたくさんいたんですね。

謝花　たくさんいらっしゃるんだけど、ストーリーとしては語れず、断片的な話では聞き手が理解するのが難しい。「谷川さん事件」は『沖縄県史』に出ているから分かったのだけど。まだ戦後史の記録も十分にでていない一九七〇年代のことだから、見えるものが今と違いますよね。今はたくさん本もありますし。高校の先生の話は一九七八年なので、『沖縄県史』の沖縄戦編が出て、『那覇市史』の戦争証言がでるころ。資料が十分でなくて、やはり教えても南部中心になったと思う。木にぶらさがっていた先生の気持ちに、いま気づいた。生物の先生だったので余計に(笑)。

石垣　平和学習をやりなさいと、那覇の学校で期待されている内容が、宮古の話ではなくて、いわゆる沖縄戦というのは南部で。

謝花　その時、高校では「負の遺産」という平和学習記録集を出し、新聞に記事が出た。学校が平和学習で盛り上がっていたので、先生も苦しかったはず。

石垣　ちょっと乗れないなーと。

（沖縄）文教学校
一九四六年一月に具志川村（現うるま市）の田場に設置された教員養成機関。一九五〇年の琉球大学開学にともない吸収された。

沖縄戦を学ぶふたつの理由　歴史教育と平和教育

狩俣　今回、世代が代わってという話からすると、私のとこは子どもの体験を聞くことが多かったです。平和教育を私がやっていく中で、なんで南部の話しかしないんだろうと思った。そこからひめゆり学徒隊のお話とか、自分たちが子どもたちを送ってしまったと。子どもの話は住民の被害になってしまうが、そこで住民と軍隊の形になってしまう。やはり住民の中にはグラデーションがある。そこにのらないといけないし、疑問を持つことすら考えていなかった。大人も加害の側面を持っているし、その流れの中でシステムとして入ってきて、最終的な犠牲者は子どもたちですが、子どもたちだけでは戦争の話ができないし、戦争を繰り返さないという時に、ちょっとこれは十分ではないのではと思った。戦前の話や男女別の教育とか、新聞人の碑とかに修学旅行生を連れていくようになった。戦前の話にどんどん着目しているとか、さきほどの孤児の方がお話しできなかったというのが、私が平和学習を受ける時には、それがメインになっていて。そこからまた反対のことをやろうとしている自分がいる。こうした歴史のぐにゅぐにゅをずーっとラウンドしているのがおもしろい。

謝花　聞き書きとか講話が出来る世代が下がって来て、戦争体験が子ども時代のことになっていますよね。それで聞き書きができなくなると、メディアや研究者があせっている。実はそれにも課題があって、聞き書きは一九六〇年ごろから始めたわけだから、それ以前の方法は聞き書きではないんですよ。それ以前の新聞は沖縄戦慰霊祭などの報道はあっても、現在のような証言をシリーズで書く事はほとんどなかった。いまでこそ『沖縄県史』『那覇市史』のスタイル（証言）が基本になっているけど、その伝え方をどうしていけばいいのかが課題の一つと思う。それと先ほど「子ども」へ着目することが重要だと指摘したが、「ひめゆり」も「護郷隊」も子どもですよね。学校単位や軍隊の編成ごとに分けて理解されてきたが、現在では子どもの存在をとても大切にし理解する時代なのだから、捉え返してみることも大切ではないかと。「〇〇隊」など組織

ひめゆり学徒隊
沖縄戦において、沖縄師範学校女子部と沖縄県立第一高等女学校の生徒によって編成された看護部隊。糸満市伊原には、沖縄戦で命を落とした生徒・職員二二七人を偲び「ひめゆりの塔」が建立されている。

新聞人の碑
那覇市若狭の「戦没新聞人の碑」。沖縄戦で犠牲となった新聞人一四人の名前が刻まれている。

護郷隊
陸軍中野学校出身将校を隊長とし、一五～一八歳の少年たちによって編成されたゲリラ戦部隊。詳細は川満彰『陸軍中野学校と沖縄戦：知られざる少年兵「護郷隊」』（吉川弘文館、二〇一八年）を参照。

編制の視点ではなく、彼らはみんな子どもだったということを伝えられないか。先ほどの戦争孤児の体験では、戦後に教育を受けられなかったり、親など大人がいる家庭で大切に守られて育つ機会をもてなかった。それを現在の「子どもの貧困」の視点から捉えるとどうなるだろうか。軸を少しずらしていくことが必要と思っている。

狩俣 今の話にすごくつながることで、私が抱えていた問題観はそれかもしれないと思ったのが、本土からくる学校の先生と一緒に行程どうしますかとやっているなかで、女子高だったのでひめゆりについて夏休みから事前学習をやっていて、バスが五クラスあるから五コース全部ひめゆりをテーマにつくりましょうとやったことがあった。ひめゆりの足跡をたどるということで、外科壕に連れていったり、南風原の壕に連れていったりした。動員された子たちは南部の壕に連れていかれたが、動員されなかった子たちもたくさんいて、その戦死率は全然違う。子どもたちがどうなったのかということから、対馬丸の戦争を見ていくということもやった。

学徒隊の方々は教員になろうとした方々なので、戦後の教員たちという意味で、「運動の話」とか反対運動の話になっていく。戦前は教育、メディアなど学徒隊を取り巻く環境はどうだったのかとか、めっちゃずらしながら……「ひめゆり」というテーマだとやりたいことがやれる。このテーマでやるなら戦後史の話をするが、学校の先生に直でいうと、「沖縄のことは分かっていないから」とか、「南部の戦跡だけでいいですよ」と言われたりする。ひめゆりについては資料館に行きつつ、もっとずらしながら大切な話とか、メインの流れからは取りこぼされてしまうことを、修学旅行では、やっている。最終的には違うものがでてきて、沖縄戦の輪郭が分かってくるけど、まだ全然分からないよねということをスタートにして学び始めるみたいなことをかんがえてもらいたい。そういうことを最近やっています。

国際通りから戦後史の話とか、首里城なんだけど沖縄戦の話をするとか、メインストリームに無い難しいことにも興味をもってもらいたい。それはもうちょっと上の段階になってからだよと

記者は時代の目撃者であり、時代の声を聞く「耳」なんですよ。十分に理解していなかった様々な声は、研究を始めて時代が見えると、心の中によみがえってきた。だけど、学校で沖縄戦や戦後史を伝える時にはちょっと大変かもしれない。人々の声が歴史として十分書かれていないかもしれない。

謝花直美

言われがちだけど、そんなことないよと。そこからぐぐっとくっつけるみたいなことをやっています。私たち自身、「さびら」に今いるメンバーは全員沖縄出身で、自分たちの歴史と沖縄の歴史と重なるというのがすごくあって、それで「家系図クラブ」をつくった。

謝花　おもしろいですね。

狩俣　ものに合わせて、自分たちの出発点をそこからつなげていくことをやっている。

謝花　自分に引き寄せるというのはいいですよね。自分に引き寄せることができると、沖縄の子どもたち、大学生なんかは変わりますよ。大きな歴史が自分のところでどう出てくるのか。それをつなげるとすごくいい。

石垣　いまのお話を聞いていて沖縄戦を学ぶ理由は二つの側面があって、一つは今の私みたいに今生活をしているところにつながる歴史教育としての沖縄戦。沖縄戦があったから今の沖縄はこうなっていて、私の関心領域からいくと、街のつくりがなんだとか、こういう道がつくられているとかとつながる。自分の人生は、どんな人たちがつくってきた上にあるのか、位置づけられているのか。政治的な側面、経済的な側面含めてというのがまず一つ。

もう一つは平和教育という意味での沖縄戦。これは謝花さんもちらっとおっしゃった戦争があることによって子どもたちの権利が失われ、その人たちの人生のさまざまな人権がいかに奪われていったこと。だからこそ二度と起こしてはいけないし、起こさないために何をするべきかという二軸かなと思います。でも結構中途半端、できてないなというのが正直。歴史教育の感じでいくと、いろんなワークショップで、狩俣なんかが頑張っているのは、そこを接続して、過去におきたことだけじゃなくて自分たちもつながっているという、ナラティブとして作っていると思うんです。

私いま琉大で非常勤をしていて、二年生と一緒にアンケート調査をしていて、彼らが今年（二〇二四）選んだテーマが平和教育だったんですね。彼らにとっては小さい時にちょっとトラ

株式会社さびら
沖縄を拠点にした平和学習・教育旅行のプログラム開発およびガイドを中心に、まちづくり関連のファシリテーションやワークショップ、ライティングなど様々なプロジェクトを手掛ける。特に平和学習事業では、沖縄戦や米軍基地問題について現地を巡るガイドプログラムと問題について考え、議論を深める独自のワークショップ等を展開している。

家系図クラブ
戸籍の取り寄せ方法や歴史資料の検索方法などを共有しながら、自分のルーツの調査を進めるために有志で行っている活動。

ウマ的な思い出というか、怖いというのを植え付けられた、よくない思い出としてあるみたいでした。でもそれが大事なことは、なんとなくどこかで理解しているんだけど、このままでいいのかみたいな葛藤がある。学生はどう思っているかとか、それをやった結果、本当に平和をつくることができるかを調査したり、話をしているんですよ。となると、沖縄戦のことを一生懸命伝えるという教育はおそらくいままでやってきたし、証言をちゃんと聴くということ、資料館にいくということもそうだったと思う。その経験によって何が失われていて、それによって何をするべきかという部分が、多分いま欠けているというか、もう少しみたいな感じですね。その辺が沖縄戦を伝える難しさに、何を目的として伝えたいから難しいのか、もう少し細分化していくと、いま私たちが感じている壁みたいなものをこえられるのかなという気がします。

謝花　沖縄戦・沖縄史の授業で、社会の中にこういう体験をした人がいることを理解するためには、とても大事だと伝える。だが、感想には「苦しくなった」と書く学生もいる。素直に書いてくれた学生には大変申し訳ないけど、いまを生きる先達たちの体験なんですよね。例えば、福祉施設で仕事をすれば出会うおばあさんがそうなのかもしれない。沖縄戦を知る機会がないと、その方々と向き合う時にマイナスから始めなければいけないのではないか。だから、いまは苦しくても、そういう人たちが社会の中に生きているんだよということだけでも理解してほしいと伝えてます。知識として覚えるのではなく、沖縄社会の根底に沖縄戦の傷があり、いろんなところに影響がある。そうした中にいまの沖縄があるということを理解し、そうした場所にあなた方も生きているんだということを理解してほしい。それを伝えるのは大人の責任だと思う。目の前の風景、例えば占領初期の帰還対策が不十分だったため、今の那覇に住宅密集地があり、そこで人々が高齢化している。そんな地域がどうやってできたのかとか、地域の生活をよくするにはどうしたらいいのか、考えていきましょうと。目的が平和学習と平和教育となると、おっしゃるような部分を自分が立つ位置からやるかということだと思う。やらなくてもいいけど、この社会を理解したいとか、モヤモヤした時にはこういうアプローチがあるんだと気付くこともあるだろう。県外で話すとなんだか、こうしたざっくりしたアプローチではなくて、直球で「人権が大切だ」と話さなくてはいけないので、これは大きな差だと思う。沖縄の学生たちに話すような感じではなかなか通じにくい。

石垣　県内向けと県外向けではやはり違いますよ。県内の人に説明するためにいろいろ沖縄戦を勉強したんですけど、聞く側に「人権問題なんですよね」と言われたら、なんか違う（笑）。それにふれないでほしいと思ってしまう。

謝花　そうした状況でいかに伝えるかが問われていますよね。私は「声を出せない」という視点で話したことがあるんですけど、例えば「琉球処分」。琉球救国運動の人々が清を通して国際世論に訴えることを、いかに「声を上げるか」という視点から話した。通常は琉球処分の過程で、大国間で翻弄される琉球国という視点で学ぶが、「声を上げる」という点から何を行ったか伝えると新鮮だったようです。それは声を上げ続ける現在の沖縄にも続く事態だから、県内向けにはインパクトを与えるような知らない事象を入れながら、基本線を伝える必要があると思う。

琉球救国運動の人々
一八七九年の「琉球処分／琉球併合／廃琉置県」に際し、琉球の士族層を中心に清国へ亡命（脱清）し、琉球救援を要請する「救国運動」が展開された。

琉球史、沖縄史は人の歴史としてつながっている

石垣　戦前もそうですけど、戦後の歴史を勉強することも沖縄に特化したものはあんまりないですよね。沖縄の歴史を勉強するよといったら、琉球王国時代と沖縄戦みたいになってしまう。

謝花　ポーンと時代が飛んでしまう（笑）。

狩俣　なんか飛ぶみたいなイメージがあるから、おじいちゃん、おばあちゃんがされている体験

がつながっている感があまりなかったりとか。どういう人生を生きていたら、こんなお話をしているのかと、すごい理解がしにくくなっている。だから怖い思い出とか、過去の怖い話ね……で終わっている気がする。

謝花　例えば屋取（ヤードュイ）の話が民俗の分野とかででるけど、首里・那覇から落ちてきて、沖縄戦後の混乱で、農業でも食えなくなった人々が今度はコザや那覇に出てくる。私の親族もそうですが、コザに出たんですよ。本部の人々は那覇に出た。那覇市にある郷友会は、本部と宮古が非常に大きかった。現在の人のつながりを理解するためには、沖縄戦以降だけでなく、屋取の人々が大勢那覇・首里を出ていったことが背景にある。移動の中に生きる人々の歴史を知る必要があるんですよ。

石垣　さっき話した「家系図クラブ」ですが、そういうのを自分の視点から遡ってやりたい。戸籍をさかのぼるとか、なぜこの人はこの時代、ここに移動したのか。引っ越ししている住所が全部分かるので、うちの家系はどういう家系だったのかと。この人たちはどこから来たんだねということを分かりたくてやっています。

謝花　そんな風に考えると時代別の琉球史、沖縄史が、実は人の歴史としてつながっていることが分かる。そうすると場所がみえてくる。

石垣　そうそう。

謝花　旧真和志村は郷友会活動が活発だった。戦後、本部や宮古など他地域から労働者が大勢入ってきたのが主な理由。大道や安里など、いま訪ねると古い住宅は少なくなっているが。

石垣　坂のあの辺ですよね。

謝花　坂の下一帯です。あの一帯はもともと同一の地番です。

狩俣　あっ、あれですか。お父さん側が宮古出身でそこが本籍になっている。

謝花　宮古から出てきたんじゃないですか？

屋取（ヤードュイ）
一八世紀初頭、首里・那覇の士族たちが沖縄島の各地へと帰農し、小さな集落（屋取集落）が形成された。屋取した士族は「居住人」と呼ばれ、旧来からその土地に根付く人々と区別された。

郷友会
移民、出稼ぎや都市部への就職などの理由により出身地を離れた人々が、移住先で結成した同郷組織。石原昌家『郷友会社会：都市のなかのムラ』（ひるぎ社、一九八六年）参照。

狩俣　そうです、そうです。

謝花　同じ番地が多い地域でしょ。

狩俣　そうです。

石垣　おもしろーい。

狩俣　全部同じ番地だから分からんね、どこかというのは「家系図クラブ」で知った。顧問がいるんですが、多くて分からないと。那覇市の照らし合わせるやつあるじゃないですか、本籍がこれだと、大体ここら辺というのが。でも分からない。

謝花　同じ番地なのは地主さんが一緒だと思う。

狩俣　うわーっ、びっくりしました。

謝花　私の大叔母はそこに家があって、新天地市場で商売をしていた。本部のグループ。母親は大叔母を助けてミシンでズボン縫っていた。その大叔母を訪ねて新天地に行ったことを覚えている。

石垣　いろんなところから安里にきていたんですね。

謝花　あそこは元々真和志村で、合併して那覇市になった。みんな那覇市になって喜んでいた。

石垣　楽しいー。

狩俣　平和教育をずっとやってきたんですけど、「さびら」になって街づくりの石垣が入ってきて、その界隈のお話聞いた時に、その地域に限ってはその人が詳しいという人に出会う。あっちは本当に戦後からの土地の話をしているだけなんだけど、こっちからするとめっちゃ基地問題の話みたいな、つながりがすごく出てくる。すごいもう、都市計画というところに歴史的なものを持っている人がいるということが大事だなと思うんです。都市計画の話の時にちゃんと歴史が振り返えられるというか、ちゃんとあるんですね。

石垣　都市計画の行政の中では、地域の歩みみたいなのはあるんですけど、すごい細かいところ

新天地市場
一九五三年に那覇市に開設された「新天地市場」は、「戦争未亡人」たちの商いの場から始まり、衣料品市場としての性格を帯びるようになった。詳細は謝花直美『戦後沖縄と復興の「異音」』（有志舎、二〇二一年）の第一章「ミシンと復興」を参照のこと。

はないんです。まあ琉球王国時代はこんな町で、戦後はこうでという風に、目立つ話が語られる。まあ沖縄だと分かりやすい国際通りができて、そこから那覇を中心に発展しました、となる。なんかそれぐらいなんですよね。私はもうちょっと細かいことをやりたいなと。結局、戦後ゼロの状態、米軍がどこから土地を返したから、それが今のこの街を形成していてみたいなところも重ねると、なぜ安里だったのかとか見えて来る。それをまた交通計画と照らし合わせて、なぜこの道がこのタイミングでできたのかということ。そして今の沖縄の車社会がつくられてきたのかのような話もしたいと思っています。そうするとぐっと生活に近くなるじゃないですか。そこからの切り口で沖縄の歴史とか戦争の話をやるということをいずれできないかなと思っています。

謝花　すごくやらないといけない話。だけど、そうした文書が都市計画的なものに隠れていたり、実は歴史が読み取れる文書が残っていることがある。それを総合的に見るのが難しい。聞き書きなどに見られる証言を集めて考えなければならないのが沖縄の戦後史かもしれない。長らく軍用地で、後に開放された地域とか、人口が急増した旧真和志村とか、変化が激しい地域。那覇近郊は、人口が爆発的に増えることで、境界が変わったので、それが分かりやすい形で歴史化されていない。市村の境界変更も含めて大きな那覇市として語ることで見えなくなる、まさに那覇・真和志問題です。真和志の合併が遅れたのもそれ。当時、報道の論調は田舎の真和志が合併に抵抗していると見ている。程度の低い政治論争をする真和志として切り捨てている。

石垣・狩俣　へーっ。

謝花　ですから、そういった隠れた歴史を、断片から問い直して全体を再構成していくと非常に面白いものが見える。今につながる問題が眠っている。

石垣　本当に今でも「真和志はあとまわし」と言われますね。界隈でたまに聞くんですよ。

謝花　そうなんですか（笑）。

石垣　ちなみに私は親のルーツを探れば別なんですけど、親が住むと決めたのが真和志だったん

安全保障とか、国際関係とか、大きいものにとらわれずに自分はどうか。自分たちが住んでいる街がどうあってほしいのかという点から基地のことを話せる。そうなると、すごく私は健全だなと思っていて、それは基地に限った話ではなくて、地域の課題にどう向き合うかをやっていく必要があるんじゃないかと、「さびら」の中でもすごく話しています。

石垣綾音・狩俣日姫

です。本当に端っこです。
謝花　どこですか？
石垣　国場なんです。それも古い集落ではなくて、新しい集落で。ほとんど南風原に近いところで、那覇出身ですといわれると……いまだに交通砂漠です。
謝花　国場、おもしろいですよね。元の「二中前」とか、戻れなかった人がそのまま住んでいない？
石垣　はっ、そうなんだ。
謝花　元の場所に戻れずに国場の土地を借りて住んだ人々がいて、細かい話ですけど那覇軍港で働く人に居住を限定した「みなと村」のために、元の地域に戻れなかった人たちが、国場に住んでいたはず。まだ十分調べきれていないけど、現在の楚辺に元の住民が拝む拝所があるらしい。こうした歴史は十分に書かれていないから、石垣さんのような視点からできることはいっぱいあると思う。

街づくり×歴史教育をつなぐ新しい方法論

狩俣　うわー、おもしろい。そういう「人」に注目すると、学校の修学旅行もそうですが、探求学習というか自分でなにか研究したり、自分で調べて一個のプロジェクトを立ち上げてというものがあり、課題に対してどういうことができるのかを考えることができるんです。本当にテーマが……ディズニーランドのアトラクションが出たりとかあるんです。でも、そういう時こそ、自分たちの地域の課題が何なのかとか、どんな歴史を歩んできていて、こういう街になっているのかとか、これからどうしたいのかを議論できると思うんですよ。

二中前
戦前あった沖縄県立第二中学校は、戦後那覇高等学校となるが、その近辺区域は「二中前」という字になった。

みなと村
『沖縄大百科事典』によれば、「一九四七年五月一日、戦後引揚げたPOW（日本軍捕虜）の業務を引き継いだ民間の那覇港湾作業隊の労務管理を円滑にするために、沖縄民政府知事によって設置された特別な行政自治体。五〇年に那覇市に合併されるまで三年三カ月存続した」。これについても詳細は前掲『戦後沖縄と復興の「異音」』を参照のこと。

沖縄の子たちだけじゃなくても、それぞれの都道府県の子どもたちが、自分たちの歴史をさかのぼれると、「日本史」に集約されずに脈々と残っているものを通して、土地へのアイデンティティーを感じられるだろうし。これからはその歴史をちゃんと残していきたいと感じる。歴史じゃなくても、そこの「土壌」とか、コミュニティーを残していきたいとか、議論できると思うんですよ。沖縄だと、基地というものが交通の便の邪魔になっているとか、水の汚染の問題もある。そもそもなんでこうなっているのか、これからの生活のために何が必要なのか。安全保障とか、国際関係とか、大きいものにとらわれずに自分はどうか。自分たちが住んでいる街がどうあってほしいのかという点から基地のことを話せる。そうなると、すごく私は健全だなと思っていて、イデオロギーにからめとられないように、基地と自分っていうものをちゃんと向き合うことができるようになっていくんじゃないかなと思います。それは基地に限った話ではなくて、地域の課題にどう向き合うかをやっていく必要があるんじゃないかと、「さびら」の中でもすごく話しています。

謝花　本当そう。学生に接するには非常に力量がいる。私にそれがあるという話ではなく、新聞記者として長年同時代を伝える仕事をしてきたので、多くの人々から話を聞いてきた。記者は時代の目撃者であり、時代の声を聞く「耳」なんですよ。十分に理解していなかった様々な声は、研究を始めて時代が見えると、心の中によみがえってきた。だけど、学校で沖縄戦や戦後史を伝える時にはちょっと大変かもしれない。人々の声が歴史として十分書かれていないかもしれない。政治史には伝えやすいナラティブがあるが、歴史を地域の中から見ていくという方法がまだはっきりないので、お二人のような若い人が実践したら素晴らしいと思う。声となる史料が実は街づくりの資料にもあるとか、意外性に気付いたりすれば、歴史の稜線がひけると思う。知らないことを知ることは、若い世代でも面白いと思うはずだから、三〇代とか若い先生が関心をもったらすすむと思う。

水の汚染の問題
有機フッ素化合物 PFOS、PFOA は、難分解性のため長期的に環境中残留することなどが問題視され、新たな環境汚染物質として問題視されている。沖縄では、米軍基地周辺の湧水から高濃度の PFOS 等が検出されており、水汚染の問題が顕在化している。

石垣　さきほどの番地の謎が解けるみたいな。

謝花　石垣さんも一緒に方法論を模索し、開発しているのもおもしろい。ただ、事前にいただいた新聞資料を読むと、狩俣さん一人のストーリーが多いようにみえる。実はそうではなくて、平和ネットワークと一緒にやった仕事での反応や実践方法が記事から分かるといいですね。実は可能性はたくさんあるが、メディアが分かりやすい物語にしているかもしれない。

石垣　ひとつ成功すると、みんな真似して……、そういう風にひろがっていく。

謝花　確かに。一人ひとりの人生は断片ではないが、そうした声を受け止めて、その体験からなにがしかの線がひけたら表現して、またその方々にお返しして、共有する。歴史を書いたり、表現することは、その積み重ねではないか。いまちょうど「沖縄戦」と「戦後史」のレポートの採点途中ですが、興味深いのは「戦後史」のレポートは書きにくそうだが、「沖縄戦」はそうではない。それを読むと、沖縄戦をいかに書くかのスタイルが定着していることが分かる。一方、戦後史は調べ方を含めて教えるが、やはり使う資料に課題があったりする。先ほど歴史の積み重ねられ方ということも実感した。その点を意識すれば沖縄の戦後史もできるはずだし、お二人のような若い方もやっていくことができると思う。

狩俣　それこそ復帰五〇年のタイミングで、平和教育のなかに戦後史も入れてほしいというので、「えっ基地問題の話をしていいですか」と聞くと、「あっ、それは」ということになり、「基地問題」を抜いてどうやってやるねん……(笑)。戦後史は抵抗の歴史として残してもらっているので、学校の先生たちは戦後＝基地問題というイメージが強くなっていて、学校の中で取り扱うのがすごく難しかったというのを感じています。だからこそ地域学習とか、総合学習とかで、自分たちの歴史を学ぶ、その歴史の中に沖縄戦もあるし、戦後史もあるし、という部分からもうちょっとアプローチできないかと考えています。

謝花　ありますね。ある地域で戦後復興のころにおばあさんたちが作っていたができなくなったものがある。あっ、石垣さん聞いていましたよね。泡瀬の塩の話です。

石垣　あー、はい。

謝花　塩が専売になるから地域で塩が作れなくなるという話。それこそ地域学習の芽ですよ。「復帰」前にその制度が始まることは「復興」の一つなんだろうけど、地域の人々は影響を受ける。そういう話は多いのでは？　修学旅行で「政治がかっている」と忌避されないために、人々の生活の視点から見る。以前書いたミシンの話もそうですね。小さな産業として街角にいっぱいあって、女性たちがさまざまな形で働いた。そうした経験は縫製産業の歴史として書くのではなく、足踏みミシンの踏板をこぎ続け、前へ進もうとした女性の話として紹介し、そこから県外に簡単に出れなくなった米軍占領とも関連付けられる。ミシン業は実にいろいろな物を縫ったが、デパートで売る一流品ではなく、市場で売る庶民のものだった。それが「復帰」後に「かりゆしウェア」の縫製を支えていく産業に発展した。だけど、「復帰」前の米軍人向けお土産は、ベトナム戦争の時代には廃れ始めたようで、ベトナムの女性たちが土産を作り始めたからと聞いた。戦地の周辺に米軍向けの土産物産業が発展して、女性たちがそこで働いていた。ミシンについて研究報告をした時、韓国から来た方もご自身のお母さんとミシンの思い出を語っていて、米軍基地に対する複雑な思いを抱えながら、いろんな場所で女性たちがミシンを踏んでいた。

　県庁にいた友人に聞いたことがあるが、大田昌秀さんが知事の時代にシングルマザー向けにミシンの職業訓練を挙げていたという。私も初めて聞いた時は、時代にあっていないと思って驚いたけど、ミシン業について調べた時に、大田さんは戦後史の経験から現在を見ているのだと気付かされた。だが最初に聞いた時は、そうした女性たちの姿が、歴史として残されていなかったから分からなかった。

石垣　産業史としても面白いし、女性の歴史としてもおもしろい。

謝花　トリビアみたいな話が続いて、本に出来るかな（笑）。

以前書いたミシンの話
『戦後沖縄と復興の「異音」』一章「ミシンと復興」。

県民大会と県民投票　声を上げることが歴史をつなげる

謝花　最後に歴史を伝える時の方法の話ですが。たとえば、基地問題の県民大会に何万人集まりましたと参加人数を多くすることで成功をアピールしたり、浸透ぶりをはかる。だが、それに加えて、沖縄では声を上げることが制限され続けてきたことを問いかけることも大事だと思う。いわば声を上げてきた歴史。例えば二〇〇七年の沖縄戦「集団自決（強制集団死）」問題に関わる「文科省の検定意見撤回を求める県民大会」がありましたが、沖縄全体では一一万人余が参加した。「復帰」後最大、「島ぐるみ闘争」だといわれた。以降の県民大会に何万人が集まるというのが繰り返され、学生たちはちょっとぴんとこないように見えた。これまで沖縄戦関係の市民集会がどのくらい開かれていたかを調べたが、当時大問題になった一九八二年の教科書検定問題の時どれぐらい集まったと思いますか？

石垣　えーっ、まだその手法はポピュラーではない？

謝花　たぶん数百人だったと思います。大きな大会とかはあまりない。「復帰」後の県民大会というのは新しい形だった。何度も県民大会と名付けられたものがあるから、ずっと継続していると思うかもしれないですけど、「島ぐるみ闘争」みたいな形と「復帰」後は途切れている。その場所にたって声を上げるというのは新しい始まりだった。「復帰」前は、拳をあげる対象は米軍。「復帰」の現実が分かった時には日本政府も対象になったが、みんなが望んだ基地撤去が実現しなかった「復帰」でがっかりして、声を上げる力も失われていた。しかし、声を上げていかなければならない状況が、「復帰」後に積み重ねられてきたけど、若い世代にはその変化が見えなくなっている。だから、伝える時には今話したような声を上げてきた縦軸も合わせて伝えないと、分かりにくい。

石垣　そもそもなんでそれが大事なのか、私たちには分からなかった。だから、また集まっているなと思っていた。何かあったら集まるということになっている。それは生まれた時から基地があるということと一緒で、生まれた時から県民大会がある。当たり前すぎて、その意義が分かっていないからこそ、自分も行こうというモチベーションにもなっていないということが、ある気がしますね。

謝花　米軍基地関連では一九九五年。「米兵による暴行事件」の時の大会で非常に印象的な光景があった。一般市民も参加できるような形で集会を呼び掛けていて、会場で労働組合は後方に場所が指定されていた。前の方は一般市民。大会が始まる大分前から芝生の場所に、一人で立つ青年がいたんですよ。周りにまだ立つ人もいないのに、不安そうで落ち着かないのだけど、ずっと立っていた。一般参加者はまだ木陰とかで休んでいて、私はなぜこの青年が多くの視線を浴びながらも立ち続けているのかが気になった。取材割当てがあり、その青年に話を聞けなかったけど、彼の姿は大会に集まってきた人の思いを代弁しているように見えた。立つということで意志表示する。そして、二〇〇七年は「集団自決（強制集団死）」の検定意見撤回を求める大会。大会開会までまだ間がある時に、多くの戦争体験者が混雑をさけてやってきて、開会前から木陰に一人で休みながら開会を待つ姿が印象的だった。

その時まで新聞があまり取り上げることがなかった「集団自決」をテーマに、一面スタートで始めた連載が八〇回あまり続いていて、新しい事実が次々と掘り起こされていった。ただ、取材がとても大変で、連日夜遅くまで働いた。県民大会前に慰労して勢いをつけようと久茂地の居酒屋に同僚と行ったら、隣のテーブルで、会社員が「おまえ、県民大会行くか」と話し始めた。思わず耳をそばだてたら……「ああ、行く行く、行かんとな」と聞かれた男性が答えていて、この時はうれしかった。新聞を通して伝わっていることが実感できた。体験者の人々は、新聞で証言することで大変な重圧になっていたが、応えてくれた。そして読み手の人々はそれをきちんと受けてくれたのだと。こんなふうに県民大会は、誰かが主導してやるんじゃなくて、いろんな人がいろんな場所からつくっていくものだと思う。いくつかの県民大会に同時代に出会った者として、そのどれもがつくろうとしてつくりあげられたものではなかった。県民大会を数字だけで語ると、時代の大きな流れや文脈が見えなくなると思いますね。

狩俣　私も運動が近くなったのは県民投票。県民大会も集会もいったことがなかったので、ちょい上の人たちがなにかやってる……と思っていた時に、近くなったというか。あっ、やっていいんだこんなこと、みたいな気持ちがすごくありました。たぶんいろんな意見も出ていただろうし、運動の主体みたいな形でやってた先輩たちがいて、できてきたんだろうなと思います。

　私も数字じゃないとは、もちろん思うんですけど、県民投票はマジでやってよかった。道の駅かでなの資料館が新しくなったんですけど、基地問題の年表に入っているんですよ。県民投票が◎◎票で反対というのを見た時に、もう歴史になったんだという感覚もあった。

　いま私は教育現場にいるので、平和教育は主権者教育と近いものであったりとか、先生たちがそういうのと掛け合わせながらやっているところもある。そういう子どもたちってすごく感度が高かったりするので、市長選とか県知事選で、民意を出すというのが人に紐づいている。いろんな課題がある中で、この人はこういう風に思っているとか、どんぴしゃの人を選ぶのは難しい。やはり社会参画とかちっちゃい意味での運動という一人ひとりの選挙権、投票というのもいまの子たちってすごい迷いながらやっていたりとか。私も全然しっくりこないけど、まあ、行かないといけないしなという形でやっていたりする。その中で、人とか政党ではなくて、この問題だけでどう思いますかと問われるとか、分かりやすいところまで白黒つけられるところまで選んだところで、その答えを出すという形をとったりする。県民大会の流れからの県民投票って、すごい

県民投票
二〇一九年二月二四日、「普天間飛行場の代替施設として国が名護市辺野古に計画している米軍基地建設のための埋立てについて」その賛否を問う県民投票が実施された。投票率は五二・四八%、賛成一九・〇%、反対七一・七%、どちらでもない八・七%という投票結果が示されたが、国は埋立工事を続行している。
沖縄県で全国初の県民投票が実施されたのは一九九六年八月「日米地位協定の見直し及び基地の整理縮小に関する県民投票」である。

世代を感じるし、沖縄のことだけでなくて選挙とかシステムの問題でも考えながらでてきたんじゃないかと思いました。私の中で思う運動ってあれだな、と思い出した。

謝花　やはり声を上げるということですよね。「島ぐるみ闘争」の以前も地域の人々が請願をずっと続けたけど届かなかった。今も沖縄の人々も同様。だが、若い人に諦めさせてはいけない。最も大事なことは声を上げることだけど、一方で強制してはいけない。六月になると、彼らが兵隊の姿に重なってしまう。怖がられるかもしれないので話したことはないが、命の危険があるのならいつでも逃げられるような状況を維持しなければならないと伝えている。いやだということを言えるようにしようと。学生の姿に重なる戦時の若者たちのように追い詰められて選べない世の中にしてはいけない。それを伝えるのは上の世代の責任なんですよ。学生は今声を上げられないかもしれないけれど、命を脅かされるような状況なら逃げられる、そんな社会をつくりましょうと呼び掛ける。そうすれば、自分の場所で何をするかを考えるきっかけになると思っている。

石垣　なんか県民大会って、謝花さんが経験したことやメディアが発信したことで、社会がつくられている感じがすごくしたんですよ。でも、それっていまメディアも多様化している中で、同じ感覚を味わうのは難しいなというところもあり、だけどいまの狩俣の話で県民投票はある程度できたんですよね。だから、この先の社会の空気感の作り方というか、同じ問題を、これって問題だよねと言うことがすごく難しいなと思う。

沖縄戦を伝えるための新しい力学を

謝花　たぶんメディアの中に一〇〇人記者がいたら、ある問題について何か考えて、自分で動かしていこうとする記者は少数派だ。だから摩擦もあるし、時には潰されかねない。説明をして、相手に対案がないなら、進めるという強硬策もありました。しかし、まず言葉の旗を立てることが大事。記者たちも苦しいかもしれないが、いろいろ教えてくれるわけだから研究者をコンシェルジェとして、それぞれに取材先とつがなっていくこと。

石垣　つながっていたいし、その議論こそオープンにしていくことがすごく必要な気がします。あの県民大会、何々が問題だ、何々について反対するとか、抗議するとか、結論がある。県民投票も賛成も反対もあるから、まあやっている人は反対でしょと言われるが……な議論もあった。そういう風に、自分の意見をばしっと表明すること自体がすごく難しくなっている。こっちも分かるし、あっちも分かると迷う人もすごく出てきていて、だからこそ、こっち側の世論をつくりましょうというつながりよりは、これについて皆がどう思うかという議論を見せること自体が、関心を引き付ける一つの要因にもなるのかな、今の時代にあっているやり方なのかなと思いました。議論をつくるという場を私たちはやっているので、そこと社会とのつながりをつくっていく必要もあるのかな。

謝花　学生の出席カードの感想を見ていると、面白い感想が多い。無関心ではないんですよ。彼らは多様な意見を出席カードで表明をするが、大きな声で言いたくないのだと思う。それは教師と学生の一対一のコミュニケーションの場だ。言葉のやり取りをする場をいろんな形でつくれば、言葉を語る空気や場は熱くなっていくと期待している。

石垣　「これちょっと違和感あるんですけど、どうなんですか」と、こちらからひも解いてみることもできますね。

謝花　そうそう。異議を申し立てるのが、政治家だけでなく、琉球処分の時に東京にいた親方《ウェーカタ》たちも声を上げていたと話すと学生は驚く（笑）。

狩俣　沖縄戦のレポートを書くのは早いが、戦後史はすごく迷いながら書いているって話は、やっ

琉球処分の時に東京にいた親方
一八七二年の明治天皇による「琉球藩王冊封」以降、琉球の対ヤマト外交の拠点は鹿児島の琉球館から、東京の琉球館（琉球役所。のちの東京尚家邸）に移る。最後の三司官の一人である与那原親方良傑は、在京中の一八七七年に三司官へ就任。東京で明治政府に対応する一方、一八七八年にはアメリカ、イギリス、オランダ等各国公使に救国の陳情を行っている。

ぱりそこのガイドラインが分かんないということもあると思うんです。それこそ、戦争は一〇〇人いたら一〇〇人だめだよねというじゃないですか。住民が巻き込まれるのは駄目だよねと。分かりやすく国際法違反しているから、学校現場でも伝えやすい。でも、基地問題だといろんな人がいて、勝手に、この人はこういう人だからこの派閥っぽいぞーと、その人のバックグラウンドとか属性とかのカテゴライズがしやすくもなっている。その中で、その人がどう思っているかを実際ぶつける場所もないし、意見が割れるとなった時に、割れたことに対して、お互いに共有し合うだけなのか、それともくっつけあわないといけないのか、議論しなれてないところだと、めちゃくちゃ難しかったりする。

その部分で、自由に話せる場所が私も大事だと思うんですけど、自由に話すためにはとてもいろんな知識だったり、情報だったりが必要になる。基地問題を自由に話していいですよと、基地問題は問題だから、問題の解決のために自由に話していいですよというと、切り口が全然違ってくるんですよね。議論を何のためにしないといけないのか、自分の意見を出すのが怖い人たちに対して、どうやって具体的に安全性を整えることができるのか、日々私たちが考えていること。話しやすい場所をつくるだけでは絶対だめで、歴史だったり、どういう風な議論が交わされていたのか、新聞でその時代の世論だったり調べることがないと、無理だなと私はすごく感じている。そういった部分では、それぞれの場所でそれぞれの人がスペシャリストとしてやりながら、そこがうまく混ざり合う環境が必要で、出来たらいいなと思います。

謝花　沖縄戦の授業で、米兵について一コマ教えた。住民証言の「優しい米兵」を考える材料として、沖縄戦時には、国際条約で住民の扱いは定められていた。住民にとって「鬼畜米兵」と教えられた米兵が「優しく」見えた。また、ベトナム戦争を経験した元米兵が、ＰＴＳＤでホームレスになった話を紹介する。「ベテランズ・フォー・ピース」のように沖縄で反戦活動をしたり、米国で先達の兵隊による先住民殺戮を謝罪する米兵の存在も伝える。私たちは沖縄戦から沖縄にいる米軍を見ているが、小さい主語にすることで見えてくるものがあると同時に、軍という仕組みが米兵を潰したり、歴史的に過ちを犯したことも分かる。目の前にいた「優しい米兵」から敷衍して組織を理解しないといけない。学生の中には、米兵軍属と親戚関係の人もいるだろう。学生には表明はしなくてもいいけど、そういうことを考えていきましょうと投げかける。

石垣 いろんな方向からのボールをガイドラインとして投げてもらって、それを取捨選択したり、考えていなかった角度からこういう制度があったからか、そうかそれは仕事だったのか、と気づくことは大事ですね。

謝花 その上で課題があった時に、どう対応するか、その時に考えればいいのだと思う。基地問題というくくりは大きすぎるので、生まれた時から基地がある、と遠ざけやすい。基地があるのは自分の責任ではないから、先達たちがやってきたこと、そして向かい合ってきた縦軸を伝えながら、一緒に考えようということが大事では。

狩俣 今回、世代も違うし、私と石垣は、ファシリテーションでつくっている場があるんですけど、領域が違うので、生活とか街づくりとかの視点が入ったことも、沖縄っていうのをいろんなところから見れたんじゃないかと思います。私は平和教育だし、謝花さんはジャーナリストで研究もしている。でも、そこにそれぞれの共通しそうでしなさそうな歴史っていうのがあって、いろんなものが重なりあった会だったと思う。本当につながっていきたいなと思いました。よろしくお願いします（笑）。

平和教育のいまの現場は若い世代が注目されているけれど、その若い人たち自身も自分たちが何か正解を与えられるわけでもない。自分の戦争体験を話せばいいというわけでもないし、基地問題をここからどうしたらいいだろうと一緒に考える人を増やすため、私たち世代でワークショップをしたり、対話が広がっているんだと思う。そこが、ワークショップ形式だと、一時間座学でたっぷりインプットができるのと、一時間アウトプットするのとでは、どうしてもインプットの時間が足りなくなっている。沖縄戦と基地問題について考えてもらったけど、そのテーマについてどれだけ知っているのか、これからもこの子たちが学び続けるには……というところで、やはりワークショップの課題でもあると思う。そういった部分では、メディアや研究者の方と一緒にその場をつくっていくところ、いいインプットといいアウトプットができるように形ができていってほしいなと思います。私も方向性が見えたというか、平和教育だけじゃなくて、すごく貴重な機会をありがとうございます

石垣　一番宿題として持って帰らないといけないと思ったのは、方法論がまだ足りていない分野がいっぱいあるということが分かったこと。沖縄戦をなぜ学ぶか、沖縄戦自体も勉強したいし、そこからの教訓も勉強したい。その部分がやっぱりまだ足りてない。落としてないというところが一つ。

沖縄戦を歴史と見た時に、自分たちとそれがどうつながっているのかという部分を語るために、どうやって調べるとか、どうやってつなげていくかという手法自体が、まだ沖縄で確立されていないからこそ、その部分を私たちが担っていく必要があるのかなと思いました。

謝花さんのモチベーションの話とか、時代を経て見てきたものの変化とか、すごくよかった。その辺は、私たちが勉強して縦軸をつなげていかないと、今見えている世界の解像度がものすごく低いことにとどまっちゃうんだなということが分かった。いろんな角度から、沖縄戦の話もそうだし、戦後史の話もそうだし、なんかもっと違う物語とかできると、たぶんすごくおもしろい。その可能性は引き続き探っていきたいなと思いました。今日はありがとうございました。

謝花　お二人が実践するワークショップに興味があり、課題を聞いて納得しました。沖縄戦を伝えるといえば、私の同世代は座学に取り組む人が多いのですが、お話を聞いて、二つの方法をいかに接合するのかなと思った。平和学習のモデルコースがあって、一年目はワークショップ、次の年は座学というかたちもありだと思うし、平和ガイドと一緒にやるのもあり。そうした考えを

メディアが可視化できたら、先達たちの知恵を借りることもできるだろうし、つながれるだろうと思った。私の世代のような者は、リタイアして時間ができてくるはずなので、ぜひ巻き込んでほしい。上の世代が慣れ親しんだ組織や団体を介したつながりではなくて、人と人とのつながりの中で、それを結いなおせば、新しい力学が働きそうな気がする。たぶん、目の前から小さいけど楽しくやっていくこと。そのつながりを広げていくことだと思う。手をつないでやっていきましょう。

石垣・狩俣 よろしくお願いします！！

那覇「さびら」事務所にて

munugatai 4

島嶼としての沖縄経済の自立は可能か

戦後の貧困から沖縄の将来像を通して

嘉数 啓

秋山道宏

嘉数 啓【かかず ひろし】

一九四二年沖縄県生まれ。アジア開発銀行エコノミスト、国際大学大学院教授・研究科長、名古屋大学大学院教授、琉球大学副学長などを経て、現在琉球大学名誉教授、日本島嶼学会名誉会長。単著に『島嶼学への誘い：沖縄からみる「島」の社会経済学』（岩波書店）、『島嶼学』（古今書院）など一五冊（うち英文六冊）。受賞歴：アジア太平洋賞、伊波普猷賞、国際島嶼学会貢献賞など。

秋山 道宏【あきやま みちひろ】

一九八三年沖縄県南風原町生まれ。沖縄国際大学総合文化学部准教授。専門は社会学・沖縄戦後史・平和研究。著書には、『基地社会・沖縄と「島ぐるみ」の運動』、共著には、『続・沖縄戦を知る事典』、『大学で学ぶ沖縄の歴史』、『戦後沖縄の政治と社会』など。

■コーディネーター　前田勇樹
■対談日　二〇二三年一二月三〇日

原点としての戦争と貧困

秋山道宏　沖縄経済をどう捉えたらよいか、はたして自立は可能なのかといった問題は、米軍基地の存在ともかかわって長年議論されてきました。嘉数先生は、島嶼《とうしょ》研究という視点から沖縄経済について研究を積み重ねてこられたパイオニアだと思います。そこで、最初に、島嶼研究に至る原体験について、自己紹介を交え、どういった関心で出発されたのかをお聞かせいただけますか。

嘉数啓　はい。嘉数啓と申します。私は八二歳（二〇二四年現在）になりまして、今日は老骨に鞭を打って、若い人たちと対話したいという思いもあり参加させていただきました。

私は旧上本部村、現在では本部町に合併していますが、そこの新里という部落に生まれました。海洋博記念公園があるでしょう、その隣の部落です。

新里小学校に通っていましたが、非常に貧しい地域で、元々は首里からのヤードゥイ（屋取）って言うんですか、そういう人たちが住んでいた場所でした。水もない、畑も少なく、しかも痩せ地で、稲作はできないと……。ですから私が小さい頃は、いまでいう発展途上国での貧しい生活を送っていたと思いますね。

その日の食糧にも事欠くような状況でね。あの時から「食べること」は一番重要だと思い始めました。芋さえも十分に食べきれなくて。さつま芋を植えますが、収穫するまでに四、五か月くらいかかるんですよ。それまで待てないんです。ですから畑に行ってひと月くらいすると、ちっちゃな芋を掘り起こして食べていた。それで僕は小学校までさつま芋っていうのは、小さいもん

ヤードゥイ（屋取）
一八世紀初頭、首里・那覇の士族たちが沖縄島の各地へと帰農し、小さな集落（屋取集落）が形成された。屋取した士族は「居住人」と呼ばれ、旧来からその土地に根付く人々と区別された。

だと思っていました。母親は、小さくて皮がむけないもんですから、どうしたかっていうと、海水で洗ってですね、そのままペースト状にして、ウムニーと言っていましたが、それを主食にして飢えをしのいでいた思い出がありますね。むろんソテツも重要な食材でした。

あまり記憶にないんですが、僕の世代はほとんど戦時中に生まれていますから、戦争当時は三歳ちょっとです。あの時の話を母親からずいぶん聞かされましたが、よく生き延びたという感じでしたね。いま問題になっている辺野古、そこの大浦湾に疎開したんですよ。新里の村からね。北に行けばよかったと思うんですが、南のほうに向って疎開をして、私も三つくらい艦砲射撃を受けていまでも傷痕があります。裸になると大きな傷が三つあって、よく言われますよ「あなたよく生き延びたねえ」と。ただ、幸か不幸か戦争当時のことはよく覚えていない。

疎開先から戻ってきたあとは、四歳ぐらいになりますからね、よく覚えている。一九四五年の一二月頃に新里に戻ってきましたが、あの頃はほんとに何もなかったですね。私も栄養失調を何回か体験して、いろんな病気にかかって、それでもよく生き延びたなと。そういった体験が、私の生き方の原点になってますね。

戦後の教育環境と大学生活

嘉数　小学校の頃は茅葺き校舎ですから、台風で吹っ飛ばされるわけですよ。あの頃は台風が多かった気がしますが、校舎も吹っ飛ばされて、また茅葺きを葺く、また吹っ飛ばされるわけ。それでどうするかというと、臨海学校みたいなものがあってね、海の砂浜を利用して、みんな集まって勉強するわけですよ。その新里小学校をでて、上本部中学に入り、高校は北山高校を出ました。

台風（校舎への被害）
戦後沖縄では、一九四〇年代後半から五〇年代初頭にかけて、大規模な台風が襲来し学校の校舎に甚大な被害を与えた。なかでも、一九五二年の台風ルースによる被害は、沖縄全域で一七六棟もの校舎が全壊するほどのものであった。

新里には高校卒業までいました。一九五〇年代はじめまでは、もうとにかく貧しかった。その間、半農半漁でいろんなことやりました。農業もずっとやってキビもずいぶん植えましたし、葉タバコも栽培しましたし、タピオカも栽培したし、漁業もやりましたよ。古宇利島まで船に乗って、トビウオ捕ってきてみたりね。

高校卒業するまで、ほんとに大学に行けるかどうか疑問でしたね。ところが受験受けてみたらですねえ、琉球大学の経済学科に入学できて、みんな驚いてるわけですよね（笑）。なんであまり成績も優秀でない男が、琉大なんかに入学できたんだっていうことで。琉大に入ってから、少しずつ学問に興味が湧いてきて、どちらかと言えば計量的な学問、数理経済学とか、計量経済学や統計学に興味がありました。

大学時代の四年間は、いろんなアルバイトをしました。非常に記憶に残っているのは、当時キャラウェイという自治神話説を唱えた弁務官がいて、彼の邸宅が瑞慶覧の丘の上、司令部の近くにあって、そこの芝刈りを何回かしたことですね。直接会ったことないですが。ほかにも、米軍基地のウォッチマン（警備）もしました。当時、那覇港に軍用物資を積んだ船が行き来して、我々もそうでしたが、軍用物資を盗みに行くこともあるわけですよ。「戦果」と言ってましたが、いろいろなものが盗まれるもんだから、懐中電灯を持ってですね、軍艦を守るウォッチマンの役をしたこともありました。

琉大でちゃんと勉強したかどうか分かりませんが、生きるのも学問するのも精一杯でした。それで、なんとか経済学科を卒業しました。その当時、米国留学の制度（米留制度）があってですね、私は英語が全然ダメでＴＯＥＦＬも四八〇点くらいでした。いまの英文科の卒業生に劣るような感じで。ところが留学の試験に一回で通ってしまってね。在学中に通ったんですよ。これもまあ奇跡というのか、予想外の出来事だったように覚えていますね。

秋山　琉大に入られたのはいつ頃ですか？

自治神話説
一九六三年三月五日、キャラウェイ高等弁務官は、アメリカ留学経験者の親睦団体である金門クラブにおいて、沖縄が独立しないかぎり、沖縄の自治権は神話であると演説して物議をかもした。

米国留学（米留制度）
米国陸軍省の占領地域救済政府資金とよばれているガリオア（GARIOA ＝ Government Appropriation for Relief in Occupied Area）資金による日米間の教育交流プログラム。本土ではフルブライトプログラムに移行したが、沖縄では復帰前まで続いた。

嘉数　一九六〇年ですね。

秋山　島嶼に関心を持たれていく原体験というのは、先ほどおっしゃっていた半農半漁みたいな生活で、海の恵みなどが身近にあったことが影響したのでしょうか。

嘉数　ありましたね。文豪ヘミングウェーの「誰が為に鐘は鳴る」の中にイギリスの詩人、ジョン・ダンの詩が引用されていてね。高校時代に読んだのですが、その詩のなかに"Man is not Island"という言葉がある。日本語に訳すると「人は島嶼にあらず」ですね。これ「島嶼」という難しい字を使って翻訳されていましたが、これが私の島嶼学の、一つの学問的な原点なんです。

いわゆる島々というのは、小さくて、よそから隔離されて、まあ辺境にあるんですが、しかし島の人びとの考え方というのは、大陸の一部と全然変わらないという考え方であったと思うんです。もう一つ、先ほどお話しした新里という場所は、近くに伊江島があって、泳いでも渡れるんじゃないかと思うぐらい近い。波は高いですよ、あの周辺はね。手作りの小型ボートを漕いで伊江島によく行きましたよ。新里の浜から、伊江島の右側にはね、伊是名と伊平屋があって、よく見えるわけですよ。朝晩、海辺に出てみると、伊江島と伊平屋、伊是名が見えるわけですよ。面白いと思ったのは、新里の浜から島々を見るとね、ひょっとして大陸じゃないかと思えたことです。

原体験として海とかかわった、海に囲まれた島々というのを、意識的にもずいぶん昔から持っていたんじゃないか、という気はするんですよね。まあ沖縄自体が島ですので、大学に行ってから島の研究を真剣に考えるようになりました。

秋山　琉大時代は、いわゆる主流の経済学を学んだのですか。

嘉数　そうですね。当時はやりのマクロ・ミクロ経済学を学習しましたが、統計学と経済学を合体したような計量経済学と言うんですがね、そういう分野に興味をもつようになりました。産業連関表を使って米国の大学院では博士論文を書きましたが、私の琉大でのゼミは産業連関分析のゼミでしてね。稲泉薫先生という方で、その方から宮澤健一先生という一橋の有名な産業連関分

アーネスト・ヘミングウェイ
一八九九年生まれ、一九六一年没。アメリカの作家・詩人。『老人と海』(一九五四年) が評価されノーベル文学賞を受賞。『誰がために鐘は鳴る』(新潮文庫、二〇一八年) は、スペイン内戦 (一九三六〜三九年) 下のアメリカ人志願兵を描いたもの。

産業連関表
一九三六年にアメリカの経済学者W・W・レオンチェフ博士によって考案され、今日でも国、地域の経済構造分析、経済波及効果分析などに幅広く応用されている。宮澤健一著『経済構造の連関分析』東洋経済新報社、一九六三年参照。

析の日本の大御所を紹介され、その人の本を中心に勉強した。それが非常に役立ったという感じがしますね。

留学経験と経済政策へのかかわり

秋山　当時、稲泉ゼミだったという話ですが、琉大の経済学というのは、どういう雰囲気でしたか。

嘉数　そうですね、学生時代はほとんど米留組でしたね。稲泉先生もそうだったかな。山城新好先生とかね山里将晃先生とか久場政彦先生とかね。あと労働経済学の砂川恵勝先生とかね。学生、教員時代を含めて、いろんな思い出がいっぱいあります。

秋山　その後、砂川先生は、琉球政府に呼ばれたんでしたかね。

嘉数　一九七一年に私が経済学科の講師に採用されたあと、砂川先生は当時の屋良琉球政府主席の要請で通産局長に出向しましたが、経済学科の看板教授でしたので、教員の中には反対するものもいました。ただ、私を含めて、ほとんどの経済担当の教員が琉球政府の審議会などに加わっていました。当時の自由貿易地域を作るという計画の草案は、実は私が作ったんですよ。あの頃は、それなりの知識を持った人がいなくてね。自慢で言うんじゃないですが、いまとは全然違います。いまは優秀な人たちがいっぱい出てきてますしね。

あの頃は、いろんなドラフトの作成を結構させられましたよ。まず尖閣諸島の油田の問題とかね、僕なんかが呼ばれてね（笑）。ずいぶん調べましたよ。尖閣諸島は誰のものかということについて、あの頃は米軍が支配していたんでね、中国はなんとも言いませんでしたがね。あと、いくつか論争もありました。通貨切り換え論争とかね。通貨論争には私も参加して、副知事クラス

尖閣諸島の油田の問題　日本復帰前、尖閣諸島の近海において大きな油田の存在が明らかになり、「県益」（沖縄の利益）の擁護と基地経済からの脱却を目的に、保革の両陣営から開発構想などが議論された。秋山道宏『基地社会・沖縄と「島ぐるみ」の運動：B52撤去運動から県益擁護運動へ』（八朔社、二〇一九年）参照。

の復帰対策室長を務めていた瀬長浩さんと私は、新聞に載っていますが、ずいぶんやり取りした覚えがあります。

その頃の琉大の雰囲気ともかかわって、稲泉先生は京都大学出身でマルクス経済学出身なんですよ。その後、琉球銀行の調査部長になりましたが、マル経らしいところがまったくなかったですよね。私が経済学科に赴任する前に平恒次先生がスタンフォード大学に移籍し、しばらくして経済統計学の真栄城朝敏先生がピッツバーグ大学に移ったこともあって、経済学科は学問的には空洞化しつつありました。

純粋に学問をやっている人は、近くにはいなかったんだと思うね。琉球政府の役人をやってみたり、あるいは外に出て行って講演をしてみたりね。学問的な業績と言えば、悪く言えばほとんどなかったんじゃないかと思うね、あの頃の先生方には。そういう時代でもなかったような気がするね。

まあ付け加えて言うと、教授になるには、学問的業績は関係ないです。上のポストが空いてるかどうか（笑）。上のポスト、教授ポストが空けばもう誰でもいいから下の人が上にあがっていくという、そういう時代でしたね。良い時代だったのかよく分かりませんが。

秋山　いまのお話は留学後のことですか。

嘉数　話が前後して申し訳ありません。一九六〇年に経済学科に入学して六四年に卒業して、その年に留学試験を受けて、六五年にアメリカ留学してるわけです。一九六五年はね、非常に面白い年でね。ジョンソン大統領がベトナムに本格的な介入を始めた時期で、私はベトナム戦争が始まってから終わるまで、アメリカにいましたからね。一九七一年に、私のルームメイト二人が召集されて亡くなっちゃって、相当なショックを受けましたね。だからアメリカの変わりようというのを目の当たりしました。そういうアメリカでの経験と、ベトナム戦争がいかに沖縄の米軍基地を利用したものかっていうのは、もちろん承知してました。

復帰対策室
一九七〇年一〇月に設置された琉球政府内の復帰準備のための部署。保革や与野党を超えた復帰準備を推進するため、屋良主席は、トップとなる室長代理に、保守系で琉球政府副主席（大田主席時代）も務めた瀬長浩を据えた。

マルクス経済学（マル経）
カール・マルクス（一八一八〜八三年）の経済思想をベースとした経済学の学派。富の偏在や恐慌といった資本主義の矛盾の解明に力を入れ、資本家階級による労働者階級への搾取関係を重視する独自の階級論は、労働運動や社会科学全般にも大きな影響を与えた。戦後日本社会でも冷戦崩壊まで強い影響力をもち、大学においても多くの講座を維持していた。

その詩のなかに”Man is not Island” という言葉がある。日本語に訳すると「人は島嶼にあらず」ですね。これが私の島嶼学の、一つの学問的な原点なんです。いわゆる島々というのは、小さくて、よそから隔離されて、まあ辺境にあるんですが、しかし島の人びとの考え方というのは、大陸の一部と全然変わらないという考え方であったと思うんです。

嘉数 啓

話を戻しますが、一九六五年にアメリカのネブラスカ大学に入学して修士号を取って、沖縄に戻って来て、二年間は琉球列島米国民政府（USCAR《ユースカー》）の金融エコノミストとして勤めていました。その後ネブラスカ大学の博士課程に行ったんですよね。USCARの出来事も、たぶん一冊の本書けるんじゃないかと。

一九六七年から六九年まで、佐藤ニクソン会談があった時までUSCARにいるわけですよ。いまの沖縄県庁があるでしょう。同じ場所に第一庁舎っていう横長い四階建ての建物がありましたが、そこに二年間勤めて、後に牧港に移っていった経緯があるんですがね。

あの頃、私は琉球銀行を担当していました。当時の琉球銀行というのは、中央銀行で紙幣も発行したりしてたわけですよね。ですから経済の中心は琉球銀行でした。私を指導してくれた稲泉先生も琉球銀行の調査部長になっていました。

当時、私は課長クラスだったんです。私のすぐ上の上司には、アメリカの連邦準備制度（FRB）の高級エコノミストでクラインというのが連邦政府からやって来ていましたね。ミシガン大学の博士号を持っていて、この人と稲泉先生と私で頻繁に会議を持ったりしていました。私は通訳もやってましたからね。

米軍の沖縄施策、特に経済については当事者でしたからね。いまでも言えないことがたくさんありますよ。USCAR勤務は二年間でしたが、いろんな経験をさせてもらいました。その時にデータをずいぶん集めたんですよ。産業連関表を作るためのデータですね。USCARというのは、復帰（沖縄返還）を間近に控えていますので、やがてつぶれるはずだからと……。それで、博士課程に改めて行こうということで、私の上司も後押ししてくれまして。結婚していましたが、家内も連れてアメリカに渡ったんですね。

秋山　一度戻られて、USCARで働かれて、沖縄の実態をいろいろと見て博士課程へ進まれたんですね。

琉球列島米国民政府（USCAR）
沖縄の長期保有が決まるなか、直接的な軍政から民政へと統治方式を変更するなかで一九五〇年一二月に発足した機関。ただし、USCARは、陸軍省の管理下に置かれ、極東軍司令官が民政長官を、職務を託された琉球軍司令官が副長官として大きな権力を握ったため軍の圧倒的な影響力下にあった。

嘉数　そういった経緯がありますね。
秋山　ネブラスカ大学ですね。ここで「沖縄経済の産業連関分析」という博士論文出されたのは一九七一年ですね。
嘉数　そうですね。
秋山　だいたいテーマは決まっていたのでしょうか。
嘉数　テーマは決まっていましたね。資料もずいぶん集めていて、アンケート調査もやって、それ持って博士課程に行きましたので。
　これは沖縄で最初の産業連関表で、その後、私が指導して県庁でも一〇年後に沖縄初の産業連関表を作成しました。私は琉大で産業連関論を教えていましたから、卒業生が県庁に入って、県の産業連関表を作ったんですよね。みなさんがいま利用しているのは、元々は私の産業連関表がベースになっていると思っています。
秋山　ゼミの先生であった稲泉先生が、産業連関分析を専門にされていたということですが、ネブラスカ大学の博士課程でもそのテーマを指導してくれる先生がいたのでしょうか。
嘉数　シオドア・ローゼラーという最高の指導教官に巡り合いました。ペンシルバニア大学のウォートンスクールで学位をとった先生でした。非常に優しい先生で、私を可愛がってくれて、家にも呼ばれたりしてね。普通は、私自身もそうですが、院生を自分の家に呼んで酒を飲んだりとかいうことは、あまりやりませんでしょう。ところが、ローゼラー先生は、私が沖縄出身ということもあったのか、何回も呼んでくれてね。ほんとに主任教授には恵まれていましたね。だから二年で博士課程を修了して博士号を取れましたから、自分としてはよくやったんじゃないかと思っています（笑）。
　その産業連関表で、一番苦労したのは計算でしたね。データは集めていましたから。あの頃、一九六九年前後は、ＩＢＭの古いパンチカード方式と言ってね、ぼう大なデータをカードに打ち込んで計算させる計算機が主流で……。自分でフォートランと言ってね、いわゆる計算ソフトを作るわけですよ。この計算ソフトを作るのも博士課程での学びの一部なんですがね。夜中まで計算ソフトを作って、翌日データを入れて計算するんです。なかなか上手くいかないわけですよね。それが半年くらい続きました。いまだったら、みなさんが持っているパソコンで、瞬時に計算結果が出てきますよ。

琉大に赴任して産業連関論を教えていましたが、しばらくしてからやらないことにしたんです。もう全然興味がわかなくて。産業連関表を使った学問の未来、将来も分かっていましたからね。いまだに新しいものは出てきてませんからね。それで、産業連関分析はギブアップして、アジア研究と島嶼研究に移りました。

島嶼としての経済自立は可能か

秋山　聞きかじりではありますけど、産業連関分析自体は、一国の国民経済の中の産業のつながりというものを、社会経済政策の視点から把握しようという枠組みですよね。そこに限界を感じ、島嶼、ある完結した経済ではないところに着目が移ったということでしょうか。

産業連関分析にあまり可能性が感じられなかった、という見通しについてもご指摘されていましたが、沖縄経済を産業連関表で分析することは、当時、インパクトもあったのではないかと思いますが。その点はいかがでしょうか。

嘉数　そうですね。最初に私が応用編としてやったのは、沖縄国際海洋博覧会の産業連関分析に関する論文を、一九七四年に『琉球大学経済研究』で出したことですね。これは相当インパクト

『琉球大学経済研究』
嘉数啓「沖縄国際海洋博の産業連関分析（試論）」（『琉球大学経済研究』一五号、一九七四年）。

がありました。新聞でも取り上げられてね。それが産業連関分析の本格的な応用になったかと思います。海洋博の経済効果についてややネガティブに書いてあるんです。みんな「海洋博、海洋博」って騒いでるなかでね（笑）。読んだらすぐ分かりますが、海洋博による観光ブームは一時的なもので、それを目当てに投資を続けていくと、問題が起こるということを書いてありましてね。だから財界からはあまり評判よくなかった。これが最初の応用になったかな。

その後、二回ぐらいほかの所でも産業連関分析をやったかな。やってるうちにね、ちょっとデータを使って、パソコンに入れると結果がすぐに出てくる。データの読み方もまあ大体分かってくる、解釈の仕方もね。それで、あまり面白くなくなったのだと思います。

それで、島嶼研究のきっかけは、一九七四年にハワイに呼ばれて、フルブライトで行ったんですが、イーストウエストセンター（ＥＷＣ）とハワイ大学で講義、共同研究をしたことですね。ＥＷＣとハワイ大学は、島嶼研究のメッカみたいなものですよ。南太平洋とかね。私も盛んに呼ばれてチームを組んで、ミクロネシアとか、ポリネシアとか、年間何回か行きましたよ。州政府やアメリカ国務省から予算をもらってね。

私が所属していた水資源研究センター（ＷＲＲＣ）という所が、一緒にやろうということでね。ハワイ大学ハミルトン図書館に、沖縄出身者としては僕の論文、共著論文含めてね、最も多くあるんじゃないかと思ってますがね。とにかく、毎年二、三編も論文発表をして、一四、五年くらい通ってましたからね。琉大にいたころから行ったり来たりですね（笑）。沖縄以上にハワイについて詳しいんじゃないかと思うぐらい頻繁に。あの頃から本格的に島嶼研究というのを始めました。

秋山　ハワイ大とかＥＷＣで共同研究をされ、島嶼への視点をもとに、一九八六年に『島しょ経済論』を出版されました。一九七〇年代後半から八〇年代にかけて、沖縄経済の自立が果たして可能かという議論があったと思うんですが、島嶼に視点が変わってきた時期と、自立論が出され

沖縄国際海洋博覧会
復帰記念事業（三大事業）の一環として一九七五年七月から翌年一月まで行われた博覧会。「海—その望ましい未来」をテーマに沖縄島北部の本部町で行われた。「青い海」「亜熱帯」「独自の文化」といった沖縄イメージを立ち上げるきっかけとなったが、一方で「海洋博不況」と呼ばれる深刻な経済危機ももたらした。

イーストウエストセンター（EWC）
一九六〇年にアメリカ議会により設立された非営利団体。ハワイに本部を置き、アジア太平洋地域の共通課題に取り組むために世界中から研究者を招聘し、また、世界的なネットワークの構築を行ってきた。

た時期が重なっていたのではと。「沖縄経済自立への道」という当時の嘉数先生の論文をめぐって、先ほど名前があがった平恒次さんが応答をしていますね。

嘉数　そう平先生ね。

秋山　それこそ嘉数先生との対談を推したのは、『つながる沖縄近現代史』で編者として一緒に取り組んだ古波藏契さんで、彼は平恒次さんの研究もしています。そこでの整理も含めて、当時の議論というのは、いわゆる従属論的な中心—周辺論（中心部が周辺を収奪するという図式）を下敷きにして、沖縄を国内植民地的なものとして捉えるという視点に対して、自立の定義をしっかりと整理した上で、ローカルな産業を複合的に組み合わせる形で、経済発展の在り方を提示する見方が対峙していた。この後者が、嘉数先生の論文だったと理解しています。

当時の自立をめぐる議論で、平恒次さんなんかは、人口増とか経済成長を前提としないで、移動や移民県としての特徴みたいなものを強調するところもあったと思うんです。島嶼の視点が育まれ始めた時期に、こういった自立論議をめぐって、どう考え、どう議論にかかわっていかれたのかを、お聞かせいただけますか。

嘉数　そうねえ。これは私のハワイとかでの研究と相当かかわっていてですね。特にミクロネシアね。ミクロネシア連邦、サイパンだとか、あるいはパラオとか、ああいう小島嶼地域を歩き回っているとですね、政治形態では独立はしたものの、経済的には完全にアメリカに従属していますよね。国防と外交も。まあ日本も安全保障と外交では似たようなものですが、アメリカに従属していてですね。結局、完全な独立国じゃないわけです。形の上で独立国なんだけど、自分たちに決定権はなくて、最終的な決定権はアメリカに握られている。ミクロネシアだけじゃなくて、小さな島の経済っていうのは大体似たり寄ったりのところがある。ハワイは若干異なる面もありますが、いろいろ突き詰めて考えてみると、やはり経済的な自立が難しい状況にある。

そして、経済的な自立というのは島の人たちの選択かというと、そうでもないわけですよね。

従属論
一九六〇年代にサミール・アミンやアンドレ・フランクなどラテンアメリカの理論家により提唱された理論。世界経済の構造を批判的に捉えた理論で、「中心」（先進資本主義国）による「周縁」（発展途上国）への収奪構造によって、「周縁」は貧しい状態にとどめ置かれると指摘した。従属論は、後に世銀やIMFの開発政策にも引き継がれる、ウォルト・ロストウの近代化論（市場開放や近代化が経済成長を促進）を批判するものでもあった。

みんな自立したいとは思っているんですよ。沖縄もそうですが。みんな自分たちで政治経済を決定したいという意欲はあるにもかかわらず、その「担保」がなかなかできていない。「担保」というのは、経済的な基盤ができていないということですね。

沖縄をみる場合、非常に重要だと思うんですが、いろんな補助金が基地と関係してるわけですよ。基地と経済がリンクしないというのはまやかしなんですよ。高校生でも分かると思うんですがね。この二つが密接に関係していて、うまい具合に補助金が基地を維持するために使われているというのは、もう常識になっています。それに気づいたのは、南太平洋の島々を調査してからのことです。

例えばね、アメリカのPL480という余剰物資、援助があるわけね。グアムもそうですが、ミクロネシアの人たちには、この余剰物資が無料で供給されてるわけですよね。だから生活には困らないし、補助金ももらえる。ところが、この余剰物資が、現地の農業を潰し、自分の力で生活をしていこうという意欲も潰してしまっている。

私が長期滞在したグアム島の貯蓄率がマイナスなんですよ。そんな経済は現代の経済学の対象にすらならない。所得を得てですね、これを全部消費するわけですから（笑）。貯蓄がないと投資ができないし、経済発展は望めないわけですよ。だから、経済そのものは死に体に近いわけですよね。そうでありながら政治的に自立したいという考え方が非常に強い。それは無理ですよと、私は言いたいわけですよね。やっぱり経済的な自立を確保しない限りですね、政治的な自立は無理じゃないかというのが、私の基本的な考え方です。その逆を考える人たちも結構いますが、経済面で自分の身の丈に合ったような生活をする基盤を作っていくことがまず大切です。

私は以前から沖縄だけの補助金（特別措置）の段階的廃止を主張してます。けれど新聞を見てみれば、知事もですね、補助金を恒久化しようと言っている。そんなことやっているから、結局は日本政府に見透かされて、沖縄っていうと補助金さえあげておけば、いつの間にか基地のこと

PL480
一九五四年にアメリカにおいて制定された農産物貿易促進援助法（Public Law 480）の略称。アメリカによる余剰農産物の供与について定めたもの。戦後日本においては、PL480により小麦粉や脱脂粉乳が大量に流入し、食文化にも大きな影響を与えた。

は忘れてしまうって話になるわけですよ。

ただ、民間企業も補助金がないと困るという話になってくるんでね。これを一気に廃止しろとは言いませんが、一〇年計画で徐々に段階的に廃止して、本土並み、本土の人たちと同じような経済基盤を作るような政策を打って欲しいと思います。ところが革新とか保守にかかわらず「補助金が大事だ」と言って、一生懸命これをつなぎ止めるために復帰後の五〇年間やってるわけですよ。その意味で私の考え方は、あまりポピュラーじゃないわけですよね。ミクロネシアの国々をみてもですね、補助金をたくさんもらっているから自立できるかというと、まったく逆なんですよ。

そういう問題意識もあって、経済が自立するようなシステムを作っていくために、いわゆる複合循環型の経済について、三〇年前に『新沖縄文学』で書き、平先生などと論争を展開しました。経済自立論に関する論争は残念ながらその後、起こっていません。

日本復帰による沖縄経済の変化と補助金体質

秋山　観光の位置づけなど、いまの議論に重なるところが指摘されていますね。最近、貧困の問題などが顕在化してきたという意味では、新たな問題も出てきてはいますけども、基本的な問題や課題というのはかなり共通しているのかなと思うんです。沖縄経済自体のある種の脆弱性、いわゆる補助金頼みになってしまうというのは、復帰後で言えば公共事業を中心とした開発路線ですし、復帰前で言えば基地経済というところにあった。

少しここで見立てというんですかね、嘉数先生自身が考える、戦後の沖縄経済の特徴と復帰前

公共事業を中心とした開発路線　復帰を前にした開発路線は様々な方向性があった（自立経済論から工業化路線まで）。しかし、経済界の内部対立から建設業界の影響力が拡大し、国の開発機関である沖縄開発庁を通して、公共事業（建設投資）を中心とした開発路線へと方向付けられていった。これは利益誘導型政治の沖縄への適用として重要な側面を持っていた。

後での変化についてお聞かせいただけますか。その上で一九八〇年代以降の話へとつなげていきたいんですが。

嘉数　はい、復帰前後はですね、沖縄だけに限りませんが、沖縄を取り巻いている政治経済状況がガラッと変わった時期でしたね。

一つは、ニクソンショックというのがあって、沖縄の復帰前年の一九七一年の出来事です。一ドル三六〇円だったのが、ニクソンがドルと金の関係を断ち切るという国際金融制度の大きな変更がありました（為替制度への転換）。沖縄はドル使っていましたから、それはもう大混乱ですよね。しかも円がどんどん下がってくるということで、新聞紙上でもずいぶん論争しましたよ。沖縄タイムスでは、宮里辰彦さんというリウボウの社長をなさっていた東大卒の方とも論争しましたね。私たちは、「一ドル、三六〇円への即時切替え」という論陣を張りました。ところが、日本政府は、三〇五円で保証するっていう話になりました。こういった動きは、いわゆるグローバル化ですね。沖縄を取り巻くグローバルな変化に、沖縄経済自体が巻き込まれていたということ。

もう一つはご承知のように、この時期は、田中角栄さんが中国に渡って日中国交樹立を模索し始めたことで、アジア全体が自由化とグローバル化に向けて動き始めた時期なんですよね。

そういう変化のなかで、先ほど触れた自由貿易地域を沖縄に作ろうって話が一九六〇年代からありました。ところが、復帰の頃には、沖縄の自由貿易地域は消滅寸前にあった。組み立て式のパラソルとかトランジスタラジオ、カメラなどを組み立てて、アメリカに輸出する類のものでしたが、台湾が台頭してきてしまった。そのため、私も台湾へ視察で何回か行ったんですよ、高雄市に。自由貿易地域は、沖縄にできて、その後台湾にできたんですが、台湾のほうが繁盛してしまってですね……。

復帰前後というのは、その意味ではね、新しいアイディアが出てきそうな時期だった。沖縄を

ニクソンショック
一九七一年八月にニクソン大統領が発表したドルと金との交換停止などの措置によって生じた経済的な混乱。これによってドルを基軸とした国際通貨制度（固定相場制）が根幹から揺らぎ、現在の変動相場制に移行することになった。

経済的にも政治的にもテコ入れすれば、自立ができるんじゃないか、という期待感もありましたね。ただ、復帰前に国会に出された屋良建議書の顛末と同じように、日本政府に門前払いされてね。厳しい状況下でありましたが、国際社会の変化がもろに沖縄にも波及してきて、何か新しいことが起こりうるんじゃないか、良い方向に向かうんじゃないかという考え方があったんじゃないかと思いますね。まあ、一時良い方向に向かいましたが、いま見ると、逆行してしまってきてるという状況でしょうか。

あと、あの頃は、道州制についてずいぶん議論しましたね。比嘉幹郎《ひがみきお》さんを中心にね。沖縄を一つの「道」「州」として自己決定権を持たせようという議論もやりました。道洲制について私もずいぶん議論しましたが、振り返って考えてみると障害になったのは、日本国憲法と日米安保でしたね。

憲法については、東大の中里実教授を招聘して研究会をもったことがあります。沖縄では、例えば全島フリーゾーンの議論をしているが「あなたはどう思いますか？」と僕が聞いたら、彼なんて答えたと思う？「この考えは、明らかに憲法一四条の法の下の平等に違反する」と言うわけですよ。「それはあなたの考え方か」と聞いたら、「いや、日本の憲法学者のほぼすべての考え方」って（笑）。偉い人たちが集まってる研究会でのことですよ。そしたら、その後本音での議論はなくなっちゃった。

沖縄は米軍基地を負担させられて不平等じゃないかと聞いたら、「米軍基地は沖縄だけじゃないでしょう」と発言していた。「神奈川県の厚木とか横須賀、北海道にも米軍基地がありました。あちこちに米軍基地がありますよね。だからこれは何も沖縄だけの基地じゃない」という話なわけですよね。そういうことで憲法論議になるとですね、沖縄も非常に弱い立場にある。

地方自治や地方自治法の話なんか出てきていますが、行政法学者の仲地博琉大名誉教授といつも議論するテーマが一つあるんですよ。本土と沖縄の関係は、地方自治法では対等っていってい

屋良建議書
正式名称は「復帰措置に関する建議書」。日米主導の復帰準備に対して、「基地のない平和な島」や「県民本位の経済開発」といった沖縄側の要望と訴えをまとめたもの。屋良主席を中心に最終的には琉球政府がとりまとめたが、復帰協や有志の行政職員の関与も指摘されている。一九七一年一一月、屋良主席がこの建議書を携え上京したが、提出前に沖縄返還協定は国会で強行採決された。

比嘉幹郎
一九三二年生まれ。沖縄県立第三中学校在学中に鉄血勤皇隊として沖縄戦に動員される。その後、当時最年少でカリフォルニア大学（バークレー校）に留学し、一九五四年に卒業（六二年に同大学院で博士号取得［政治学］）。大学卒業後、琉球列島米国土地収用委員会通訳、在那覇米国総領事顧問などを経て、琉球大学教授となる。一九七八年に沖縄県知事に当選した西銘順治から請われて副知事に就任（七九〜八四年）。

て、それは良い事なんですが、なぜ国防や外交は全部日本政府が握っているのか、という問題があるわけですよね。改正地方自治法の第二四五条の中に、自治を否定する考え方があるわけです。例えば辺野古埋め立て訴訟で問題になった強制代執行も、地方自治法の中に決められているわけですよね。だからこそ、丁寧に説明する必要が私はあると思う。

沖縄の基地に関する外交は、復帰の前から国防総省（ペンタゴン）が握ってるんですよ。沖縄の基地を管轄して決定権を持っているのは国防省です。その中でも司令部なんです。大統領なんかほとんど沖縄の基地に関する権限は握ってないと思いますよ。日本は外務省の北米局が沖縄の基地外交を握ってるもんですから、彼らはアメリカ人かと思うぐらい同じ考え方を持っていますのでね（笑）。新しいことはやりたくないわけですよ。そういう面も含めてずいぶん議論しましたが、いま考えてみると、あの頃の議論がそうとう生きてると思うんです。

沖縄の日本復帰五〇年（二〇二二年）に朝日新聞社、沖縄タイムス、琉球朝日放送合同で県民世論調査をした結果、日本復帰が「よかった」という人は八五％に達した（復帰時点では五五％）。さらに沖縄は独立した方が良いかと聞いたら、九割以上はNOと答えるでしょう。このような状況で、沖縄を独立国とみなして議論をすると、逆に揚げ足を取られてしまうのではないか。構造的な差別もあるなかで……。これは国とはいったい何か、国と沖縄の関係はどのようなものかという問題ですね。

仮に君たち独立しなさいと言われ、独立したら理念的にはなんでもできますよ。軍事基地も撤去できます。正直言って、大きな選択肢としては独立しかないと思うけれども、選択に入らない状況になっている。

だから、私は本土並みを主張しているわけです。もう補助金もいりません、本土並みにして、基地を持っていって欲しいと。面積に応じて基地を置くとなると、嘉手納基地も全部なくなっちゃうわけですよね。独立できない以上は、もう本土並みだと。

外務省の北米局
外務省の内部部局の一つ。アメリカとカナダの二カ国を対象としており、その組織は、北米一・二課（総合的な外交政策を一課が担当、経済関係を二課が担当）、日米安全保障条約課、日米地位協定室に分かれている。組織編成からも分かる通り、アメリカとの同盟関係を重視する外務省内でも力を持つ組織である。

ただ、そのステップが、完全に間違っていたというのかな。経済的な面では、補助金に溺れて、がんじがらめにされている。補助金を無くしていこうというんじゃなくて、もっと欲しいという話になっているわけ。

公共事業はね、沖縄が基地を負担しているからやむを得ないという考え方がある。基地を維持するための補償として、公共事業については状況に応じて手加減してもいいというのが、本土の一般的な見方ですね。

ところが沖縄は、優遇措置や特別措置というのがあるでしょう。非常に疑問に思ってますが、特別措置については、沖縄が優遇されていると考えがち。例えば経済特区とか、金融特区だとか、情報特区だとか、自由貿易地域とかですね。そのような制度において、沖縄が優遇されてると思われがちです。ただ、厳密に検証するとね、特別措置はほとんど効果ないですよ。例えば名護にできた金融特区。内実は明らかに辺野古への基地建設とのバーターで、政府の当時開発局長をやった人が、オーラルヒストリーで証言しています。当時の名護市長も「これだけはどうしても譲れない」と主張して金融特区を作ったと。

前から言ってますが、金融人材がほとんどいなかった時期に、金融特区を作って成功するはずがないわけですよね。案の定、いまでは閑古鳥が鳴いてるんですよ。騙されたと言ったらなんだけど、沖縄側も注意しないといけないと思いますよ。

ちょっと脱線したけど（笑）。

優遇措置や特別措置
歴史的には、復帰直前の一九七一年末に公布された「沖縄の復帰に伴う特別措置に関する法律」（復帰時に施行）において社会・経済的な混乱を避けるために設けた措置がある。酒税の軽減などが有名である。また、復帰に際して「本土との格差是正」を目的として、「開発三法」（沖縄振興開発特別措置法、沖縄開発庁設置法、沖縄振興開発金融公庫法）も施行され、公共事業を中心とした振興開発事業なども積極的に行われた。

冷戦崩壊後の変化と新たな経済構想

秋山　復帰前後の変化にフォーカスをあててお話しいただきました。一九八〇年代以降の話に進んでいきたいと思います。『島しょ経済論』（一九八六年）を出されて後に、アジア開発銀行で働かれたり、新潟県にある国際大学や名古屋大学などで研究されるなかで、アジアの中での沖縄をどうみていたのでしょうか。

　冷戦崩壊という変化も大きく、軍事的な対立を前提としたアジアの環境を変えていくという視点も出てきたのではないかと思います。また、気になる点として、先ほどお話に出た自由貿易地域の構想と、ローカルな産業育成を組み合わせていく戦略とがどのようにつながるのか。あらためて一九九〇年代から現代にかけて、嘉数先生自身が、八〇年代の自立論議や島嶼への視点の広がりを受け、沖縄とアジアの国々や島嶼とのつながりをどう考え、どう意識していたのかをお聞きしたいです。

　先ほどお話にあった補助金廃止という提言は、自立的な経済や産業を沖縄で創出することとセットだとは思うんですが、グローバリゼーションの中で、沖縄だけで完結した形では難しくなっていく。こういった環境変化と合わせていかがでしょうか。

嘉数　そうですね、一九九〇年代の大きな変化は、ソ連の崩壊と冷戦の終結ですよね。この時期は、ある意味で沖縄のチャンスでもあったんですよね。当時琉大の同僚だった大田昌秀《おおたまさひで》さんが知事に選出されてね、私も彼のブレーンの一人としてお手伝いしたことがあります。当時、吉元政矩《よしもとまさのり》さんという副知事で優秀な人がいて、彼とは長い付き合いだった経緯もあってね。

　これは余談なんですが、私は当時新潟県の国際大学にいて、研究科長をやっていましてね。彼はわざわざ冬の寒い時期に来て、温泉宿に私を呼んで「企画調整部長をやってくれ」と話をするわけ（笑）。私は研究科長になったばかりで、「それは無理だ」と答えました。

　当時、吉本副知事が中心になって国際都市形成構想を策定し、これを担保する全島自由貿易地域構想（全島ＦＴＺ）を打ち出しているわけですよね。日本政府も少し前向きに考えていた節が

大田昌秀
一九二五年生まれ、二〇一七年没。沖縄師範学校在学中に鉄血勤皇師範隊の一員として沖縄戦に参加。戦後、早稲田大学を卒業後、アメリカのシラキュース大学大学院でジャーナリズムを学ぶ。その後、琉球大学社会学部で研究・指導を続けたが、一九九〇年沖縄県知事に就任。二期八年務め「平和の礎」や「沖縄県公文書館」などの設立にも尽力した。

吉元政矩
一九三六年生まれ。沖縄県祖国復帰協議会事務局長や琉球政府職員で組織する沖縄官公庁労働組合書記長を歴任し、九三年、大田昌秀知事のもと、沖縄県副知事に就任。国際都市形成構想・基地返還アクションプログラムの策定・経済特別区の導入、また雇用開発推進機構の設立等の政策が高く評価される。村山政権で「沖縄米軍基地問題協議会」を閣議決定で設置させ、さらに橋本政権では全閣僚と県知事で構成する「沖縄政策協議会」を設置させる。九八年、沖縄県地方自治研究センター理事長、現在、同顧問。

あってね、本土側の特に企業関係者は、「おお、全島ＦＴＺいいじゃないか」「国際都市構想いいんじゃないか」と言ってくれた。

ところがすれ違いがあった。大田さん、吉元さんの沖縄側と日本政府、特に外務省関係で、全然違う考えを持っていたことが後で分かりました。つまり、国際都市構想や全島ＦＴＺという手段を与えて、沖縄が自立するようになるとですね、基地なくてもいいって話になるわけですよね。本土政府の基本的な考え方は基地の維持ですから、合わないわけですよ、根底の部分で（笑）。

それでさらに議論を詰めていくと、沖縄の大半の中小企業は、アンケート調査をすると「反対だ」というわけですよね。県内の調査機関からも、全島をＦＴＺにすると、中小企業の多くが潰れますよという話になってですね、結局、全県的なサポートが得られなかったわけです。

実は、大田・吉元の認識として、私もそうでしたが、いわゆる本土と沖縄の間に構造的なギャップがあるという中心周辺理論に近い捉え方をしていました。その捉え方からしても、全島ＦＴＺは、中心から沖縄を開放するアイディアとしては良かったわけですよ。一国並みの自由貿易地域を持っていて、しかも平和都市を作るというアイディアとしてはね。

しかし、本格的に日本政府が、これらの仕組みを支援して沖縄が自立してしまったら、嘉手納基地も普天間基地もなくなるのではないか、住民も基地が不要だと主張しはじめるのではないか、という話になってきてですね。だから、あの頃から、軍用地料の引き上げとか種々の助成策が出てきたと思っています。沖縄をがんじがらめにするような。

政策的には戦術を間違ったかなと、いまは考えております。考え方は良かったとしても、日本政府の日米安保や憲法という壁のみならず、沖縄の中小企業経営者を味方につけることに失敗した。ちょうど、時期的にも悪かったのは「県政不況」と言われてね、大田県政の最後の頃は、失業率が七、八％と最悪な状況だった。一九九八年の選挙では、それをうまい具合に相手方の稲嶺《いなみね》恵一《けいいち》さんのブレーンが利用してね、大田知事だからこんなに失業率が高いんだというキャンペーンもあり、大田県政は潰れてしまったわけです。

ただ、私は、大田さんの全島ＦＴＺを中心とした国際都市構想は間違っていなかったと思います。当時、アジア開発銀行（ＡＤＢ）で議論をしていたのは、グローバリゼーションの下でのモデルは香港、シンガポールですよという話になっていた。私も論文にたくさん書いていますが、シンガポールという国際都市は、規模が小さくて、人材を生かせるようなところ。このシンガポール、香港のもの凄い発展をみていて、モデルにと考えたわけですよ。島嶼経済の例としては、カリブ海に浮かぶケイマン諸島、バルバドス、イギリスのジャージー島も自由貿易地域で栄えていてね。一人当たり所得も、アメリカを上回っていた。それで、いろいろやり方があるんじゃないか、何も悲観する必要ないんじゃないか。このやり方でやれば、沖縄も上手い具合に浮上するんじゃないかという考え方が私にもあってですね、あちこち説いて回ったことがあります。

秋山　全島ＦＴＺや国際都市構想というのは、沖縄だけで完結するものでは当然ないわけですよね。

嘉数　もちろん、グローバリゼーションが進行してますから、相互依存のなかで発展していくというのが基本ですよね。香港にしても、シンガポールにしても国際的な物流基地、金融センター、ジャージー島は観光、あるいはタックスヘイブンとかいろんな形で栄えてきています。

こういった条件の中で、国際都市形成構想には、三本柱があって、共生、平和、自立という三つの理念でした。それを一挙に達成できるのが全島ＦＴＺ、国際都市だと。あと、この構想には、もう一つ伏線があって、二〇一五年までに三段階に分けて、沖縄にある米軍基地を全部なくすというアクションプログラムもあった。その間に全島ＦＴＺ、国際都市構想を実現していないといかんわけですよね（笑）。ただ、このアクションプログラムは、あまり議論もされずに終わっちゃいましたが……。そういうこともあって、経済的には、日本政府に逆に絡めとられたと思っていますけどね。

稲嶺恵一
一九三三年生まれ。一九五七年に慶應義塾大学を卒業後、いすゞ自動車での一六年の勤務を経て、復帰後の一九七三年に琉球石油に入社。琉球石油社長・会長（一九九一年にりゅうせきに社名変更）を務めるなか、沖縄県経営者協会会長など経済団体幹部や「島田懇談会」副座長、沖縄懇話会代表幹事などを歴任。一九九八年に沖縄経済界の支持を得て知事選に立候補し、失業率の高い当時の状況を「県政不況」と訴え当選。二期八年（一九九八年～二〇〇六年）を務めた。

アジア開発銀行（ＡＤＢ）
一九六六年に設立されたアジア・太平洋地域を対象とした国際開発金融機関。現在、六七の加盟国（うち四八カ国はアジア・太平洋地域）により所有されている。貧困のないアジア・太平洋地域を目指し、「開発途上加盟国が貧困を削減し生活の条件と質を改善できるよう支援すること」を使命としている（同銀行ＨＰ）。

秋山　中小企業からすれば、全島ＦＴＺというのは、競争にさらされる不安をもたらしたのは分かります。一九八〇年代の自立論議の際に、ローカル産業の足場固めという提案が出ていましたが、「国際都市形成構想は、中小企業の反発と日本政府の思惑も重なり実現しなかったわけですね。

中小企業を説得するには、ローカル産業の足場固めといったものがセットじゃないと難しかったのだと思います。こういった反発にどう応えればよかったのでしょうか。

嘉数　おっしゃる通りですね。ただ、中小企業の反対だけじゃなくって、軍用地主さんも、猛烈に反対する訳ですよね。たとえば伊江島などをみても分かる。一五〇〇ｍの補助滑走路を持っていて、まさしく基地に依存してる。以前、日本政府とアメリカ政府が、「全部返します」と言ったんです。そうしたら向こうの地主さん、住民も含めて「駄目だ」「我々の生活をどうしてくれるか」と言うわけですよね。返還の話がありましたが、いまだに残ってるでしょう。

軍用地主さんも含めて、基地の恩恵を受けている人たちも、基地がなくなることが不安でしょうがないわけですよ。生活にかかわってくるもんですから。おっしゃるように、住民との対話や説得が必要ですね。ただ、屋良県政から始まる革新県政の一番の弱点は経済なんです。保守以上に保守的と言ってもいい。現状維持か、さらにもっと金をよこせ、もっと補助をしてくれと。

ただ、最近は、補助金はいらない、自分たちでやりますという企業も出てきてます。沖縄を代表する泡盛とビール業種です。泡盛は本土と比較して三〇％も税金が軽減されています。この税金が段階的に本土並みになります。泡盛業界は売り上げが低迷して赤字企業が大半ですが、それでも業界自ら優遇税制の廃止を決めて、積極的に県外販路を開拓しています。いつも言ってるんですが「みんな泡盛業界みたいに、自分でやるような気概を持ちなさい」と。やればできるのに、補助金にどっぷり漬かってね。自らを縛っているところがあるんじゃないかと思います。

革新をサポートする人たちは、この問題について何も言わないんだよね。私はそれを言うもんだから「君は、日本政府の犬か」と批判されることもたまにありますね（笑）。まあ、私の主張は、

屋良県政から始まる革新県政
戦後沖縄では、復帰前後から保守勢力と革新勢力がかわるがわる県政を担うことになった。戦後初の公選主席に選ばれた革新共闘会議の屋良朝苗は、復帰前の一九六八年から二期八年、それを引き継いだ社大党の平良幸市は、一九七六年から一期二年（病気により二年で辞職）にわたり県政を担った。革新県政が一〇年続いた後、自民党の西銘順治による三期一二年の保守県政を経て、一九九〇年からは大田昌秀が革新県政を二期八年にわたり担当した。一九九八年から二〇一四年までは、保守県政が続いたが、革新勢力の流れも一部引き継いだ「オール沖縄」（反自民の保守層も一部取り込む）が、二〇一四年から現在まで県政を担っている。

日本政府がやってることに反対する方向なんですがね。基本的には基地を本土並みにという発想ですから。

そのあたりが革新県政の一番大きな弱点で、アジアに近いから貿易しましょう、豊かになりましょうと言いながら、具体的な対外経済政策というのは何一つも打ってない。打つための人材も育っていないということですよね。

私は台湾政府に招かれて一年間、台湾で過ごしました。二〇一五年から一六年にかけて、台湾には県の台北事務所がありますが、目立った仕事はやっていません。係長クラスが行ってるんですよ、向こうの所長として。中国語もちゃんと話せない。ところが、台湾政府から沖縄に派遣されている経済文化代表は向こうの筆頭課長ですよ。向こうは国だと思っているんですから、「我々は外務省の課長クラスだ」と言うんですよ。沖縄は、係長として二、三年で交代させる。例えば知事が、最近（二〇二三年一一月）台湾に行っています。知事が行けば、総統あたりを紹介できる人じゃないと駄目なんですよ、最低大臣クラスね。ただ、向こうの所長では、全然望めないですよね。だから、アジア化、国際化と言いながらですね、国際的に交渉できるような人材が全然育ってないわけです。しかも、所長経験者が、台湾から帰ってきても、どの部署に行ったか分からんのですよ。

外交の実効性をあげるには、今問題になっている県ワシントン事務所の代表にも外交官の資格をもった人を置くべきなんですよ。現状では、たぶん日本政府の大使館の連中に馬鹿にされているると思うわけ。ちゃんと交渉できる人を置くべきであって、人材についても考えないといけないと知事にも申し上げました。アジア戦略とか、アジアに関する政策を打ち出しているけれど、このままでは机上の空論だともね。まずは人材を育成し、向こうで活躍できるように人を育てて派遣しなさいと。

名護の情報特区や金融特区も同じですよ。金融リテラシーについての調査がありますが、リテ

県ワシントン事務所の代表
沖縄県ワシントン事務所のことを指す。沖縄県は、翁長県政の二〇一五年より沖縄の米軍基地問題の解決に向けて、米軍基地の実態などをアメリカ政府や連邦議会などに直接訴えるため、ワシントンD.C.に駐在員二名を配置している（いずれも県職員）。駐在の目的としては、情報の収集と発信を主なものとし、知事の訪米についてのサポートも行っている。

経済界の中からも「基地は経済発展の阻害要因だ」という認識が出てきているけれども、一方でアジアに対する戦略で考えていくと、人材も育っていない状況じゃないかということですね。現在の沖縄は、基地問題以外にも、貧困の問題、教育現場の問題など、いろいろな大変さを抱えてると思います。

秋山道宏

ラシーが高いのは香川県や奈良県といったところ。沖縄はビリなんですよ。金融に一番疎い地域が沖縄で金融特区というのは無理な話ですよね。結局、人材もちゃんと育成せずに、お金もちゃんと付けずに、大きな構想をぶち上げてくる。ぶち上げるのはいいですが、それをサポートする体制ができてないわけですよね。国際都市形成構想にしても、全島FTZにしても、ちゃんとサポートできるような人材とお金、どういう形でやるのかという戦略、戦術がなかったわけですね。

私は最近まで県審議会の離島過疎地域振興部会の会長を仰せつかっていましたが、知事も参加する全体会議でややきついことを申し上げました。一二二名の専門家をあちこちから集めてきて、二年がかりで作った計画案も五％の出来上がりで、あと九五％は、どういう形で推進するか、予算をどう確保するかが問題で、「どういうふうにお金を付けて実施しますか。それがなきゃただの文書ですよ」と言ったら、あちこちから拍手が起こりましたよ（笑）。何か実施しようとするにしても、そのための基盤ができてないわけですよ。もう少し賢くやればいいのにね、アメリカも説得して、日本国民も説得してと。

最近、「オール沖縄」と言われていますが、知り合いのビジネスマンでも「もう基地はいらない」という話になってきている。これは良い傾向ですね。翁長《おなが》雄志《たけし》元知事がもともと保守系の政治家だったから、彼に従って言っていた面もあったと思いますが、それでも基地の存在意義というのは沖縄にとって、もの凄く減少してるわけですね。

軍用地の民間転用のモデルケースとして、那覇新都心について、二〇〇七年に野村総合研究所が作成した報告書がありますが、それによると、地返還前の一〇倍くらいの経済効果があると書いてあるんですよ。私が言ってるんじゃない、野村総研という保守的な研究所が一〇倍だと。私は一九八〇年代に、基地跡地の民間への転用計画について論文を書いていて、嘉手納以外は全部プラスになると推計していました。こういった変化を、ビジネスマンはひしひしと感じているわけですよね。基地じゃなくても、観光もあるし、地場産業も育ってきてるし、やりようによって

翁長雄志
一九五〇年生まれ、二〇一八年没。一九七五年に法政大学を卒業後、那覇市議会議員（二期）と沖縄県議会議員（二期）を経て、那覇市長（四期）を歴任。保守系政治家の若手・中堅のホープとして、長年、沖縄の自民党県連を支えてきた。しかし、辺野古新基地建設に反対する方針を自民党県連が覆し、仲井眞弘多知事が埋め立て申請を承認したことをきっかけとして、自民党を離れ、新基地建設反対を掲げる「オール沖縄」候補として二〇一四年に立候補し当選した。

野村総合研究所が作成した報告書
二〇〇七年三月に公表された「駐留軍用地跡地利用に伴う経済波及効果等検討調査報告書」のこと。二〇〇六年度、沖縄県の「大規模駐留軍用地跡地等利用推進費」による委託調査を野村総合研究所（代表企業）と都市科学政策研究所が受託し、調査を実施。その内容を報告書としてまとめて公開した。調査報告書によると、米軍基地の跡地利用による経済効果（直接経済効果＋経済波及効果）は、中南部圏の市街地形成や経済活動に大きなプラスとなるものであった。

は自立経済が出来るんじゃないかと。そう考え始めている人たちも、多く出てきている。

沖縄の将来像とポテンシャル

秋山 経済界の中からも「基地は経済発展の阻害要因だ」という認識が出てきているけれども、一方でアジアに対する戦略で考えていくと、人材も育っていない状況じゃないかということですね。現在の沖縄は、基地問題以外にも、貧困の問題、教育現場の問題など、いろいろな大変さを抱えてると思います。今日語っていただいた経験や研究から、沖縄の将来像や今後の在り方についてお聞きしてもいいでしょうか。

嘉数 将来像についてですね。県は二一世紀ビジョン出していて、私も少し参加しましたが、二〇三〇年までのプランなんです。読んでいると立派でしょう。バラ色みたいな書き方していますが、その通り行くとはとても思えない。

一つは、いつもはっきりと言っていますが、先ほどお話した人材育成の弱さですね。沖縄には三千億円くらいの振興費予算が出ていますが、半分は人材育成に使いなさいと提案してきた。結局は人ですよね。日本の一人当たりは、あっという間にOECDのビリまできてるわけですよね。実質一人当たり所得でも、台湾にも韓国にもぬかれてるしね。日本全体がいわゆる閉塞感に陥ってる。開拓しようとしてもなかなか難しいですね。年功序列、終身雇用も若干変わりつつありますが、そのまま引きずっている。

ただ、沖縄の場合は、大企業を中心とした系列はありませんので、変われば早いんだと思います。それを変えるのは人なんですよ。いつも教育関係者にも言うんですが、小学校六年生と中学

沖縄二一世紀ビジョン
二〇一〇年三月に公開された沖縄の将来像に関するビジョン。同ビジョンでは、将来（二〇三〇年頃を想定）のあるべき沖縄の姿として「心豊かで、安全・安心に暮らせる島」や「世界に開かれた交流と共生の島」など五つの理念を掲げ、基本構想として沖縄県民・行政の役割などを明らかにしている。二〇一二年度から実施されている「沖縄二一世紀ビジョン基本計画（沖縄振興計画）」にも基本理念が反映されている。

三年生で、全国学力テストがありますでしょう。これまでは小学校もビリ、中学校もビリでしたが、小学校は頑張って全国平均までできている。中学校は相変わらずビリなんですが、私は教育長に尋ねたことあるんです。小学校は全国平均までいっているのに、同じ生徒が中学に進学したら、なぜまたビリになるのかと。そしたらね、彼は「よく知りません」と（笑）。しっかり解明してほしいですね。また「小学校では、一生懸命、ガリガリ、ガリガリ抑え込んで勉強してるからそうなるんじゃないか」とも話していました。

ただ、私はそうじゃないと思うんですよね。人材育成といっても一筋縄ではいかない。貧困とも関係があるわけですよね。私は幼少期に絶対的な貧困を経験していますし、フィリピンのマニラにあるトンドという世界最大の貧民窟にも何回か行っています。貧困というのは悪循環するわけですよ。ところが、いまの貧困というのは、絶対的な貧困、栄養失調による死亡とか、そういうものじゃなくて、相対的な貧困なんですよね。生活保護でも世帯によって年二五〇万円、三〇〇万近くあるわけでしょう。ところが、沖縄では捕捉率、生活保護に申請する資格がある家庭のうち、生活保護を申請している割合のことですが、それも全国と比較して沖縄はかなり低いんですよ。なぜかというのは詳しく解明して欲しいですが、恥ずかしい（スティグマ）とか、車所有世帯が多いとか、申請の仕方が分からないなどの理由があると思います。仮に申請資格のある人が、権利として全部申請していたら、相対的貧困もかなり減るわけですよね。

このような状況のなかで、私の主張は、貧困家庭の子どもたちを大学卒業まで完全に面倒見なさいというものです。大学卒業までサポートすれば、自力で自分の生活を切り開いていくでしょうから。今後、長期的に貧困問題を解決する大きな鍵になるわけですよね。これを沖縄からやって欲しいですが、将来に向けて一番大きな課題だと思うんです。

貧困問題というのは、社会的、経済的、政治的な問題がいろいろと複雑に絡み合って、長年にわたって出来上がっているんだよね。そう簡単じゃないですよ。例えば、いま慈善団体が食糧を

全国学力テスト
文部科学省によって実施されている「全国学力・学習状況調査」の一般的な呼称。二〇〇七年四月より毎年実施されており（全国規模での実施は四三年ぶり）、義務教育の各学校における最終学年にあたる小学六年生と中学三年生の全児童生徒を対象に実施している。同調査の実施以降、沖縄における結果の低迷が「学力問題」として社会問題とされてきた。

配布したりしていますが、これ自体は良いことかもしれません。ただ、これでは長期的な解決は出来ないわけ。そういう慈善団体の支援がなくなると、また貧困に戻ってしまう。これは補助金の構図と似ているところがあるわけですよ。補助金を得ている間はなんとか生き延びられますが、なくなったらどうしますかと。善意の援助が永遠に続くはずはないわけです。だから、基本的には、人材を育成していって、沖縄の未来を支えてもらうというのが一つ。

もう一つは、観光ですね。観光業は、地域的にも経済的にも複合産業ですから、相当インパクトがあります。いま沖縄の循環率、自立率というのは、私の計算では七割以上いっているんですよ。復帰以前からそうとう変わってきている。マスコミは、経済のことは全然勉強していないです。いまだにザル経済と言っているんですよ。昔のザル経済というのと、いまは全然違います。

沖縄経済はですね、全般的な力をつけてきていて、復帰時全国比で六割だった一人当たり所得が七割近くになって自立率も同様に上昇してきている（次頁表参照）。いわゆる循環型経済に移行しつつある。だから、ザル経済というのは、とんでもない話ですね。

例えば、本土と沖縄の公共資金の収支はすべてほぼ正確に把握できますが、マスコミが把握しているのはその一部です。全部県の統計データに載ってるんですよ。データ、エビデンスはちゃんと把握しておかないと、本土に逆に絡めとられてしまうという話になるんでね。だから、データに基づいて、分析をして、科学的に結論を出していく。それをぶつけたら本土は「ああ、我々が間違っていた」とかね、「ああ、こういう認識は素晴らしい」とか、そういう説得のやり方を続けていかないとねえ。沖縄はこの袋小路から抜け切れない。

特にいまの時代ね、自衛隊があちこちの島に配備されてね、台湾有事とか、北朝鮮とか、中国とか、あちこちがいまにも攻めてきそうなことを書きたててね（笑）。島の人たちは防空壕（シェルター）を造ろうなんて話になってるでしょう。どうしてそうなるのかね。

私は微力ながら、大田県政のお手伝いをしていたこともありましたが、辺野古への基地建設を

沖縄県離島市町村の主要指標

	人口 人（国調） 2020年	人口増減率 % 2010～2020年	高齢者人口 65歳以上、% 2020年	一人当たり所得 円 2019年度
沖縄県	1,468,410	5.4	22.6	2,410
宮古島市	**52,962**	**1.8**	**28.6**	**2,302**
石 垣 市	**47,675**	**1.6**	**22.5**	**2,470**
久米島町	**7,201**	**-15.5**	**30.7**	**2,397**
伊 江 村	4,123	-13.0	35.8	2,319
竹 富 町	**3,946**	**2.3**	**21.3**	**2,565**
与那国町	**1,676**	**1.1**	**20.4**	**4,219**
南大東村	1,289	-10.6	23.5	4,057
伊是名村	1,324	-16.7	31.5	2,665
伊平屋村	1,128	-18.6	30.8	2,414
多良間村	1,058	-14.1	29.7	2,361
座間味村	**892**	**3.1**	**23.2**	**2,660**
渡嘉敷村	717	-5.7	21.2	3,050
粟 国 村	681	-21.1	37.0	2,444
北大東村	*590*	*-11.3*	*21.9*	*4,683*
渡名喜村	348	-23.0	36.9	3,773
離島計	125,610	-1.1	25.6	2,460

	財政力指数 3年度間平均 2018年度	観光浸透度 観光客数/人口 2018年度	**地域経済循環率** **%** 2018年度	砂糖キビ収穫量 1000t 2019年度
沖縄県	0.38	6	80.0	675.8
宮古島市	0.33	14	69.6	265.6
石 垣 市	0.42	25	81.3	67.1
久米島町	0.19	14	68.9	46.9
伊 江 村	0.17	28	39.9	5.1
竹 富 町	0.16	1,353	60.5	24.3
与那国町	0.14	17	42.9	4.3
南大東村	0.13	4	41.7	103.8
伊是名村	0.11	23	45.4	18.0
伊平屋村	0.10	17	29.4	4.2
多良間村	0.12	6	37.2	19.1
座間味村	0.11	171	50.5	-
渡嘉敷村	0.11	190	52.0	-
粟 国 村	0.10	3	46.8	1.6
北大東村	0.13	2	43.8	28.9
渡名喜村	0.07	4	49.3	
離島計	0.16	29	-	589.0

注：「財政力指数」＝「基準財政収入額」／「基準財政規模」
「観光浸透度」＝「観光客数」／「住民基本台帳人口」
「地域経済循環率＝自立度」＝「付加価値額」／「移転所得を含む分配所得」
資料：沖縄県企画部・農林水産部資料および経済産業省地域経済分析システム（RESAS）より作成。

観光産業がリードする沖縄経済の自立度向上、2008年度～2018年度

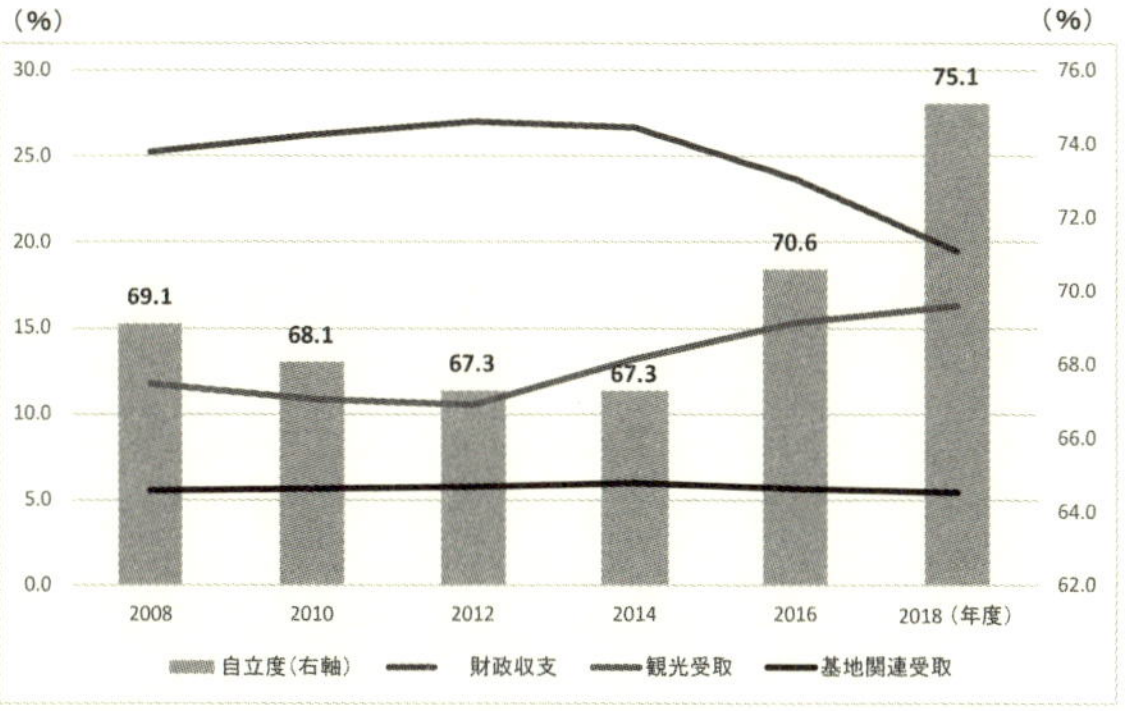

注：「財政収支」は「国庫受取－国庫支払＋財政以外の公的資金流入」で、対県民総生産（%）。
「自立度」は、1－（財政収支＋基地関係受取）/県内総生産（%）
資料：「県民経済計算」より作成。

名護市長が認めるか、認めないか、大騒動になった時にね。知事は「名護の問題だ」と言うわけですよ。「名護は地方自治体。名護が賛成すればいいんじゃないの」というたぐいの発言をして物議を醸し、後日発言を修正しましたが、基地は、はたして名護だけの問題なのか、普天間だけの問題なのか考えないといけない。那覇にいるとあまり感じないし、まして宮古、八重山っていうのは、自衛隊を除いてはね、基地の問題にあまり敏感じゃないっていうことがあって。その意味では、沖縄は岐路に立っているというかな。

　だから、沖縄を取り巻く環境をね、よく勉強して、分析して、沖縄の未来を考えていかないとね。沖縄県庁なども、その場限りの対応で、いろんな報告書とか、提案書とかに溺れてしまってるわけですよね。まあ優秀な人もいっぱいいますがね。だから、もう一度、私も含めて研究者がね、方向性を出していかないと駄目じゃないかと思います。

次世代に向けて

秋山　今回、若手の研究者を中心としたメンバーが対談の聞き手になっているんですが、経済学や島嶼の研究をしながら世界をまわられてきた視点から、次世代に求めることはどんなことでしょうか。

嘉数　そうですね。私は琉大が一番長かったかな。それで名誉教授にもなっていますが、後輩が教授になったり、教え子が県内の大学で三人も学長になっています。三人とも私の学生だったんですよ。教え子のなかには、副知事や経済界、学会などのリーダーになって、活躍している人も多いです。大学の先生というのは、人材育成ではね、それなりのインパクトを持ち得るんじゃな

辺野古への基地建設　一九九五年に起きた米兵による「少女暴行事件」によって、米軍基地の整理・縮小が政治的な争点となった。翌年にSACO合意が結ばれ、普天間飛行場の返還が決まったが、代替施設の提供（すなわち「移設」）という条件つきであった。名護市辺野古は、「移設」先として白羽の矢が立った地域である。沖縄県は、稲嶺県政期に条件つきの「移設」（一五年使用期限・軍民共用）を認めたが、二〇〇〇年代半ばの米軍再編のなかで条件が反故にされ、米軍基地を固定化する路線が明らかになった。そのため、沖縄のメディアなどでは、「移設」ではなく「新基地建設」という言葉をあてることがある。

これまでの議論は、嘉数啓著『島嶼学からみた沖縄振興の半世紀』（ネクパブ・オーサーズプレス、二〇二三年）で詳しく触れている。

いかと思っていますね。

琉大については、私はよく「こうやったほうがいい、ああやったほうがいい」と言っていましたが、重視したのが海外との交流でしたね。それがもの凄く少ないんです。アジア、アジアと言いながら、アジアとの研究交流は、私がいた頃は数えるぐらいしかなかったね。小渕ファンドというのができてからは、ハワイ東西文化センターに一四、五名ぐらい研究者を送るようになってます。私は、これをアジアファンドに切り替えて、アジアの大学に留学するようなシステムを作ってくれと言ってるんですがね……。なかなか出来ないね。だから、アジア戦略を作っても、人材育成の面でそれを担う人がいない状況だからね。県も作ると言いながら、ファンドを作ってないしね。アジア地域に自治体職員も含めて毎年何名かでも留学できるような仕組みを作る必要があると思う。

そして、研究者もなるべくアジアの研究者と共同で論文を書いたり、発表したりして欲しいですね。私はフィリピン大学の経済学会の終身会員なんですが、たまに呼ばれて向こうで話をしていますよ。アジアネットワークを作って、育てていくことが重要ですね。そのためには、ちゃんとした査読付きの論文を英語で書いてね、発表するということをずっと提案してきましたね。

私は琉大の副学長もしていて、国際交流担当の副学長を数年間やりました。そこで問題提起したのは、琉大は一〇〇ぐらいの海外大学と交流協定を締結しています。一〇〇ですよ。びっくりするぐらいの数ですね。ところが、じゃあ、どの大学と実質的に人を派遣したり、研究交流をやっているかというと、一〇もないんですよ。つまり、協定を結ぶのを実績だと思ってるわけね。なので、学長に率直に言いましたが「交流協定を結ぶのは良いけど、実質的に交流がないと意味がないでしょう」と。いったん全部廃止して、ほんとに交流できるような大学に絞って、お金を与えてね、学生も教員も交流できるようなシステムに変えようという話をしたんです。しかし、今も提携校は増えていて、数だけの実績を競ってるわけですね。これはまずいですよね。

小渕ファンドというのが……
二〇〇〇年の沖縄G8サミットを機に設立された「小渕沖縄教育研究プログラム」によって、ハワイ東西文化センターへの奨学生派遣が現在まで行われてる。同プログラムは、当時の首相小渕恵三の名前を冠して、通称で「小渕ファンド」と呼ばれている。二〇二四年までに七五名が参加し、沖縄県も二〇一四年度から奨学金の一部を支出している。なお、復帰前の一九六一年から二一年間の間に、ハワイ東西文化センターに四〇〇名(留学生、学者・研究者、各分野の職員)あまりが派遣されていたとされる。

大学の環境も非常に厳しくなってきてね、少子高齢化もあって、大学の質そのものが問題となっています。いつも言っていますが、沖縄だけでしか通用しない卒業生を世に送るなと。沖縄だけでしか役に立たない卒業生はいらないと。偉い人にならなくてもいいが、どこに行っても生き残れるような人を作りなさいと。アフリカに行ってもいい、南米に行ってもいい、アメリカに行ってもいい、太平洋の小さな島に行ってもいい。どこに行っても、自分は生き残れるという人材育成をしましょうと言っていますが、どうでしょうかね。

いまの学生は、私が見る限りではねえ、内向きになってますね。あまり外国に出たがらないところあるかな。そういう風潮をなんとか変えられないかなあと。まあ、沖縄だけじゃなくて、日本全体もそうなんです。よく新聞に出てくるでしょう。日本のハーバードへの留学生は、かつて全留学生の二割程度いたのが、いまはその半分もいない。韓国や中国からの留学生がどんどんアメリカに行ってる。だから、人材面では、中国とか、香港とか、シンガポールとか、台湾や韓国にも抜かれてしまっています。その意味で、若手や中堅も含めて私たち研究者に求められることは多いと思います。

秋山　今日は長時間にわたりありがとうございました。嘉数先生自身の経済学から島嶼研究への視点の広がりが、沖縄における政策へのコミットメントや、アジアとネットワークをもった研究教育にもつながってきたことがよく伝わってきました。特に後半は、沖縄の政治、行政、大学に求められる視点にまで話がおよび、これからの沖縄を考え、行動を起こしていく際の鍵がいくつもあったように思います。

宜野湾、沖縄国際大学にて

munugatai 5

「うない」が広げた女性たちの結《ゆい》

構造的暴力に抗い 社会を変革するために

高里鈴代
玉城 愛

高里 鈴代【たかざと すずよ】

一九四〇年台湾生まれ。沖縄県出身。元那覇市議（一九八九〜二〇〇四年）。「強姦救援センター・沖縄」代表。「基地・軍事主義を許さない国際女性ネットワーク」沖縄代表。一九九六年「エイボン功績賞」受賞。一九九七年「土井たか子人権賞」受賞。二〇一一年「沖縄タイムス賞（社会活動）」受賞。著書に『沖縄の女たち：女性の人権と基地・軍隊』（明石書店）など。

玉城 愛【たまき あい】

一九九四年生まれ。沖縄戦後、中でも一九八〇年代に着目して沖縄女性史を研究。二〇一六年にうるま市で起こった性暴力の事件をきっかけに、フェミニズムの視点から直接行動や執筆活動を行う。自らの研究と沖縄の社会運動／平和運動の内部に蔓延る女性差別に関する告発を沖縄地元紙や『越境広場』に掲載（『越境広場』一一号、二〇二二年一一月）。二〇一四年から二〇一八年にかけて、one-earth やゆんたくるー、SEALDs RYUKYU、オール沖縄会議の共同代表として運動に関わる。

■コーディネーター　古波藏契
■対談日　二〇二四年二月一〇日

うないフェスティバルの熱気

玉城愛　一九八〇年代の沖縄女性史を振り返った時のキーワードに「ネットワーキング」や「シスターフッド」などがあります。あるいは、うないフェスティバルの「うない」という言葉もですね。一九八〇年代とか九〇年代の女性たちのつながりは、当時、活動をしていたメンバーたちとまだ継続して存在していますよね。

　学生の時に一緒に活動をしていた女性のメンバーたちと会うと、不定期でもみんなと顔を合わせて、集まる場所を作りたいねという話になるんです。その時に一案として思い浮かべるのが、鈴代さんたちの「すぺーす結《ゆい》」なんです。

高里鈴代　一九八〇年代というのは、第三回世界女性会議がナイロビで開催されたのが八五年なのね。そしてその時に島袋《しまぶくろ》由記《ゆき》さんや粟国《あぐに》千恵子《ちえこ》さん、それから宮里《みやざと》栄子《えいこ》さんといった、当時沖縄県や那覇市の職員だった女性たちや東京の『あごら』のグループのメンバーの中に入って、沖縄の女性の問題を提起しようといってワークショップを準備した。それで私も一緒に準備したの。沖縄の買春問題と労働問題をまとめて、ナイロビ会議に参加したのね。

　そのナイロビ会議があるということを知って、ラジオ沖縄の社長（新垣淑哲）が源《みなもと》啓実《ひろみ》さん（ラジオ沖縄ディレクター）に言ったのよ。「世界の女性会議がナイロビであるっていうじゃないか。ラジオ沖縄の二五周年事業のプログラムとして、君、行って取材してきたらどうか」。そしたら源さんが私のところに飛んできて、社長がこう言っているんだけれども、彼女はそれを断ったと。私だったら「うれしい、うれしい。行きます、行きます」と言うのに、彼女は「社長、私は英語

「うない」
那覇市HPでは〈「うない」は沖縄の古い言葉で姉妹を意味します。家庭にあってはうない神、共同体においては神女となって沖縄社会を司ってきたといわれます〉とある。八〇年代以降、女性ぜんたいをエンパワーメントしていく言葉としても使われる。

「すぺーす結」
高里鈴代那覇市議会議員二期目の選挙から続く女性達が集い活動する場。詳しくは本書183頁。

『あごら』
一九七二年から二〇一三年まで発行された女性総合雑誌。主宰は、ジャーナリストの斉藤千代。二〇一六年一二月、あごら九州は総集編『あごら：雑誌でつないだフェミニズム（第一巻～第三巻）』（石風社、二〇一六）が刊行されている。

ナイロビ会議に参加した女性たちが準備した英語の史資料は、高里鈴代がすぺーす結で私蔵している。島袋由記と粟国千恵子がナイロビでの体験記を『青い海』第一五巻第七号（一九八五年九月）に記録している。

もできないし、そこに行ってもちゃんとした取材できないと思う。でもその予算があるなら私にください。私がその女性たちをつないで、一つの番組を作ります」と言ったの。

それで源さんが私に提案してきたのね。女性の祭り（フェスティバル）番組を一緒に考えてと。ラジオ沖縄の彼女とアナウンサーの屋良悦子さんと、それから私にまず声が掛かって。そうしたら憲法の人も必要だというので、若尾典子さんという琉大の憲法の非常勤をしていたんだけど、その彼女も入れて。歴史もちゃんとやろうというので、宮城晴美《みやぎはるみ》さんを入れてやろうとした。

そうしたら、その話を小耳に挟んだ那覇市の女性担当――まだその時は女性室なんてできていなくて、「女性担当」だったの。労働課の中の女性担当の与儀弘子さんという人がいて、その与儀さんがその案を聞いて、那覇市も入れてと来たの。

こうして私たちは女性たちをつなぐ番組を作ろうと「うないフェスティバル」を立ち上げることになったのね。

ラジオ沖縄の社長にその計画を発表に行ったんですよ。そうしたら社長が「なかなかいいな、うないフェスティバル。でもどうだ、ここでひとつ男性も委員の中に入れたら」と言ってきたんです。歴史の専門といったら、当時だと高良倉吉を思っていたんでしょうね。

私はその時四〇代で、残りのみんなは三〇代だったんだよ。それで私が社長に言ったんです。「社長、お言葉ですけど、これまで男性たちが何かやる時に、ここでバランスがあるから女性も入れましょうとは、一度も言ってくれませんでしたよね。だから今回は女性だけに任せてください」そうしたらその社長、「お、いいだろう」とOKしたんです。それで初めて一二時間の電波をまるごと女性に渡す（まかせる）ということになって、ラジオ沖縄開局二五周年記念番組で「うないフェスティバル」が計画された。

「うないフェスティバル」という名前が新聞などで発表されると、男性の間から二つの意見が出たの。〈うない〉という大事な沖縄の古語をフェスティバルなどに引っ付けるとはけしからん、

宮城晴美
一九四九年座間味村生まれ。沖縄女性史家。月刊誌『青い海』編集部を経てフリーライターとして活動。『座間味村史』、那覇市の女性史編集などに関わる。沖縄戦、集団自決、トートーメー継承問題などの社会問題を幅広く捉えてきた。著書『新版 母の遺したもの沖縄・座間味島「集団自決」の新しい事実』（高文研、二〇〇八年）他。

「うないフェスティバル」
「国連女性の10年」の最終年である一九八五年にスタートした女性たちの文化祭。開催当初は実行委員会と那覇市、そしてラジオ沖縄の主催となり、女性たちが主体となって運営を行なった。うないフェスティバルは二〇一四年まで開催された。うないフェスティバルの報告書については、沖縄県立図書館や沖縄県女性センターてぃるる、なは女性センターで閲覧することができる。

という意見。もう一つは「いいぞいいぞ、沖縄の女性たち。フェミニストとか何とか西洋かぶれしていいなくて〈うない〉と付けるのはいい」。そんな意見が出たのよ。

とにかくそれで女性の祭りを立ち上げようということで、私たちは、五万人規模の女性組織にも一〇人規模の組織にも、みんなに声を掛けて、ラジオ沖縄の大きな会議室に集まって話し合いをやった。その時は、社会党系も共産党系も、それからソロプチミストとか、いろいろな保守的なグループもいたけれど、「みんなこの指止まれ!」で集まった。

私が座長になったんだけど、基本的なことをまず決めたんです。

話し合いをする時には、大きな組織から送られてきた人は、「じゃあこの案は組織に持ち帰って(検討する)」と言うでしょう。でも私たちの話し合いでは、組織に持ち帰ることをやめましょう。ここに参加している人たちが感じて、いいと思うかどうか、そのことで決めましょう。だから、持ち帰りなし。お互いの意見を聞いて賛成なら賛成、反対なら反対と、この場で決めていきましょう、と。最も気を遣ったのは、当時、社会党系と共産党系は政党も対立していたんだけど、女性たちも対立していたんですよ。

それから、言葉狩りをやめましょう、と。当時八〇年代は、フェミニストの意識もジェンダーの意識も多少出てきて、「主人」と言う人や「夫」と言う人、「相方」と言う人、「パートナー」と言う人、みんないろいろある。「主人」というのは家父長制の中の言葉でしょう。だから私は「主人」と言わないわ、というグループもあるし、でも「主人」と言っているグループもある。でも、そんなことで私たちは言葉狩りをすることはやめましょう。なぜなら、私たちはいま生きている社会の中で、差別や搾取の中で同時に生きているわけだから、創造的な働きをやっている人も、大きな組織を抱えている人も、みんな対等ということでやりましょう。

そして呼びかけの主《しゅ》も女性、ポスターも女性、演劇も女性、みんな女性でやってみようということになった。

詩人の岸本マチ子さんに詩を書いてもらったんですよ。でもその書いてもらった詩が、いまいち納得しがたい詩だったんです。偉い詩人の彼女に頼んだんだからと言う人もいたけれど、私は彼女にしっかり話をして書き換えてもらいたいということを言った。

北島角子《きたじますみこ》さんに一人芝居をお願いした時には、「島口説《しまくどぅち》」という男性の劇作家（謝名元慶福）が書いた演劇を彼女は何百回もやっていた経験があるので、それをやってもらうかと提案したら、「何でひとの書いたものをやろうと言うの？　あなたたちが自分たちでちゃんと決めて、演劇の脚本も自分たちで書いてよ。それなら自分は演じる」と北島さんに言われて、宮城晴美さんが、座間味の集団自決のことを描いた「赤いブクブク〜集団自決生き残り女性の記録〜」という脚本を書いて、北島さんが演じるようになったのね。記念講演の講演者を誰にしようかとなった時に、澤地久枝《さわちひさえ》さんの名前が出てきて、澤地さんに交渉したらＯＫが取れた。

一二時間（生放送）のなかに、講演会二時間、シンポジウム二時間、各地域の報告二時間。それと最後に「うないコンサート」というのをやったの。幕開けは、母子会（沖縄県母子寡婦福祉連合会）の大正琴、中にはクラシックのアリアもある。最後は、喜屋武《きゃん》マリーのロックなの。ラジオ沖縄の音楽担当の人から「ごちゃごちゃしたごった煮のようなものだ」と言われた。でも素晴らしいコンサートになった。

南絹子《みなみきぬこ》さんという、ジャズクラブでいつも歌っていた人がいたの。その彼女にも頼んだのね。いつも黒い手袋をして歌うの。そうしたら彼女が電波を通して初めて「実は私はリウマチです」と言ったの。歌うことによって力をもらっていて、私はリウマチと戦いながらも歌を歌っていますという話をコンサートの中でやったわけ。

我如古《がねこ》より子さんという民謡の人も出ていたの。そしたら「私は今、おっぱいが張ってる」と言ってね。普通だったら演奏の時には言わないようなことでも、女性の祭りなもんだから「今、私はお産したばかりで、今でもおっぱいが張っています」ということを電波を通して言った。

岸本マチコ
一九三四年群馬生まれ。詩人、俳人。一九五八年沖縄へ。一九七八年詩集『黒風』にて第一回山之口貘賞受賞。二〇二三年没。

北島角子
一九三一年本部町生まれ。幼い頃より沖縄芝居の舞台に立つ俳優。沖縄の現代史を描く演劇集団創造『人類館』（知念正真 作）、一人芝居『島口説』（謝名元慶福 作）などにも積極的に参加した沖縄を代表する芸能・舞台人。二〇一七年没。

座間味の集団自決
一九四五年三月二六日、米軍は沖縄本島に先駆けて、日本軍が駐屯していた慶良間諸島の座間味村阿嘉島、慶留間島、座間味島に上陸し、座間味、慶留間では、住民の「集団自決」が起こった。

澤地久枝
ノンフィクション作家。一九三〇年、東京都生れ。一九七二年『妻たちの二・二六事件』で作家デビュー。『密約　外務省機密漏洩事件』『琉球布紀行』など沖縄に関する作品もあり、一九九八年から二年間沖縄滞在。『完本昭和史のおんな』など著作多数。

南絹子
ジャズピアニスト屋良文雄のクラブ「ライブ・イン・寓話」などで歌う。屋良は高里鈴代の高校の同級生。

それから喜屋武マリーが最後に出てきて、ギャーッとロックを歌ったの。黒いブーツを履いてロックを歌って。そして楽屋に戻ると「ねえねえ、そこの弁当、余っているの？　頂戴、頂戴、子どもたちにあげたいから頂戴」って。

一二時間の放送の間には、女たちから女たちへと一分間のメッセージを流していた。いろんな人にインタビューをして「あなたの思いは何ですか」「あなたの願いは」「あなたの現在は」というようなことを一分収録して。それを一〇〇人のメッセージとして一〇人ずつまとめて、コマーシャルのように間に入れながらやったんです。ラジオだからこそできる。

それは全部、那覇市与儀の那覇市民会館を借り切ってやった。那覇市が共催だからなんだけども、講演会の講師の料金は那覇市が負担しましょうということになったのね。そういうような形で、那覇市の大ホールと中ホールも全部使って。ワークショップも、みんなくじを引いて、同じスペースで区分けしてやったんですよ。

ラジオならではの、面白いこともあった。当時のラジオ放送の定時のニュースというのは、男性の声が信ぴょう性があるということで、男性アナウンサーがメインのニュースを読む。女性アナウンサーは、天気予報とか、ちょっとした補助的なものしかやっていなかったんだけど、「うないフェスティバル」で、初めて定時のニュースを女性アナウンサーが読み上げたんですよ。本当に初めてのことなんだけど。男性（ラジオスタッフ）たちは、放送を成功させないといけないものだから、みんな裏方に回って機材の設置だとかそういうことを全部やっていたんです。

講演会も普通は、会場で聴くしかないでしょう。今だったらｚｏｏｍで講演を聞けるけれども。「うないフェスティバル」では、澤地久枝さんの記念講演も生放送でラジオから流れたの。車を運転している男性たちは、ラジオを聞いていますよね。それで金城《きんじょう》睦《ちかし》さんという弁護士さんは、Ｕターンして会場に来たんですよ。二回目、三回目の時は、ゴルフをしながら聞いていて、そのまま会場に来るとかね。

我如古より子
民謡歌手。「娘ジントーヨー」などヒット曲多数。一九八七年坂本龍一アルバム「NEO GEO」に、古謝美佐子、玉城一美とともに沖縄コーラスとして参加する。

喜屋武マリー
沖縄ロックを代表する女性シンガー。「マリー・ウィズ・メディウサ」でメジャー・デビュー。その半生をモデルとしたノンフィクション『喜屋武マリーの青春』、映画「Aサインデイズ」がある。

金城睦
一九三七年首里生まれ。弁護士。沖縄弁護士会会長、県憲法普及協議会会長を務めた。一九八六年革新統一候補として県知事選出馬も。一坪反戦地主会共同代表や沖縄民主法律家協会会長、沖縄人権協会副理事長なども歴任。二〇一四年没。

三回目のうないフェスティバルの最後の二時間は「うないファッションショー」というのを、女性のファッションを沖縄の歴史をたどりながらやったんですよ。米軍のパラシュートでウェディングドレスを作ったとか、米軍の毛布を染め直してコートを作ったとか、そういうのも全部やって――。

那覇の市場でもやしを売っている人たちもラジオを聞いているし、入院してラジオを聞いている人もいる。どんな人でもラジオを聞いていれば「うないフェスティバル」でどういう動きがあるかということが分かるの。

「うないフェスティバル」は、女性たちがつながるということはこういうことかと思うようなことをやっていたんですよ。広がりがすごいあって、ラジオ放送としては一〇年続いた。

「うないフェスティバル」は、その後二〇一四年、三〇回の節目まで継続された。

暴力がすぐ隣にあって気にせざるを得なかった

――（古波藏）沖縄の女性たちの大規模ネットワークを作りあげてきた高里鈴代さんですが、そこに至るまでに様々な活動がありました。女性に対する暴力に取り組むきっかけはどんなことだったのですか？

高里　私、一九五四年に沖縄でガールスカウトが結成されて、中学二年生でガールスカウトになったんですよ。だいたい公立の中学校とか那覇中とか、真和志中学とか嘉手納中とか、そういうところに中学校単位でガールスカウトの団ができたんですね。私たちは最初にできたんだけど、那覇中学が第一団だったから、私たち（真和志中）は第二団になった。第二団の活動をしていく中で、時には米兵のガールスカウトのグループとも交流があったりして、基地の中に行く時もあったし。

玉城　嘉手納基地ですか？

高里　嘉手納。それから高校の時のガールスカウトでは、（基地内で）交流している中で滑って、私たちのメンバーがあごを傷付けちゃったの。かすって、けがをしたのね。そうしたらパーッと基地の中の病院に連れて行かれて。それで手術が始まって、私はその立ち会いに行かされて。そういう交流なんかもあったんですよ。

実際に米兵相手に働いている人の状況というのは、必ずしも正確にその場にいて知っているわけではなかったんだけど。私の母が福祉関係の仕事もしていたので、一緒にコザ（現沖縄市）の吉原という所に行ったことがあってね。気になっていましたね。

私がなぜ暴力についてこれほど敏感であるかというのは――中学三年の時に、真和志中学から民族大移動みたいに三年生がみんな移動して、新しく寄宮中学校ができたんですよ。引越の時は生徒が自分の椅子と机かついで寄宮中学まで運んだんです。雨の日だったから、泥びっちゃーになりながら。寄宮中学に入って新学期が始まった。そのころ与儀に農事試験場があったでしょう、その農事試験の所長が私の父だったんです。それで私はそこの官舎に住んでいたんです。与儀には市場があって、その市場で明日使うノートを買いに行った帰り、その官舎に入るあぜ道を通る所を曲がろうとした時に（男に）声を掛けられて。実は今、ある人を訪ねようとしているけど、場所が分からなくて、その場所はどこかね、と私に聞いたの。そして「僕は新しくできた寄宮中学の英語の先生になるんだよ」と言ったんですよ。

私は、初めて会った知らない人なのに、〝先生〟という言葉だけで信頼して、「英語の先生になるんですか。私は今、英語のノートも買ってきたんですよ」と言ったのね。そしたらその人が、どこどこのおうちなんだと言ったから、あ、それは大きな畑の向こう側です、と答えたの。そしたら、ちょっと案内してくれない？　と言われたの。

与儀の農事試験場
一九三二年真和志村与儀に沖縄県農事試験場が設置。一九六一年首里崎山町に移転。その後跡地は、那覇琉球文化会館、与儀公園、那覇市民会館などになる。

それで彼をずっと案内して。三つ並んだ官舎の建っている所のそばに大きな畑があって、その畑の入る所の真ん中まで行って、あちらの方向ですと言ったの。そしたらその人が、ちょっと待っていてと。何で待たないといけないかなと後で思ったのだけど、待っていたわけ。

その相手はしばらくして、すぐ戻ってきた。そして、おうちは見つかったんだけど、不在だったと。畑のど真ん中に、私はずっと待っているでしょう。そしたらそこまで来て「これから先生になるので仲良くしようね」と言って、握手するようにして、ぎゅっと抱きしめたわけ。それで私はその一瞬でとても違和感を感じて、先生っていうけれど、「失礼します」って、彼を押したの。そしたら、この人がひっくり返っちゃったの。たぶん予期しなかったと思うのよ。私がじっと待っていたから大丈夫だと思ったんでしょうね。私は、あぜ道があるのを知っていたから、そこから飛んでドブを越えて、急いでうちへ帰っていったの。「何か変な人が来た」と言ったら、私の弟はバッドを持って、待ってた。でも来なかったんだけどね。

翌日、私の母が学校まで行って「こういうことがありました。学校に新しい英語の先生が来るんですか」と聞いたら、三年の受け持ちの先生が英語の先生だったの。とんでもない、そんな予定はないと。その先生には「僕がいるのに、君はまだ不足か」と言われたけど、だって相手が英語の先生になると言ったんだから。

職員会でそのことを取り上げて問題になって、ほかの学校にも連絡がいった。その時は電話もあまり十分じゃないから。そしたら被害に遭った少女がいたことが分かってね。

私はまだ性暴力が何かというのを全く分からない中でその被害に遭った。その中学三年の時の経験は、私の暴力に対する敏感さにもなっているのかなと思いますね。

後に、東京や沖縄で婦人相談員をしている時も、ＲＥＩＣＯ（強姦救援センター・沖縄　通称「レイコ」）を立ち上げた中でも、小学生が被害に遭う経過に似たようなのが、本当にいっぱいあるのよ。

それともうひとつ。一九五九年にキリスト教短期大学に入学したんですよ。そうしたら、その

REICO（Rape Emergency Intervention Counseling Center Okinawa）
性暴力被害者を支援する民間ボランティアとして一九九五年一〇月設立し、二〇一五年、沖縄県性暴力被害者ワンストップ支援センター設立まで活動。被害を相談できる環境づくりとして相談業務のほか、カウンセリングや弁護士、警察への同行支援、裁判支援なども行った。

入学した後の六月三〇日、宮森小学校にジェット機が墜落したの。爆撃機が。

私たちは、新聞にもまだ出ていないのに、どういう所から情報が入ったのか分からないけど、授業を全部やめて、みんなで宮森小学校に応援に行ったんです。短大の一年生だったから。二年生と一年生で、全員で五〇人ぐらいしか生徒がいなかったんですよ。

宮森小学校に応援に行って、惨事を見たんでしょうけど、私の記憶の中にはそれが入っていなくて、夜遅く帰ってくる軍のトラックで那覇まで送られてきたという記憶はあるんだけど、行った記憶もあるんだけど、何をしたのか全然記憶がない。

玉城　とても衝撃のある出来事ですものね。

高里　そのすさまじい状況を見たから思い出したくないのか、記憶が押し込まれているのかどうか分からないんだけど、全く記憶がなくて。同級生だった人たちに、「ねえ、私たち、あそこへ行って何をしたの」といって聞くんだけど、「何か片付けみたいなのをやったよ」と言うけど全然記憶がない。

宮森小学校ジェット機墜落事件
一九五九年六月三〇日、石川市（現うるま市）の宮森小学校に米軍のジェット機が墜落した事件。児童一二名（後遺症で亡くなった二三歳の一名を含む）と住民六名が亡くなり、二一〇名の重軽傷者が出た。

フィリピンへの加害と、沖縄との類似

――高里さんの活動は、基地周辺での買春女性の構造問題を主眼に置いています。

高里　なぜ私が買春問題に関心があるかといったら、実は、私は一九六一年から一九六三年までフィリピンに留学していたのだけど、その時に二つ大きな、自分自身の価値観が変わるというか、そういう経験をしたことがあって。

それは小さな女子大なんだけど、一学年が二五人の四年制で、一〇〇人のとても小さな学校だっ

たのね。そして全部、授業は英語でするんだけども、授業が終わってクラスから出るとフィリピンの六〇余りもある言語の人たちが――選ばれた人たちがその学校に来ているのだけど、そのクラスを出ると、みんな自由に自分の言葉で話すわけ。

教室の中では英語なんだけど、フィリピンのマニラ周辺だったらタガログ語、北部のほうだったらイルカノ語、それからビサヤ語とか何とか、みんな言語が違うわけ。だからお互いに親しい友達同士は自分たちの言葉でしゃべっているわけね。

その二五人のクラスメイトが、夏休みとかクリスマスの休暇になったら、私を連れていくといってじゃんけんしていたのね。私は勝った人のところに遊びに行けたんだけど、祭りの終りに、大きい子豚の丸焼きが出る祭りがあったのよ。

それは一九六一年だから、まだ戦争が終わって一五年ぐらいの時。祭りが終わって静まって、火を囲んで大人の人たちが集まって座り込んでいて、戦争体験を話し始めたんです。私がそこに存在していることも全然忘れていて、大人同士で、あの戦争の時には誰もが亡くなって、誰もが殺された、そういう話をしているわけ。

私は友達に通訳してもらって聞いていたら、ああ、本当にフィリピンという国も――戦争で私たちは沖縄で四分の一が死んだと言っているのだけど――日本軍によって抹殺された、殺された多くの人の中で生き残った人たちが、今こうして話しているんだなと。

私は、沖縄だけが戦争被害を受けていたかのように思っていたことを、本当に目からうろこのように感じたのね。それが一つ、大きなショックだったのね。

もう一つは、クリスマス休暇に、クラスメイトのルシーさんのおうちに呼ばれて、彼女は先に帰っているので、マニラからバスを乗り継いでその町に行ったんですよ。特急バスに乗ったんだけど、その当時の特急バスというのは途中でみんな降りて食事もするわけ。食事をしたらまた車に乗り込んで。そんな特急バスで行った先が、オロンガポという町だったの。そこにはスービック基地という、ものすごく大きな、アジアで最大の米海軍基地があって。

そこのルシーさんのおうちに行ったら、ルシーが、夜、私を街に連れて行った。フィリピンだから、みんな英語で看板がある。コザの街もその当時は「pawn」「bar」の看板が立ち並んでいてた。pawnというのは質屋、barというのはバーね。pawn shop、質屋さんというのは、本当に大きな看板を掲げていたのね。米兵たちがそこで使うお金をつくるために質屋に行って時計を売るとか、あるいはなにかもらったものを質屋に売る。スービックの街はそんなコザの街と全く同じだった。コザに連れて行かれたような錯覚を覚えるぐらいの感じがしたんですね。「ああ米軍基地の街というのは本当に一緒なんだな」と思ったの。そこに立っている女性たちの姿もなにもかも、本当にね——。

夏休みとクリスマス。フィリピンの留学での、考えを変えさせられる二つの経験だったんですよね。この間、去年（二〇二三年）の五月に女性の会議があって、そのオランガポにルシーさんと一緒に行きましたね。

玉城　昨年の五月に鈴代さんたちとフィリピンへ行った時に、スービック基地のあった地域の夜の街を歩きました。地元の人や外国人男性たちが歩いている様子に驚きました。

高里　そうでしょう。でも、あれは全く違うのよ。というのは、九一年に米軍基地が撤退したんだから。あれは今、跡地のハーバーになっている。でもあの時フィリピンの女性たちは米兵相手に働いている女性たちで、本当に沖縄と一緒だったね。

玉城　夜の街へ行った時、フィリピングループとしてＩＷＮＡＭに参加していたアルマさんが働いていたというストリップバーへ行きました。

私ははじめて女性が男性を接待する場所へ行ったのです。驚いたのが、多分六〇代ぐらいかな、だいたい六〇代、七〇代の白人の退役軍人の客がたくさんいて。たくさんというか、ほとんどの席に白人男性、退役軍人でフィリピンに住んでいる様子の男性たちがいました。

ＩＷＮＡＭ（International Women's Network Against Militarism 軍国主義に反対する国際女性ネットワーク）米軍基地を抱える地域の女性たちが集い、一九九七年に結成された団体である。その背景には、一九九五年に沖縄島北部地域で引き起こされた性暴力事件と第四回世界女性会議ＮＧＯフォーラムへ参加した女性たちの取り組みがあった。

高里　いっぱい住んでいるよね。

玉城　驚きました。ショーを見てお店から出た時は、言葉を失っていました。ショーをする女の子たちに、くしゃくしゃにされたフィリピンの紙幣が投げられて、それを女の子たちが拾うんです。六〇代の白人男性の横に、一〇代か二〇代前半くらいの地元の女性が身体の接触を伴って座っている。女性の身体が目の前で売り買いされる場面を目撃した気持ちがして話せなくなってしまって。鈴代さんがフィリピンにいた当時は、米兵が多かったんでしょうか。

高里　そうね。海外の出先の企業の人たちも来ているでしょうけども。でも前は圧倒的に、一〇〇パーセント米兵だったんだからね。米兵相手に働いている女性たちの、もちろん売春もするんだけど、その扱いがひどいと言って米兵に訴えられて、警察に留置されることもあったんだよね。

玉城　女性の側がですか。

高里　うん、女性。そうしたら、そのお店のオーナーが警察に行って出してもらうのにまた罰金を払ったりして。

アメリカが沖縄を占領支配する中で、例えば医療面で言えば、寄生虫の病気や感染症、結核とか、地域によって取り組んでいた問題は違うけれど、最も大きなのが、性病問題ですよ。性病対策を優先的にやるということが、アメリカ軍にとっての地域医療、保健であったんだけど、一般的にはそうは思わない。みんな、アメリカ軍のおかげで沖縄の医療制度が進んだと思っている。

その後どんどん調べていくと、フィリピンではアメリカがオロンガポ市に医療費を補助している。医療費を補助する見返りとして、米兵相手に働く人たちの性病検査を月に二回やるというのがバーターされているわけね。性病検査を義務付けている。だからお店で働く人たちはまず健康診断をやって、自分は健康であることを証明する証明書を出してもらい、お店で働くわけ。そして月に二回の性病検査が義務付けされている。米兵をいかに性病から守るか。戦わせる兵士の健

与儀公園の隣の那覇市民会館では復帰式典が行われていた。その外では雨の中で群衆がたくさん集まっていて、復帰反対の集会をしていた。でも私の関心はそうではなくてね、あの米兵相手に働いていた女性たちは、本当に今後、大丈夫だろうかという、そのことだけを考えていました。

高里鈴代

康を守るのは、ある意味、米軍の義務なわけだから。そういうふうにして沖縄でも性病検査を義務付けていた。性病にかかった米兵が、自分はどこどこのお店Aちゃんと会ったと言えば、そのAちゃんを追跡する役目まで沖縄の地域保健婦さんの仕事になっていたのね。

　コンドームを使うことなんだけど、コンドームは決して避妊具ではないのよ。性病にかからないための、米兵を守るためのものであって。だからそういう意味では、フィリピンの状況は本当に沖縄と似ている。

復帰運動よりも女性運動

玉城　沖縄が「復帰」するという時に、その運動の中で日本に対して沖縄の人々は「祖国」という言葉を使ったんです。この沖縄、島々も含めて、この島々は日本から侵略された歴史的な背景があるというのを前提として進められていたのでしょうか。いろいろと素朴な疑問があったりして。
　復帰運動当時の雰囲気を沖縄の女性たちはどう感じていたのか。史資料も探し始めたところなのでなかなか核心の部分を拾うことができていません。資料を読むだけじゃなくて、もっと他の調査の方法もあるのかなとか。いわゆる復帰をすれば、天皇制も残る日本ではあるけれども、新しい日本国憲法のもと米兵からの被害もなくなると考えたのか。
高里　基地撤去、完全に撤去されるという期待があったんじゃないかね、「祖国復帰」というのの中には。ところが調べてみれば、とても巧妙に、本当に巧妙に基地が置き続けられる環境を米軍は考えていて。施政権は本土に移行して、一応「復帰」という形にするけども、基地はそのままだということを、日米（政府）で取り決めているんだよね。

玉城　沖縄女性たちにとって「復帰」とは何だったのか。女性たちの史資料の中から、当時の沖縄の混沌とした時期を垣間見ることができるのかなと考えています。学生たちや労働組合の運動の中では文章や写真が記録として残っている場合もあって、女性たちの運動と比較すると見えやすく感じる。女性たちの暮らしがどうだったのか、生活の中から紡がれる言葉をどう記録するか、もうちょっと調べてみます。

高里　沖縄の労働組合とか青年団とか、沖縄女性連合会とかいろいろあったけれど、女性のリーダーシップということまでは期待されてなかったんじゃないかね。

　私は、一九六五年にフィリピンから（沖縄に）帰ってきて、しばらく通訳の仕事をやって、大阪に行ってまた一年勉強して、戻ってきて、結婚したんだけどね。その時に、私は何人かと組織を作って、沖縄の基地問題の勉強会を立ち上げた。米兵相手に働いている女性たちに関わっている人とか、実態を調査している人たちの聞き取りをやったんですね。聞き取りをやっている時に「沖縄キリスト教平和センター」というのを立ち上げて、カトリックの人から聖公会の人から、みんな一緒になって、基地問題を人権の問題から取り組むようになった。

　その時に米兵相手に働く人たちの調査も、島《しま》マスさんとか、外間米子《ほかまよねこ》さんとか、そういう人たちにも直接会って聞き取りをして、資料を集めていたんです。

　日本では売春防止法が一九五六年には成立しているのに、沖縄では全くなくて。米兵相手に働く人たちは、ある意味では無法状態になっている。米兵の好き勝手な状態になってね。

　当時の沖縄というところは、日本の教育法や生活保護法のような法律は、何もかもね、沖縄の立法院議会で成立するようになってはいたんですよ。それで、売春防止法を沖縄の立法院議会でも成立すべきだということで、東京から一人の女性が乗り込んできてね。キリスト教婦人矯風会の高橋喜久江《たかはしきくえ》さん。私は彼女のスケジュールを組んで、立法議員の何人かにも面会をしたんです。

島マス
一九〇〇年美里村生まれ。戦後戦災母子世帯の救援、児童保護に尽力。「胡差児童保護所」「女子ホーム」など設立。幅広く社会福祉活動に携わった「戦後沖縄の福祉の母」。沖縄県買春対策推進委員、沖縄県社会福祉協議会理事など。一九八八年没。九三年にその意志を継いで「島マス塾」が沖縄市社会福祉協議会によって設立、多くの塾生を育成している。

外間米子
一九二八年生まれ。一九五〇年「うるま新報」（のちの琉球新報）新聞記者、一九六五年『沖縄の婦人』編集発行人となる。『時代を彩った女たち　近代沖縄女性史』監修など、沖縄女性史関連の執筆、編集に関わる。

キリスト教婦人矯風会
一八八六年創設。キリスト教の精神に基づき女性と子どもの人権を守り、社会福祉活動、公娼制度廃止にも取り組む。高橋喜久江は、一九七二年「沖縄の売春ととりくむ会」を発足させた。

面会をするたびに、男性の立法院議員の人たちは「そうですよ、(女性たちは) 米兵相手に前借金も抱えて大変ですよ。これは人権の問題ですよ」と言うんだけども、立法院議会では全然成立しないで、法案はいつも流れてしまっていたのね。

六〇年代後半、私は東京に行く前まで、本当にこの問題をちゃんとして、立法院議会で売春防止法が制定されることを期待していた。そしたら私が東京から大阪に行った後の七〇年五月に、立法院議会で制定されたんですよ。ところが施行は復帰後(七二年)。

六九年に――私は後で資料を読んだんですけど――復帰を前にして、琉球政府は初めて実態調査をやるんです。米兵相手に売春業を営んでいる、あるいはそこで働いている女性の実態調査を初めてやって。でもそれが最初で最後なんだけど。

そこで総数七四〇〇人という女性の数が出てくるんです。七四〇〇人というのは、復帰の時にはだいたい沖縄の人口は一〇〇万県民でしょう。(その半分として) 五〇万人が女性だとする。売春可能な年齢を一五歳以上として、五〇代、六〇代までと区切ったら、その割合の中で七四〇〇人というのは相当高い数字です。六〇人に一人、あるいは五〇人に一人といってもいいぐらいですよね。

その当時の一回の買春料金は五ドルだったんですよ。ペイデーの時には二〇人、三〇人の相手をしないといけないという女性たちの経験も聞いているんだけど、でも延べて一回の売春料金五ドルとして、一日の相手を平均して四人までとしたら、七四〇〇人 × 五ドル × 三六五日となると、その額はパイナップルやサトウキビ(産業)を超えるんですよ。当時、琉球新報の島袋浩さんという記者が(矯風会の雑誌に)書いた記事にそういうことがあった。

一九六九年当時、女性たちが自分の家族のためにといいながら借金を抱えて(売春へ)押し出されるという中で、その売春をしている女性の五人が(米兵に)絞め殺されているんですよ。でも当時はその五人の女性が絞め殺されても、県民集会なんか開かれていなかったですよ。米兵相手に働く女性については、好きでやっているとか差別的に見ていて。ところが本当に危険に満ちた環境だったわけですよ。パイナップルやサトウキビを超える額が、米兵相手に働く女性たちの身体を通して稼がれて、その中でどんどん殺されたり、レイプされたりしていたわけよね。

復帰の時になってやっと売春防止法が適用された。それで最高裁判決で前借金が無効の判決も出ているということをチラシとかを配っていたんだけどね。ただ適用されたとはいえ、米兵はそのまま残っているわけだから、米兵がらみの殺人事件や暴力は随分あるんですよ。だから、米兵相手に働く女性がいることを蔑《さげす》みながら、それは必要悪のようにして、沖縄社会は生き延びてきたわけ。

それでも復帰の時には、売春防止法ができますよ、もう機能しますよということで、「うるま婦人寮」という、相談に来た人たちを収容する施設が西原村にできたの。

そうしたら、（相談者の）最高の前借金は七〇〇〇ドル。普通七〇〇〇ドルという借金をできますか。一人の女性に加算する借金としては、こんな額なんてありえないはずなんだけど。

ベトナム戦争当時は、米兵たちはベトナムのジャングルに戦いに行かなければならないという緊張感から売春街は華やかになるし、ベトナムから戻ってきた時は、解放感からまた行く。そうすると一回につき五ドルの買春料金というのは、一晩に七回でも八回でもはしごできるぐらいの安さですよね、彼らの給料からすると。一〇〇〇ドルぐらい取っているわけだから。沖縄の教師たちの給料は六〇ドルか七〇ドルか八〇ドルの時に、一回五ドルの売春料金で女性たちは売春を強いられていたのだけど、そのために抱えている借金は、本当にとてつもなく高額だったわけ。

というのは（米軍の）ペイデーの時に、彼女たちが休むと、店に一〇ドル罰金。休んだ女性が外に行って客を引いているかも分からないから、お店に出ていない時には一〇ドル罰金を科す、というわけ。それから生理の時に休むと五ドル罰金。女性の体を持っているということから生じる生理でしょう。それなのに、そのことで休むと五ドル罰金。お客も取れないのよ、収入はゼロ

背景が違えば、当然、女性たちの痛みや声を上げて訴えるメッセージは変わります。根底にある侵略した側と侵略された側の違いは運動の場でどう表出してくるのか、どこに視点を向ければ明らかになるのか。その答えのようなものを今も探し続けています。

玉城 愛

なのに、五ドル罰金をする。

そういう罰金を科せられて。それで住み込みで生活をしていると、そこで使うものは――例えばあまりにも膣がただれるからオロナインを塗る。お店にオロナインを置いているけれど、そのオロナインも買わなければいけない。そのような状況の中に、女性たちは押し込められていたわけ。

一九七二年の復帰の日は、私は沖縄にいなくて、東京にいたんだけれども、沖縄で雨が降っていて、与儀公園では復帰反対の大きな集会があった。与儀公園の隣の那覇市民会館では復帰式典が行われていた。その外では雨の中で群衆がたくさん集まっていて、復帰反対の集会をしていた。

でも私の関心はそうではなくてね、あの米兵相手に働いていた女性たちは、本当に今後、大丈夫だろうかという、そのことだけを考えていました。

海洋博の陰裏で奪われたもの

玉城　私の研究が日本と沖縄を分けた理由は、やはり歴史的な背景として沖縄が日本に侵略され併合された土地、地域だからです。その後沖縄戦があり、日本の敗戦によって沖縄の島々は日本から切り離されて米軍政府に統治されていた期間がありました。沖縄戦後、政治闘争や復帰運動があったけれど、特に沖縄戦後の厳しく苦しい統治と貧しさの中で、沖縄の女性たちと東京や大阪の女性たちとどう違うのだろうと気になりました。背景が違えば、当然、女性たちの痛みや声を上げて訴えるメッセージは変わります。その根底にある侵略した側と侵略された側の違いは運動の場でどう表出してくるのか、どこに視点を向ければ明らかになるのか。その答えのようなものを今も探し続けています。私が研究していた「80年沖縄女の会」は、沖縄の性差別的な慣習について声をあげていました。米軍基地があることによって起こる事件のみならず、沖縄に強く根付く性差別的な慣習や、沖縄男性による買春問題に強く抗議していました。沖縄の女性たちがどのような影響を受けて運動が行われていたのか気になったところではありました。

高里　七〇年代、私は一〇年間、東京にいたんだけど、その時に島袋由記さんが訪ねてきてね。島袋由記さんはまだ結婚していなくて神奈川に住んでいて、それで白百合女子大学だったかな、通っていて、でも沖縄のことをとても気にしていてね。私たちは、早稲田奉仕園で女性史研究会というのを立ち上げてね、金城《きんじょう》芳子《よしこ》さんが書いた『なはをんな一代記』という本があって、それは由井《ゆい》晶子《あきこ》さんが解説を入れているんだけど、それをテキストにしながら、（勉強会を）やっていた。

　一九七四年に沖縄で海洋博が開かれるのね。沖縄の地域開発みたいなことを謳《うた》って海洋博は開かれるんだけども。海洋博が建設されている過程の中で、北部の人たちは土地を売り渡したり、ホテルを建ててみたり、いろんな宿泊施設をやってみたりした。その建設現場にたくさんの飯場ができて、日本から建築業の労働者がいっぱい来ていたの。そしてそこでレイプ事件がいっぱい起こっていた。島袋由記さんたち東京にいる沖縄出身の女性たちがその問題を取り上げた。復帰の後の経済の起爆剤として位置付けられている海洋博の建設が、実は女性への暴力にもつながっているということを、東京にいながら由記さんなどはすごく感じていてね。私も一緒に研究会でやっていましたね。

玉城　現在、名護市と今帰仁村の境目にテーマパークができますとか、うるま市石川の旭川に陸上自衛隊の訓練場の建設問題がありますということを紙面で読んだりします。でも何だろう。ある地域に軍事施設や観光施設などが建設される際、その土地の住民たちに対して沖縄の経済のためにも安全保障のためにも有益ですと語られます。一方で、環境が破壊される、性暴力の事件が

「80年沖縄女の会」
島袋由記と粟国千恵子らが中心となって一九八〇年一一月末に設立された女性グループ。新聞の告知板で女性たちに呼びかけ、地域の婦人連合会や組合女性部などの組織的な運動とは異なった活動を展開していく。

『なはをんな一代記』
金城芳子著、一九七七年、沖縄タイムス選書。沖縄の近現代を生きた女性個人史の傑作。沖縄タイムス連載時から由井晶子記者が編集を担当し、本文に関連した些細な補注、コラムを掲載している。

由井晶子
一九三三年那覇市生まれ。ジャーナリスト。一九五六年沖縄タイムス社に入社、東京支局記者、論説委員などを経て一九九一年に国内日刊紙で女性初の編集局長となる。『沖縄――アリは象に挑む』（二〇一一年、七つ森書館）など著・共著多数。二〇二〇年没。

起こる、事件事故が起こったりするリスクがあるという点については、反対する住民たちに人権や差別に対する強い関心がなければその集団の中であまり話されることもないのではないかと思っています。

高里　当時の新聞を見ると、週刊誌にもあるんだけど、その建設現場の周囲――それまでは米兵の犯罪が基地の周辺で起こっていたのだけど、海洋博の建設の現場では（レイプ事件などが）いっぱい起こっていてね。それで、そのことを指摘している女性たちの声というのはかき消されていたと思いますね。駐車場をいっぱい作ったんだけど、観光客は予想よりは全然来なかった、入館者は少なかった。経済の起爆剤と言っていたけど、実際には失敗だったと思うんですよね。そしてその陰で女性に対する暴力も起こっていたんですよね。

玉城　私、海洋博を建設した当時に性暴力の事件が起こっていたとは知りませんでした。

高里　私たちの勉強会の中でそのことを取り上げて、東京でも「女はそれを我慢しない」という女性たちの集会をやったんだけど。日本社会もそうだけど、沖縄社会もそう。女性が被害に遭うと、その人の過失だみたいな。その価値観がすごく根付いている。誘われて自分から出かけて行ったんじゃないかとか、そんな時間に自分で行ったのかとかね。被害に遭ったことを訴えても、そう言われるわけだから、その価値観の強い中で（身元が）ばれてしまったほうが恐ろしいから、むしろ隠してしまいますよね。

玉城　被害者に落ち度があったという風潮は根強くあります。

高里　被害者に落ち度がある。被害者が誘ったんだと。そんな服着ていたの？　え、一人だったの？　え、この時間に？　何でそんな時間に一人で歩いていたの、というね。被害者の落ち度（ではないけれど）をあげつらう被害者バッシングが誰を守っているかといったら、加害者を守っているのよね。日本の法律もそうだけど。

玉城　常々、被害にあった女性や少女に「あなたはなにも悪くないんだよ」と繰り返しメッセージを発信しないといけないんだなと痛感します。

一九七五年「国際女性年」に呼応して

玉城　私の研究の時期区分は八〇年代とその前後の一九七〇年代から一九九〇年代前半です。特に一九七五年の「国際女性年」と一九七六年から一九八五年の「国連女性の10年」なんです。研究して分かったのは、「80年沖縄女の会」の粟国千恵子さんも島袋由記さんもそうだし、その「国連女性の10年」の時期に触発された女性たちってやっぱり多かったのだなということです。国連のキャンペーンで。

高里　沖縄は復帰に（関心が）向いているんだけど、女性たちは、むしろ国連の国際女性年であるとか、（国際会議が）まずはメキシコで、次はコペンハーゲンで、三回目がケニアで、そういう動きに沖縄の女性たちも関心を持って、ずっとフォローしていたと思うのよね。

　だから粟国さんたちが八五年の「国連女性の10年」ナイロビ会議に行くにあたっても、その準備をすることになった。「80年沖縄女の会」はナイロビに行ったのだけど、そのナイロビに行く前のコペンハーゲンの時にも、沖縄からは結構、女性たちはまとまって参加しているんだよね。だから復帰に向けてのことと同じほど、むしろそれ以上に、国際的な国連の女性の問題というのは意識していたと思う。

――そのころ、高里さんはどんな活動をしていたのですか？

高里　マレーシアのペナンという所で七六年にアジアで初めての女性会議が開かれて、そこに参加をしたのね。松井《まつい》やよりさんも一緒に。

国際女性年
国連は一九七五年を「国際女性年」と定める。同年六月一九日から七月二日まで、第一回世界女性会議とNGOトリビューンがメキシコシティで開催された。国際女性年をきっかけに三月八日は「国際女性デー」と制定された。

国連女性の10年
国連は国際女性年の翌年から一九八五年までの期間を「国連女性の10年」と定める。期間中、第二回世界女性会議（コペンハーゲン、一九八〇年）、第三回世界女性会議（ナイロビ、一九八五年）で開催され、沖縄女性たちも参加している。

そうしたら、その会議室の入り口に等身大の水着姿の女性のパネルがあって、そのミス沖縄とかミスワールドのようなパネルに、「私たちの体は売り物ではない」というたすきが掛かっていて。それは日本に対する告発として、そういうパネルがあったんですよ。

日本は戦争の時には女、子どもを含めて銃で殺害していながら、今度はお金でもって買春ツアーに来ていると、アジアの国々からのものすごい日本に対する批判があったんですよね。それを受けて、フィリピンからひとりのシスター、修道院の方が参加していてね。この人はマルコス政権の中で投獄されたり、いろんな拷問を受けていた女性だったんだけどね、「私たちの求めるものは祈りでもなければ哀れみでもない、私たちはあなたたちに怒ってほしいんだ」という有名な言葉を発したシスターがいたんです。それで私はその会議に参加した後、その帰りにタイとフィリピンに行ったんですよ。

私は六一年から六三年までフィリピンに留学していたから、一五年くらいあいだがあった。その当時マルコスの妻のイメルダさんという夫人がいてね。私の学校は昔の官庁街の中にあったんだけども、イメルダさんが「マイプラン」ということで、率先して都市開発をやっていて、私の学校は郊外のほうに移転させられていた。その一五年ぶりに訪れたフィリピンで日本人男性の観光買春のすさまじい実態を見たんですよ。

そして日本に帰ってきて、私は七六年に東京都の社会福祉事業学校を一年出た後、東京都の婦人相談センターの電話相談員になったんですね。

玉城　何年ぐらいやっていたんですか。

高里　そこでは四年やりました。それはなぜかというと——国連の女性年第一回（の会議）は一九七五年なのね。それはメキシコで開催されたでしょう。メキシコで開催されたことを受けて、東京の女性たちもシンポジウムをいろいろやっていたんですよ。私は沖縄の女性の状況の発言を求められて、そのシンポジストになったんですね。

松井やより
一九三四年東京生まれ。ジャーナリスト、活動家。一九六一年初の女性記者として朝日新聞入社。在職中の一九七七年「アジア女たちの会」などを立ち上げ、アジア、女性などをテーマに活動し、退職後の一九九五年に「アジア女性資料センター」を設立する。『女たちのアジア』『20人の男たちと語る性と政治』など著・共著多数。二〇〇二年没。

そうしたら、同じシンポジストになっている新宿の婦人相談員の兼松佐知子《かねまつさちこ》さんという方がいて。その人の話に私は本当に感動して、終わってからその兼松さんに「あなたのようになるにはどうしたらいいですか」って尋ねた。シンポジウムで会ったばっかりの人よ。でも本当に彼女の働きに感動して言ったんですよ。そしたら彼女は「私は売防法が成立してからずっと婦人相談員をしているんだけれども、その前に一年だけ東京都立の社会福祉事業学校で学びました」と教えてくれたんです。

それで私はすぐうちへ帰ってね、夫は当時、大学院に行くことに決まっているのに、「私まで勉強しなくちゃいけなくなっちゃった」って言った。こうして私は、東京都の社会福祉事業学校に一年行って、勉強したんですね。

ちょうど国際婦人年の中で、東京のさまざまなリーダーシップを持っている女性たちが東京都に対して、もっと女性に対する問題の相談機関に対してちゃんと対応すべきだという運動を始めていたんですよ。そうしたらその時の東京都知事は美濃部亮吉さんという方で、(政治的に)革新の人だったんだけど。その方が、じゃあ分かりましたということで、東京都の婦人相談所――各都道府県に一か所ずつある、売春防止法に基づいて設置されている婦人相談所を変えて、もっと一般の女性も相談に来ることができるように門戸を開くことになった。私が一年、社会福祉事業学校で勉強した後にそれができたのね。

それで私はそこの婦人相談センターに採用になって、電話相談の全国の第一号になったんです。最初の日、仕事の始まる朝の九時きっかりに電話が鳴って、それから電話がひっきりなしに掛かってきてトイレにも食事休みにもいけないくらい。はじめの電話は男性からで、私がこの電話は女性のためのものですよと言ったら、「母親の代わりに電話している」と。私が苦労している時にこんなところがあったらよかったけど、いま作ってくれてありがとうという母親の言葉を伝えるための電話だったのよ。しばらくして電話相談員は増員されたけど忙しかった。

兼松佐知子
一九二五年中国満州生まれ。東京都で日本初の婦人相談員となり、長年にわたり売買春など、性に関わる人権問題に取り組む。著書に『閉じられた履歴書―新宿・性を売る女たちの30年』『街を浮遊する少女たちへ―新宿で〝待つ〟〝聴く〟を続けて50年』など。二〇二二年没。

その後、私は八一年に、沖縄に帰ってきました。

沖縄での買春被害がフィリピン女性へと移行

――復帰後に売春防止法が施行され、米兵による沖縄女性の買春はトーンダウンします。

高里　今度はフィリピンの女性を導入してきたんですね。復帰の後、エンターテイナービザを発行することによって、フィリピンから女性たちを大量に導入してきて。そして沖縄の基地の街にはフィリピンの女性バーがいっぱいできたんです。

フィリピンの女性を入れているお店があって、そのバーの経営者がフィリピンまで行って選定して連れて来ていたんだけど、あまりにもひどい状況があったものだから、私が新報に記事を書いたんですよ。その記事の中に、フィリピンの女性を導入しているようなやり方は、沖縄県が売春のヒモになっているのと一緒だと書いたんです。

そうしたら、金武町のバーを経営している社交業組合の会長さんたちが、琉球新報にひどい女が記事を書いているけど、彼女に会わせろと言ってきたんですって。それで新報の記者が、そういうふうに言ってきているけど、ちゃんと断りますから、と言う。いやいや、断らなくていいですよ、会いますよと言って、ハーバービューホテルで会ったのよ。

「あんたはこんなにひどいことを書いて。まるで自分たちが搾取しているみたいにやっていると。彼女たちは貧しいから、貧しい家庭を助けるために出稼ぎに来ているんだ。必要だから雇っているんだ。それをまるでヒモになっている、搾取しているというのはもう許されん」といって、すごい剣幕で社交業組合の会長さんと二人の部下が怒っている。自分たちがせっかく築いた財産をあなたは奪い取ろうとしている。あなたの記事で、(社会的に)非難をされることでそれを失う、と。

私は「そうなんですね。でもそこに書いてあるとおりなんですよ」と話をしたんです。すると「わしらは宮古から、次男、三男は、おうちも農地も引き継げないから出稼ぎに来て、そしてやっと戦後ここに張り付いて、ここで築いてきた財産なんだ。自分たちがやっと戦後、築いてきたものだ。それをあなたは奪おうとしている」と言うんですよ。

私は「え、宮古からなんですか。宮古のどこですか、私も宮古ですよ」と。そしたらその男性が、宮古のどこだと聞いてきたので、「私の父は宮古の農林高校の校長先生をしていました」と言ったんですよ。そしたらね、「え、あの校長先生か。聞いたか、あの先生は偉い先生だ」と言ってね。自分たちに教える時にも、人糞を肥料として入れる時も、本当に丁寧に教えてくれて、もう偉い先生、あの先生の娘さんだということで、いつのまにか私に抗議をしなくなったんですよ。

昼食代は彼が払うと言うので、いやいや、私はあなたにおごってもらったと言われるのは大変ですから、自分の食事は自分で払いますと言ったら、もう何か攻撃の手がプシュッと緩んじゃってね、どうぞお手柔らかにと言って帰っていったんですよ。

その彼はその後、金武町の町議にもなったんです。そして八三年に金武町のバーで二人のフィリピンの女性が火事で亡くなった。それが実は彼の経営するバーで、外から鍵を掛けていたの。どういうことかというと、女性達は米兵に誘われて（店から）出てしまうかもしれないということで、外側から鍵を掛けていたの。それで火事になっても逃げることもできなくて、二人の女性が死んだんですね。もう一人の女性はたまたま鍵を掛ける前に出ていたので、助かったんです。

水浸しになった焼けたバーの中に、フィリピンに帰る女性が自分の子どもたちに持っていくおもちゃや何かのお土産がいっぱいあってね。そういう状況の中で働きに来ていたんですよ。

そうしたら、その事件の報道でテレビに経営者の彼が出て、「諸悪の根源は基地です」と言って、ちょっとニュアンスの違う発言をしていたんですけども。

　私がフィリピンに行って受けていた親切やいろんなことを考えると、フィリピンの女性たちが沖縄に来て、ここでひどい扱いを受けていることは納得できないという思いでずっと金武町のバーに通っていたんです。ある時、バーに入ろうとすると、用心棒のような男が出てきて、あなたはしょっちゅうここに来ているけども、これから昼間でも歩けないようにすることができるんだぞ、とすごまれたことがあって。

　そういう時は、「何かあったら連絡をください」といって小さな紙に電話番号を書いて渡したりしていたんですね。その女性はピッと分からないように自分の靴下の中に入れたりして。

　バーに訪ねて行っている時には、まだ女性たちとも話ができたの。ところがしばらくしてその人たちがみんな帰って、また新しい女性が来ると、もうその時は相手に拒否された。私たちと話をしてはいけないということなんでしょうね。

　そんなこともあってね、フィリピンの女性たちの状況は本当に気になっていましたね。

市民運動から議員活動へと向かった切実

――若者にとって、高里さんは「元那覇市議」の印象が強いかもしれません。市民運動の分野から、議員活動へと移った背景を教えてください。

高里　うないフェスティバルの二回目の時に、沖縄の女性議員を全部壇上に並べて、「女性の政治参加で社会が変わる」というタイトルでシンポジウムをやったんです。私はその司会をしていたのね。録音で取ってきた土井《どい》たか子さんの声とか、いろんな人の声も出したんだけども。その

土井たか子
一九二八年兵庫生まれ。日本社会党の衆議院議員として、日本社会党委員長、女性初の衆議院議長、社会民主党党首となった。二〇一四年没。

当時、沖縄の女性議員は一三人しかいなかったの。

玉城　市町村議員？

高里　市町村議員、全部合わせて。私は、次の選挙の時にはもっと社会は変えられるでしょうかという提案をしたんだけどね。「さあ、女性議員をもっと増やしましょう」と言って。

私は婦人相談員をしながら、うないフェスティバルの座長もしていたのだけど、「よし、じゃあ、次の那覇市の補欠選挙には、私、出ようかな」と思ってね。みんなに推されて、出そうになっていたわけ。それで東京に行って、松井やよりさんのおうちに泊まって相談していたのよ。「私、今、議員になったらどうかという声もあるんだけど、どう思いますか」「いいじゃないの」

それで選挙に出る、議員になる決意で帰ってきたの。そうしたら――那覇市の婦人相談室は二階に福祉相談室があるんだけど、そこに現れた女性が本当にひどい（内容の）相談を持ってきたわけ。彼女は、神奈川のほうのソープランドで働いていて。沖縄の男性にすごい暴力を振るわれながら働いていたのだけど、同じソープランドで働いている女性たちがカンパして彼女を逃がしてくれたの。その彼女が私のテーブルの前に座っていたものだから、こういう大事な相談をやっている私は、議員なんかになっている場合ではないと思って（選挙に出るのを）止《や》めたんです。

ところが二年経って、那覇市議の本選があって、そうしたら今度、私は婦人相談員なんかやっている場合ではない、議員にならないといけないと決意して辞めることになった。

それはなぜかといったら――ある日、相談に来た女性が、朝から来ていろいろと言うんだけど、要するに「お金を貸してください、貸してください」と。じゃああなたは今、どんなお仕事をしているのと聞くと「普通のお仕事です」と言うわけ。お給料おいくら？　と聞くと、「普通です」と言うの。相談の中身が全然出てこないものだから、お昼になったので、お昼を食べてからまた続けましょうかと言うと、彼女は「はい」と言って、部屋から出て行ったのよ。

私ともう一人の婦人相談員と二人で外に食べに行こうと思って、外階段を伝って下りていこうとしたら、その真ん中に彼女が座り込んでいる。あら、あなたはお昼食べないの？ と言ったら「いいです」と言うのよ。お金を持っていないわけ。私はお金を渡して、地下の職員食堂で食べて、またお昼においでねと言ったら、お昼、また来たの。

ところがまた話がなかなか出てこないわけ。それで四時になって、ねえ、私は今日四時までの仕事なんだけど、明日また来ますかと言ったら、うわーって泣き出してね。今、自分がお金を持って行かないと。子どもたちがホテルに監禁されているって。

それでそこから警察に連絡して、警察に張り込んでもらって、その子どもたちは保護された。県の婦人相談所に措置して、彼女はうるま婦人寮にしばらくして行ったわけ。

あまりにもひどい業者なので、彼女はその業者を訴えたいということになった。その時の売春防止法というのは、当事者の女性を二つにわけていた。五条違反の女性は、外で客を引っ張っていた場合。もうひとつ、置屋にいて業者に搾取されている状況にある女性は、保護される。助けられるわけ。でも外に出て客を取っていた女性は逮捕される。そんな風に女性を二種類に分けている不十分な法律なんでね。それで売春業を経営している人は、訴えられることによって逮捕される。買春していた客は逮捕されないけど。

彼女はその業者を逮捕してもらいたいと思って警察に連絡して相談していたの。でもそのころは警察が踏み込んで現場を押さえるというのがだいたいのやり方で、当時の法律では、彼女はもう（置屋の）外に逃げているわけだから、業者も逮捕ができないわけね。彼女は「ということは、私にもう一回戻れということですか」と言ったら、警察は、いや、そうではないと。「ただ客が特定できればな」「お客を特定すればいいわけね」。でもそのお客は何の罪にもならないのよ。そういう売春防止法だったの。

彼女もあきらめかけていた時に、彼女は子どもを抱えてある病院に行ったら、その医者が「客」だったの。その先生も彼女のことを覚えていて、あ、こんな子どもがいたのか、というふうにして診てくれた。

彼女は施設に戻ってきて、男性の課長に「客を見つけました」と言ったの。どこだ？　と聞かれて、どこどこの病院のお医者さんですと言ったら、そんないい加減なことを言うと、君は名誉棄損で訴えられるぞ、と言われたの。保護施設の所長も普段は「もう過去のことを忘れて頑張れ。自立に向かって頑張れ」と言いながら、そういう働いてきた女性に対する差別的な見下しはあるわけでしょう。だから彼女が買春をした客を見つけてきたということに対して「名誉棄損で訴えられるぞ。偉い先生なんだから」となった。

でも彼女は本当に怒っていたわけ。それで警察に訴えた。警察がそのお医者さんにちゃんと確認したら、確かに客になったこともあるということを証言したものだから、そのお店は摘発されたわけ。

摘発されて事件の扱いが検察へ送られた。すると検察庁から施設の課長が呼びだされた。そして「これはやりがいのないケースだ」というので事件を取り下げさせられた。取り下げる理由は、「この女性も、したたかじゃないか」と。この業者は女性を搾取しているよ。ひどい。ところがこの女も、子どもを育てると言いながら、あちこちの電化製品に二、三カ月のローンを組んで、商品を受け取ったら、それをみんなよそに売っていた――。

玉城　売っている。質屋みたいな。

高里　売って現金を取って、その現金でなんとか逃げる生活をしていたわけ。だから六、七カ所のお店にローンを組んだ跡がある。そのことと、売春業者と天秤にかけて「これはやりがいのないケースだ」といって、その女性の事件を課長に言って取り下げさせたんですよ。彼女はそのことを知って本当にショックを受けて、その施設から逃げていなくなったの。

しばらく経って電話があって、私はそのことを知って、ああ、もう私は婦人相談員だけやっている場合ではない。この社会の女性差別、見下す意識というものを、検察庁であろうと、警察であろうと、どこであろうと変えなきゃいけないと思ってね。それで議員になる決心をしたんです。

何もかも女性だけでやった初めての選挙

玉城　鈴代さんが選挙に立候補すると決めた際、女性たちはどのようなことについて話し合いましたか。例えば、選挙に立候補するための場所や人などがあつまる場所はどのように決められたのですか。選挙をきっかけに繋がった人々、できあがったコミュニティを選挙後どのように活用したのでしょうか。初めて（選挙に）出られたのは一九八九年。

高里　八九年。選挙も女性だけでやる。話し合うのも女性、お金を出し合うのもみんな女性でやったんですよ。

私は那覇市の女性行政の役員もしていたのだけど、あるところに選挙の応援をお願いしようと思ってね。喜屋武臣市さんという経済関係の人がいて、経済研究者の人かな。そこに、出ることに決めましたということを話しに行ったの。彼は女性問題研究会のメンバーで一緒にやっていて、私がとても信頼している人だったものだから。そしたらその事務所に、有名な社会党のリーダーの仲宗根悟さんという人がいてね。私はアメリカから帰ってきたばかりで、選挙まであと二カ月くらいしかないけど、立候補する、議員になるというと、はは－んと笑ってね。女性が出る？婦人会長を選ぶのと違うんだよと言って、議員に出るということをせせら笑われたのよ。喜屋武さんはカンパしてくれたの。そうしたら仲宗根さんも気まずいと思ったのか、自分もカンパをしたんだけどさ。

議員になるためにみんな女性だけでやろうといって、何にお金がかかるのか話し合って準備をしていた。女がいないと選挙は勝てないとよく言われて、「いなぐやイクサぬさちばい」と言われていたのだけど、政策や何かを決めるのは全部男性で、女性は集票マシーンでおにぎり作りでしかなかったわけですよ。だから実際に選挙とは何物だということを学ぼうとした時に、自分たちがいかに無知だということが分かってね。

「ねえ供託金っていつ来るの」と言う人がいてね。供託金っていうのは、候補になる人が（選挙管理委員会に）納めるのが供託金なのね。当時だと二〇万納めて、規定の票数を取っていない人の供託金は没収になる。ところが供託金の意味も知らないみんなは、供託金は選挙をする資金だから、選挙管理委員会からもらうんじゃないかと思っていた。もう本当に無知、無知、無知でしたね。私たちはそれまで選挙になったらおだてられて、選挙の集票カード、電話作戦、おにぎり作戦、ウグイス嬢、その末端の仕事ばかりだったなということが分かりました。

選挙に出ることになって、みんなでいろいろ持ち寄ってやろう、と。いちばんお金がかかるのは、家賃と印刷代だと分かりました。それで選挙事務所を借りるのは、家賃の安いところ、「破れたお家」がないかと探したら、取り壊しが決まっている家を見つけた。そこは、開南《かいなん》から下っていったところで、そのまま土足で入っても大丈夫なようなところ。ぽっとん便所だけど、水道と電気は付いているので、そこをまず借りた。月一万。

そこに「女性相談センター」という大きな看板を出した。なんでも相談うけますよ、と。「女性の幸せはみんなの幸せ」という言葉をつけてね。まだ那覇市にも女性センターがなかった時代。

当選すると、みんなが集まる場所が必要だということで、最初は宮城晴美さんのおうちね。私たちを応援してくれた建設業の男性が宮城さんのおうちを建てていたから、その時に「結の会」という大きな看板を作ってもらったのね。その看板はいまも残っている。

「いなぐやイクサぬさちばい」
沖縄のことわざ。女は戦のさきがけ。

開南
那覇市の牧志公設市場、平和通りに通じるバス停名で、その一帯の通称地名。

「すぺーす結」がつないだ運動

高里　二期目の選挙、九三年の時は、また選挙運動の事務所を探さないといけなくなって、それで国際通りのどんまなかの建物の二階のまっさらな部屋を借りることができた。なぜかというと――そこの建物の持ち主がうちの夫の知り合いでＹＭＣＡの活動で外国の人の支援をしようと話し合っていたらしい。知花さんといって、地域のスーパーマーケットをやっている人。それでその拠点として、ふたりでその二階を見に行った。ところが前の借りていた人が引っ越したあとで、荷物をほうりこんだままで、部屋じゅうごったがえしていた。そこを選挙事務所に借りたらどうだろうかと、夫が知花さんに連絡してくれた。じつは知花さんの妻は私の知り合いで、ガールスカウトの後輩だったのよ。それで聞いてくれたらＯＫとなった。その時は選挙の時だけ借りようと思っていた。家賃は五万くらい。それで行ってみたら、その二階の部屋は、まっさらに綺麗になっていた。五万円で借りていいんだろうかと思うくらい。片づけてくれてたの。

そして二期目の選挙も当選して、返そうかと思ったら、そのまま借りていいよと言ってくれた。そのころ知花さんたちのスーパーには子どもたちが盗みに入ることがあって、そうした子どもたちの非行問題にも取り組む活動をするならばいいですよ、と。

その事務所では、選挙の時からいろいろ講座とか企画したり、市民の相談にのったりしていたので、九三年から本格的に「すぺーす結」として運用することになったわけです。

「すぺーす結」という名前は、そんなに深く考えたわけじゃない。私の議員活動の事務所だけど、開放したわけね。それからずっと「すぺーす結」として、専属の事務員はずっと置いている。

東京の強姦救援センターは一九八三年に出来ているんだけど、九三年には全国によびかけて、講座を開催したいということで、沖縄では、すぺーす結でやった。ピア・カウンセリングの講座

那覇市内の貸スペースにて

も一〇日やったのよね。

一九九五年、「国連の女性10年」ナイロビ会議から一〇年経って、北京で「女性NGOフォーラム北京95」が開かれて、沖縄からも「NGO北京・沖縄うない」の団長として私も参加した。うないフェスティバルが一〇年続いていたことが、北京会議に行く大きな原動力になっているのね。北京会議には七一人で参加して、私はワークショップがあったので、七人くらい残って、あとはみんな帰国したんです。それで私たちが沖縄に帰ってきたら、迎えにきたメンバーが、米兵三人による少女暴行事件の新聞記事を持っていたの。わたしは空港でその話聞いて、翌日の朝、東門《とうもん》美津子《みつこ》副知事の部屋に集合を掛けたの。副知事も北京会議、一緒に行っていたから。わたしは那覇市議だったから、那覇市議会から一〇時になったら県庁に行って、集まったみんなで記者会見を開いた。そしてその後、続けざまに、抗議集会や署名活動をしていったの――。

その後、借りていた国際通りの建物が道路拡張でも立ち退きになった。それでそこを使っていた私たちも、査定をされてね、立ち退き料をもらったのね。その費用で、私は久茂地のマンションに自宅があったけど、そのすぐ隣の部屋が空いたので、そこをすーぺす結で借りた。その時も事務の人を雇ってね。スタッフは子育てしながらだから、子どもが小さいうちはいろいろ助け合って、仕事のやりくりをしていた。その人たちがまたいろんな活動をやっていくのね。CAPとかね。

結のむえー（模合《もあい》）があるのよ。初期のメンバーや、その後加わった人とかで続いているの。うちの模合はたいへんなのよ。みんな、この一カ月にあったことを報告するのよ。それで記録の人は、その記録を取るのよ。それも長らく続いている。

あの頃は、那覇市の議員をやって、うないフェスもやって、いろんな活動をやっていた。それはね、ひとつの暴力をなくすというのは、議員活動だけじゃできないんですよ。社会的な活動もしないとね。

ピア・カウンセリング
同じ悩みをもつ仲間、当事者が対等な立場で話を聞くカウンセリング。

CAP
(Child Assault Prevention) 子どもへの暴力防止。子どもが暴力から自分を守るための教育プログラム。「おきなわCAP」は一九九六年から活動している。

むえー（模合）
沖縄で幅広く行われている相互扶助的な慣習。「ユーレー(寄り合い)」とも言い、一般的には月に一度決まった仲間で集まり、ユンタク（語り会い）する。

munugatai 6

伊波普猷を読むということ

「沖縄学」の現在

冨山一郎

崎濱紗奈

冨山一郎【とみやま いちろう】

一九五七年京都市生まれ。同志社大学グローバル・スタディーズ研究科教授。沖縄近現代史研究。著書に、『近代日本と「沖縄人」』（日本経済評論社、一九九〇年）、『暴力の予感』（岩波書店、二〇〇二年）、『戦場の記憶 増補版』（日本経済評論社、二〇〇六年）、『流着の思想』（インパクト出版会、二〇一三年）、『始まりの知』（法政大学出版局、二〇一八年）がある。最近考えていることは、思索という行為が集団を構成するなら、いかに思索し、いかなる集団を作り上げていくのかということが、学知においてもっと問われるべきことなのではないか、それが思想という問題なのではないか、ということ。

崎濱紗奈【さきはま さな】

一九八八年沖縄那覇生まれ。東京大学東洋文化研究所東アジア藝文書院特任助教。博士（学術）。研究分野は沖縄・日本近現代思想史、ポストコロニアル研究。著者に『伊波普猷の政治と哲学――日琉同祖論再読』（法政大学出版局、二〇二二年）。論文に、「「左派「復帰論」におけるイデオロギーとしての「日琉同祖論」――比嘉春潮・霜田正次・新里恵二『沖縄』を読む」」（『東洋文化研究所紀要』一八五号、東京大学東洋文化研究所、二〇二四年三月）「「東アジア」において理論を希求するということ――沖縄の「復帰」をめぐる考察を出発点として」（『日本學論集』第44号、グローバル琉球沖縄研究所・慶熙大学大学院日本学研究会、二〇二二年五月）など。

■コーディネーター　古波藏契
■対談日　二〇二三年一一月一三日

「沖縄アイデンティティ」との格闘

崎濱紗奈　伊波普猷《いはふゆう》という名前は、沖縄のことを、ちょっと知りたいとか、研究しようと思った時に、多くの人がまず出会う名前なんじゃないかなあと思います。

私も最初から伊波普猷という人をよく知っていて、伊波普猷についてすごく知りたいと思ってたわけではなくて、沖縄と日本本土の「ハーフ」という自分自身の出自について考え始めたことが出発点でした。常に付きまとってくるアイデンティティみたいな問題が、私にとっては鬱陶しい問題としてずっとありました。それに対して何とか自分の中で区切りをつけたいというのが、最初に伊波普猷を読もうと思ったきっかけでした。

じゃあなぜ伊波普猷なのかと。沖縄アイデンティティみたいなものがすごく強く自分を追いかけてくるように感じる中で、もっと広く、ちょっと抽象的な言葉にすると「主体」の問題というふうに意識されるようになったんですが、そういうテーマを最初に考えたり、書いたりした人はどこのどいつだ、みたいに気になって。そういう人がいたとしたら、その人の書いたものを読んでみたい、最終的には、つきまとってくる鬱陶しい沖縄アイデンティティみたいなものを壊したい、と思いました。

そういうふうにして伊波普猷を読み始めたのが大学三、四年生ぐらいの頃だったと思います。卒業論文は、伊波普猷について書きました。伊波普猷が書いたものを初めて読んだのもその時でしたし、伊波普猷について書かれた、いわゆる伊波普猷研究に初めて触れたのもその時でした。伊波普猷研究が論じたこと、もちろんそれは多岐にわたっていますけれど、特にその時印象に残っ

伊波普猷
一八七六年生まれ、一九四七年没。「沖縄学の父」と呼ばれる。言語学・民俗学・歴史学など数々の方法論を駆使しながら沖縄研究の基礎を築いた。

たのは、いわゆる祖国復帰運動というものをリアルタイムで経験された世代の方々が、自分の経験と、伊波普猷の経験を重ね合わせるようにして伊波普猷を読むという切迫感でした。その多くは沖縄の出身の人たちで、単に伊波普猷研究ということではなくて、伊波普猷を通して、その人たちの思想自体が垣間見える、そういうような文章なんじゃないかなと思って読みました。冨山先生の『暴力の予感』も読みましたが、当時の私には全く歯が立たなくて、理解ができませんでした。でも、「どうやらすごく大事なことが書いてあるらしい」という直感だけはずっと残り続けて、「この本を読んで分かるようになりたい」というのがそれ以降の私の研究のモチベーションの一つになりました。

　そのあと、修士課程、博士課程と研究生活を進めてきたのですが、修士課程の時には伊波普猷から少し離れて、新川明《あらかわあきら》さんについて修士論文を書きました。反復帰論という言説を主張された方ですが、どうして新川明さんについて書こうと思ったかというと、伊波普猷に対する最大の批判者が新川さんだったんじゃないかなというふうに思ったから、というのが一つの理由です。

　もう一つは、これはその時それほど自分の中で明確に言語化されていたわけではなかったのですが、いま、強く思うのは、沖縄思想史における近代と現代の断絶という問題です。

　沖縄戦という大きな経験がゆえに、近代史を分断するように「一九四五年」という刻印が強く働いてしまうように感じますし、実際、沖縄戦という未曾有の経験を考えることが重要であることは当然なのですが、もっと、沖縄という場所が経験してきた近代そのものについて考えてみたくて、それは「戦前」や「戦後」というように時代を区切っても見えてこない、と感じてきました。そういうふうに思ったということがあって、伊波普猷を読むだけでは満足できず、修士の二年間は新川明さんや、川満信一《かわみつしんいち》さん、岡本恵徳《おかもとけいとく》さんといった方々の、いわゆる反復帰論というふうに呼ばれている言説や、あるいはその周辺、『琉大文学』や『新沖縄文学』に掲載された文章を読んできました。その後、改めて博士課程でもう一度伊波普猷を読み直したいと思うようにな

祖国復帰運動
第二次世界大戦後アメリカ軍の占領下に置かれた沖縄で起こった大衆運動。日本を祖国とみなす民族主義や、日本国憲法が掲げる理念への憧憬・渇望など、様々な政治的・社会的・文化的態度が同居していた。

新川明
一九三一年生まれ。ジャーナリスト、思想家。復帰運動は日本に対する同化主義（沖縄を劣ったものと見なし、日本への同一化を志向する精神的態度）であると批判し、「反復帰」を掲げた思想・文学運動を展開した。

川満信一
一九三二年生まれ、二〇二四年没。詩人、思想家。新川明や岡本恵徳らとともに、「反復帰」と呼ばれる思想・文学運動を牽引した。生まれ故郷の宮古を出発点とした共同体をめぐる考察や、沖縄をアジアとの連なりにおいて捉える視点をはじめ独自の思想を文章や詩として表現した。

岡本恵徳
一九三四年生まれ、二〇〇六年没。文学者、思想家。新川明や川満信一らとともに、「反復帰」と呼ばれる思想・文学運動を牽引した。沖縄、沖縄人という「主体」をめぐ

りました。先ほど申し上げたように、卒業論文で伊波普猷について書いたのですが、その時は先行研究で論じられてきたことを繰り返すだけで、新しい視点が提示できなかったことが、心残りでした。それから最初に述べた「主体」の問題というものを考える上で、一番重要なテクストとしてもう一度、伊波普猷が書いたものに立ち戻る必要性を自分の中で強く感じていました。

伊波普猷が見ていた近代の沖縄と現在

崎濱　読み直しの作業を始めて感じたのは、自分の研究手法には決定的な限界がある、ということでした。というのも、それまで私はずっと、基本的にテクスト分析（書かれたもの＝テクストを読んで、そこから著者の思想や、その背景について分析を行なう学問的手法）を中心に研究を進めてきたのですが、テクストを内在的に読むだけでは、どうしても見えないことがある。じゃあ一体どういうふうに、別の形でテクストを読めばいいんだろうか、とすごく悩んでいた時期がありました。その時に冨山先生の『暴力の予感』をもう一度読みました。この本だけではなく、冨山先生の他の本も全部読んでみようと思いました。中でもその時の私にとって一番のヒントになったのが、先生が最初に刊行された『近代日本社会と「沖縄人」』という本でした。この本は、ずっと迷いの闇の中にいた私が、「これなら博士論文を書けるかもしれない！」というひらめきを得た、天啓のような一冊です。なので、私の博論の原点とも言うべき本です。

どうしてこの本が私にとってそれほど重要だったかというと、それまでは伊波普猷のテクストの中に埋もれながら伊波普猷を読んでいた私が、歴史的コンテクスト（＝文脈）の中で伊波普猷を読むということの重要性を教えられたからです。同時代の状況がどうだったのかとか、戦前沖

る考察は、沖縄において／沖縄について書かれた文学作品の探究・研究へと向かった。

『琉大文学』
琉球大学の学生を中心とする「琉大文藝クラブ」（第四号より琉球大学文芸部）が一九五三年七月に創刊した文芸雑誌。沖縄の思想・文学を牽引する書き手を多く輩出した。

『新沖縄文学』
沖縄タイムス社発行、一九六六年創刊の文芸雑誌。一九九三年、第九五号を最後に休刊。小説・詩・論文・エッセイなど幅広く掲載し、戦後沖縄における文壇を形成する重要な場となった。なお、二〇二五年二月に三二年ぶりとなる第九六号が刊行される予定。

『暴力の予感』
二〇〇二年刊行、冨山一郎著。副題は「伊波普猷における危機の問題」。伊波普猷の思想を「暴力の予感」、すなわち、傍でふるわれる暴力に身構える精神・身体的態度という観点から読み解いた一冊。精神分析や現代思想の諸理論を駆使した本書は、伊波普猷研究の新たな局面を切り拓いた。

縄における最大の経済危機と呼ばれるソテツ地獄が、何故それほどインパクトがあるものだったのかであるとか。もう一つ、「主体」の問題に関しても、大きなヒントをもらいました。

これは、先生が二〇一三年に出された『流着の思想』で論じられていることですが、ソテツ地獄という経済危機を引き起こした構造、および、ソテツ地獄を通して作られていく構造が、現在まで続くいわゆる「沖縄問題」を根深く規定している、ということです。それを、先生は「申請」というキーワードで論じました。日本政府に対して申請する（あるいは、申請させられる）主体としての沖縄。「補助金をくれ、救済をしてくれ」、というふうに名乗り出る（と同時に名乗り出させられる）という形で立ち上がってしまう「沖縄」という主体。それまで自分の中で上手く言語化できていなかったところを鋭く切り取って、クリアに見せてくれた本として、私にとって同じくすごく重要な一冊です。

『暴力の予感』、『近代日本社会と「沖縄人」』、そして『流着の思想』は、別々の時期に書かれた三冊の本ですが、私にとっては、この三冊は一緒に読んだからこそ、初めて見えてくる景色がたくさんありました。それは、近代沖縄という世界がどのような場所で、そこに生きた伊波普猷という人が何と格闘し、何を言葉や思想として紡ぎだそうとしたのかを考える上で、本当に大きな助けとなりました。さらに言えば、伊波普猷について、ということに限らず、近代／植民地／辺境／資本主義といった大きなテーマを考えるためには、何を知り、どのように思考を進めるべきか、ということを教わりました。

どうして沖縄なのか　伊波普猷とフランツ・ファノン

『近代日本社会と「沖縄人」』
一九九〇年刊行、冨山一郎著。副題は「日本人になるということ」。「ソテツ地獄」と呼ばれた未曾有の経済危機を経て、農村から切り離された人々がプロレタリアート（賃金労働者）として沖縄から吐き出されていった様子を克明に描出した。「同化」（「沖縄人」が自らを矯正して「日本人」に同一化する）という問題は、しばしば個人の内面において生じる思想的・精神的問題として議論される。しかし、本書はそうした議論にとどまらず、この問題を社会的・経済的領域から捉えることにより、構造的・制度的側面から「同化」を理解する方法を提示した。「同化」や「同化主義」を考える上で、必読かつ傑出した一冊。

ソテツ地獄
一九二〇年代の沖縄を襲った未曾有の経済危機。第一次世界大戦期の好況を背景に、一九一九年から一九二〇年の世界市場における砂糖価格の暴騰を受け、沖縄を代表する産業であった糖業は熱狂的繁栄に包まれた。しかし、第一次大戦後、キューバ糖の価格暴落を受けて、一九二〇年を境に砂糖価格は大暴落し、沖縄は慢性的不況の中に放り出されることとなった。食糧難に陥った農民たちが、毒を

崎濱　長々と自分の話をしてしまったのですが、改めて冨山先生に聞いてみたいとずっと思ってきたことがあります。何度も聞かれたことがある質問だとは思うのですが……。どうして先生にとって「沖縄」が重要なのか。先生はもともとフィールドワーカーとして聞き取り調査を行なっていらっしゃったにもかかわらず、どうして伊波普猷という思想家について一冊の本を書こうと思ったのか。そんなことをお伺いしてみたいと思います。

冨山一郎　あまり準備をしていなかったのですが、今の崎濱さんのお話を聞きながら、そういった質問が来るかもしれないと感じながら、どうしようかと今、考えていました（笑）。

いろいろと思い起こしつつ、何をすれば沖縄について考えていることになるのか、とても難しい問題だと感じました。それでも、「沖縄のことを研究している」と言われ、自分もまあ、そうなんだろうなと思うし。またなぜ伊波普猷なのか、というのもあります。

多分最初に言及していただいた『近代日本社会と「沖縄人」』に描かれている話は、非常に大げさに言えば「階級か、民族か」といったテーマが常にあります。私の世代や、もっと上の世代は、特定の問題というより、自分が生きているところの「今の世の中がこれでいいはずがない」という感覚を持っていて、それは時代経験的なものだと思います。ただ、私の世代になると、それをどう説明して、どうしていくべきか、はっきりと分からなくなっている部分があります。上の世代はもっとシンプルに言えたのでしょうけれども。そこでの差を語る言葉が大事だと思いながらも、壊れていくような時代でもあったんですよね。

そうした中で、もっとちゃんと考えるべきだったし、もっとちゃんと話をすることができたはずだ、という思いがありました。どうして沖縄なのかという話は、様々な偶然が重なった結果ではあります。ただ、単に「あの島」の問題というよりも、出稼ぎや移民、そしてプロレタリア化みたいな話の中で議論すべきだと思っていました。そういうことを自分は考えて来たし、これなら話せるかもしれないと。

含む植物である蘇鉄までをも食するに至ったことから、センセーショナルに「蘇鉄地獄」と命名された。

『流着の思想』
二〇一三年刊行、冨山一郎著。副題は「沖縄問題の系譜学」。政府によって策定される沖縄振興策や、県が国に申請する補助金は、現在の沖縄政治・経済を考える上で最重要項目であるが、「救済する日本政府」と「救済を申請する沖縄」という権力関係の来歴をソテツ地獄に遡って、その系譜を明らかにする斬新な視点を提示した一冊。

そこには、先ほど触れた「階級か、民族か」というテーマがありました。そして、結論的には、そのどちらでもない、という話になっていきます。プロレタリアートとしての主体だけではだめで、主体の話をする際には、民族と呼ばれる領域がある。それは文化人類学的な意味での民族ではない。出自や文化的同質性とは異なる領域で構成される主体です。こうした主体が、世界を変える大きな力を持つモーメントになるのだろうと考えるようになりました。その過程で、色んな人と会い、巻き込まれていったように思います。確かなのは、自分たちが生きる世界が、こんな世界であっていいはずではないと思いながら、自分が未熟に話してきた話を考え直す、あるいは、それが問われるような場所として沖縄があったということです。

考えるべきことがあると思った時に、二つのポイントがありました。一つ目は、沖縄戦のことを抜きにして語ることはできないだろうということ。その次に、伊波普猷だったんですけど。今思い起こせば、そのプロセスというのはすごくややこしくてうまく話せるか分かりませんが、少し整理をしながら話します。

まず、一方では人類学への批判を行っていました。人類学というのは、文字通り民族を語り、外部から主体を定義する学問ですよね。そういうものが、実は近代の日本人をつくり上げていくと同時に、琉球や沖縄、アイヌの人々もまた定義していくものでした。そういう人類学への批判は既に大分されていたし、頷けるところもありました。

他方、「ネイティブインフォーマント問題」と呼ばれるものがあります。外部から定義された言葉を、自分たちを表現する言葉として使わざるを得なくなる状況や、逆に、自分たちが生み出した言葉を人類学者が持ち去るような状況です。こうした動きの中で、伊波普猷と鳥居龍蔵の関係が非常に重要であり、同時に厄介でもあると感じました。

伊波普猷自身は、人類学や言語学をやりたかったわけではなく、むしろそれらの言葉を使って自分、あるいは自分たちをどうかたち作るか。そこにこだわった人だということにだんだん気づ

いまだになぜ沖縄かと言うと、よく分からない。……ある時は「革命だ、革命だ」ばっかり言っていた人間が、躓《つまづ》いたのが沖縄だったともいえる。いっぺん躓いたら、そこにこだわらなくちゃいけない。その中で人との関係もできていく。そういうプロセスを抜きには考えられない、というのもあります。

冨山一郎

いてきて。民族的なものを、どう自分達で構成していくか――出自の話ももちろんあるんだけど、それ以上に、「構成する」という動きと一緒に民族という話がある。そういう人類学批判みたいなところから、伊波普猷に入っていったという流れです。

話がごちゃごちゃしてきましたが、「階級か、民族か」といった問いの中で、伊波普猷とは別の流れで、フランツ・ファノンを読み始めていたんですよね。ファノンの考えていたことはやっぱりとても重要で、それはアルジェリアだけの話でもなければ、北アフリカだけの話でもない。日本社会や日本人とか考える上でも大事だと思っていたんですね。

伊波普猷に出会ったのは、人類学批判の文脈もありましたが、次第にファノンと伊波普猷がシンクロし始めたというか。伊波が直接書いているわけではありませんが、暴力にさらされる中で発話をしている。それに気付いた時に、ハッと、ファノンが降りてきたような（笑）。

ファノンにこだわり始めた自分自身が抱えていた、「今のこの世の中でいいはずがない、だけど、それを軽々しく言っててもダメなんだ」みたいなことをファノンから考えていったという話と、人類学批判として伊波普猷に出会ったいう話は、どっかで重なっていくようなことがあったように思います。

それで、なぜ沖縄かですよね。いろいろな経緯があるんだけど、いまだになぜ沖縄かと言うと、よく分からない。いくつか答えはあるんですけど、いま言ったように、ある時は「革命だ、革命だ」ばっかり言っていた人間が、躓《つまず》いたのが沖縄だったともいえる。いっぺん躓いたら、そこにこだわらなくちゃいけない。その中で人との関係もできていく。そういうプロセスを抜きには考えられない、というのもあります。

それから、別に研究対象にしようという意図は、実は初めからない。いまもないですし。考えることや、物を書くことにおいて何かできるんだろうかということ自体がずっとしたテーマでした。そういう作業の一つとして研究があるし、その中で沖縄ということに躓いたというのは確か

フランツ・ファノン
フランス植民地下にあったマルティニク島出身の精神科医・革命家。アルジェア独立運動で指導的役割を果たすが、独立直前に病没。主著に『地に呪われたる者』（鈴木道彦・浦野衣子共訳、みすず書房、二〇一五年）など。

なんでしょうけど。

沖縄って、たまたま人を躓かせる場所なんだろうなあ

冨山　崎濱さんの本で、すごく大事だと思ったのは、まず、伊波普猷自身を「なんとか学者」として読もうとはしていないことです。色々と分類もされてきたけれども、実はそうじゃない。まあそれは、いろんな人が、それこそ反復帰論なんかでも言われていることかもしれないけれども。その時には、伊波普猷はそう読まれたと思うんですね。つまり重要なのは、自分、あるいは自分たちは何者なんだ、という伊波の問いです。文字通り主体というものを獲得しようとしている、という。

伊波普猷がそうだったように、読む人もそうだったと思うんです。批判するにしろね。伊波普猷はそういう人物だし、読むという行為もそうなんだけど、沖縄研究自体にそういうところがある。だけど、研究ということにそれが見えなくなっていくっていうのが確かにあったように思うんですよね。なんか、どれ読んでもあんまり面白くないなと思ってる時に、崎濱さんの本を読んだら違う。それはまず、伊波普猷自身が違ったし、そして、それを読む崎濱さん自身も違う。分かりやすい部分を切り取って整理するのではなく、あるいは単にデリダを持ってくるだけでもない。そうではなく、主体をどう獲得するのかという文脈で、自分にとっての伊波普猷を読もうとする。読むためにいろいろなものを持ってくる。そういう崎濱さん自身の議論の仕方も伊波によく似てるなあと思いました。「あっ、これなんだ。これなんだー」と思いました。

いま自分が生きている場所において伊波普猷をどう読むか。そしていま自分が生きてる場所に

おける問題というのはやっぱり、主体の問題としてある。だからそのいまの主体、いまの状況における主体をどう捕まえるかって話と、どのように伊波を読むか。それは読む人間の一人ひとりにかかわることです。

だから伊波普猷の読み方なんて一つじゃないと思うんですよ。良い古典っていうのは、読むたびに、その読む状況において意味が成立するから古典なんであって、あらかじめ中身が定義されているんだったら、それだけ読めばいい、解説だけ読めばいいとなるけど、やっぱり、伊波普猷は古典なんですよね。

そして、まさしく古典を読む形で、崎濱さんが読んでる。ここでいう状況というのは、崎濱さんの本の第一章に書かれているように、いまの沖縄における主体の状況、文字通り政治の状況ですよね。それかかわらせて伊波を読む。「これだあ」って思ったんよね。本当に。やはり沖縄って、人を躓かせる場所なんだろうなあ。

崎濱　ありがとうございます。冨山先生の本を読む中で、ずっと思っていたことがあります。それは、沖縄を語る、よくある「語り方」のどれにも当てはまらない態度を、冨山先生はお持ちだなという感覚です。文章を読んでいて、それをすごく感じていましたし、実際にお会いして、ますます、その実感が強くなりました。

沖縄について話したり、書いたり、考えたりしようとする時に生じる厄介な問題として、当事者か、そうじゃないかとか、沖縄に出自を持つのか、持たないのかとか、あるいは、もし持たないんだとしたら、「他者」として沖縄をどう尊重するのかとか、あるいは他者化しないんだったらどう向き合うべきかとか、いろんなスタンスが直ちに、一度に、同時に問われてしまう、ということがあります。

冨山先生は、そういう厄介さをするすると抜けていくような軽やかさというか、そういう厄介さを意に介さずに「沖縄」を考え抜く方法をお持ちのような気がして、それが先生の大きな魅力だなというふうに思っています。どうしてそうなのかという理由が、いまお話してくださったところから垣間見えた気がします。

というのは、先生が「沖縄を研究対象としているつもりは最初からないし、いまもない」とおっしゃったことに尽きると思うんです。先生がさきほど使われた表現を使えば、「躓いた場所が沖縄だった」ということですね。おそらく私も同じで、「沖縄」をはじめから目的にしたり、研究する「対象」として意識していたわけではありません。私はたまたま沖縄に生まれて、しかもたまたま「ハーフ」として生まれました。でもそれは本当に偶然であって、たまたまそこで躓いたにすぎない。

先生がおっしゃったように、沖縄って、たまたま人を躓かせる場所なんだろうなあ、と思います。一度それについて考え始めたら、考え続けずにはいられない、止められない、そういう場所なんじゃないかなと思うんです。そういう躓きから出発して、ファノンと伊波が同時にシンクロする形で先生の中で思想が醸成されていったというのも、なるほどなぁと思いました。ファノンも沖縄と同じように、先生にとっては、たまたま躓いた場所。ファノンは思想家なので、場所というと変かもしれないですが、テクストを一つの場所だとするなら、そういう躓きのきっかけとして、ファノンと伊波普猷が先生の中でオーバーラップする形で、思考の種として育っていったのかな、と拝察しました。

そういうふうに向き合うと、身構える必要がないというか……。「沖縄はこうなんだ」とか、いろいろな言説の中で定義される「沖縄」の固定概念に囚われずに、沖縄を考えるということが、冨山先生にとってはすごく自然な出発点だったのかな、と思いました。そういうところは、多分私にも共通しているからこそ、先生の本を読んで「あっ！　自分が考えたい主体の問題っていうのは、ここから出発することが出来るんじゃないかな」と思ったんだろうな、と気付かされたような気がします。

「ハーフ」という自己意識と沖縄をめぐる状況

崎濱　もう一つ、ずっと聞いてみたかったことがあります。階級か民族かという問題設定があって、それが当時、強く機能していた、とおっしゃられたかと思います。その中で先生は、「いまの世の中が、このままでいいわけがない」と強く思っていらっしゃったとのことでした。世の中を変えるには、直接的に政治的な運動に参与するという方法もありますが、先生は研究という道に進まれました。おそらく、先生の中では学問か運動か、という二項対立ではなく、そこが連続するような意識がおありだと思います。この社会、世界を変えたいという時に、考えることや書くことが、どう力を持ち得るのか。

これは、私にとってずっと重要なテーマです。いったい自分はなぜ、研究というものを、暫定的であるにせよ生業にしているんだろう、ということを常に問いかけざるを得ない、そういう気持ちが自分の中にあるし、そういう気持ちを同じように抱いている人の文章を読むと「あっ、ここに自分にとって指標になるものがある」と思えて力をもらいます。

ただ、一方で「結局、書いたところでそれは本当に社会を変える実行力があるのか」というふうに常に自問自答しますし、おそらくそれは、いわゆる人文学系の研究が一般的に世間から投げかけられやすい問いでもあると思うんです。それに対して、先生の答えは常に、更新され続けていると思うので、いまそれについてどのようにお考えか、聞いてみたいなあと思います。

どうしてそれをお伺いしたいのかというと、さきほど申し上げた「ハーフ」という私の出自について考えることにも関わるのですが、考えることと、現在の沖縄を取り巻く政治的なさまざまな出来事との速度の差、あるいはその差ゆえに生じる自分の中の戸惑いを、どう処理したらよいのか、という悩みが常に付き纏《まと》っているからです。

「ハーフ」という出自は、もちろん個人的かつアイデンティティにかかわる問題でも勿論ありますが、同時に、単なる個人的な問題で語り捨ててしまえることではないと思っています。私の場合は、自分が「ハーフ」という自己意識を持っていることが、近代沖縄がどのような政治・社会・文化構造の中で作り上げられてきたのかということに深くかかわっている、ということに気付いた時に、「沖縄についてより深く知らないと、自分の中でもやもやしていることを言語化できない」と思ったんですね。

私がそんなことを考えるようになったのも、小学生の頃に起こった少女暴行事件や、その後現在に至るまでずっと混乱が続いている普天間基地をめぐる問題、それから9・11やイラク戦争勃発、沖国大へのヘリコプター墜落事故といった様々な出来事の中で、嫌でも米軍基地を強く意識せざるをえなかった、沖縄での日常があったからです。「ハーフ」であることについて考えることと、日本本土と沖縄との、それからアメリカをめぐる政治的な事柄は、直ちに深く関わってくることでした。

そういった、沖縄をめぐる、にっちもさっちもいかない差し迫った状況と、その一方で文章を読んだり書いたりすることのスピード感のずれというものを、自分の中でどう処理したらいいのかというのが、私にとっての課題であり続けています。おそらくこの問いには、幾多もの答えがあるか、あるいは答えがない問いになってしまうと思いますが、先生の場合は、どういうふうに考えて来られたのか、お伺いしてみたいです。

冨山　確かに、おっしゃるように、ずっと同じことを考えてたわけではなくって、ある時は、やっぱり「こうすべきだ」って正しいことを言うことは重要なんじゃないかと思ってた時期もあります。でも、いつしか、一般的に言われる政治があるとして、なんかそこの中心になっちゃいけな

少女暴行事件
一九九五年九月に発生した在沖米兵による小学生女児暴行事件。全県的な反基地感情を惹起し、普天間基地の辺野古移設をめぐる沖縄県と日本政府の長きにわたる交渉・対立の引き金となった。

9・11
二〇〇一年九月一一日に発生したアメリカ同時多発テロ事件。

イラク戦争
二〇〇三年三月二〇日、当時のアメリカ大統領ジョージ・W・ブッシュが、イラクのサダム・フセイン政権が大量破壊兵器保持を保持しているとして、攻撃に踏み切ったことにより生じた戦争。米軍主体の「有志連合」軍が侵攻しフセイン政権を倒したが、大量破壊兵器保持の事実は確認されなかった。

いと思うようになりました。

いつも出遅れていて、受動的で、大きな潮流で政治的正しさがあったとしても、それにも乗り切れない、みたいな。だからしばしば時代の中で研究は粛清もされるし、という。多分、そういうのりしろのような領域をしっかり担わないといけない。もちろん、論壇で「こうすべきだ」と正しいことを主張する知識人というのが駄目だとは思わないわけなんだけど、多分それは違うんじゃないかっていう気がしていて。

むしろ、そういう動きのすぐ横にいながら、それだけじゃないんだよ、それだけじゃないんだよと、しつこく、いやらしく、言い続けるような領域みたいなものが重要になるんじゃないかというのが、今思ってることです。

「場としての主体」のかかわりは知の問題としてある

冨山　それとの関係で、崎濱さんにも聞きたかったことでもあるんですけど、主体ではなく、「場としての主体」という言葉を使っておられるんですよね。僕はそれが主体にかかわる問いが倫理的になることを、回避するようなものとして聞こえました。つまり、倫理的な話としてに突き付けられると、その判断というのは、ある意味、「お前はどうするんだ」って話になる。それは例えば、応答責任という言い方も、「責任がある、だから応答すべきだ」という話になる。まあ、そうなんだろうけど、すぐさまできない人もいるだろうし、できるという人もいるかもしれないし、いろいろだと思うんですよね。
「場としての」といった時に、責任を取る取らないではなくて、その場に参加する、あるいは加わるみたいな、つまり、すぐさま責任を受け止めることができなくても、傍らに居続けることができるような場所、つまり、どこかで個人にかけられるような話を、場において引き受けるような、そういう感じがしたんですよね。

そうした時に、次に出てくるのは、そういういろんな意見が違う、あるいは、それこそ根性も違うと言ったらあれだけど、勇気がやっぱり持てないという場合も含めて、違う人々が、にもかかわらず、その場に参加する。場に参加するのは応答責任を取ったみたいな話じゃない。少なくともそのプロセスにある。そこで次になされる作業というのは、ある種の知的作業だと思うんですよね。まあ、議論と言えば議論なんですけど、そこに知という話をおいていいと思う。

僕はそう思ってて、そういう意味での、主体へのかかわりというのは、やっぱり知の問題としてである。このような知的作業を確保するためにも、やっぱり、倫理的結論じゃなくて、場としての主体（笑）。

そう呼んでおくと、すごくぴったりくるなあと思ったんですよね。主体的な政治だとするならば、ある意味そういう形への政治を担うものというのは、場としての主体であるかぎり、どこかで知的な作業になる。意見が違うけれども、一緒にいられるという話もあるし、意見が変わっていくというのもあるだろうし。まあ、その時の知というのは一つの正しさでみんなを引っ張っていくんじゃなくてある種の集団性を新たに作り上げていくような知的作業ですよね。そういうものとして研究や〈学知〉みたいなものがどこかであるのなら、やっぱりそれは辛気臭く、すぐさま意味があるとは思えないけれども、結構重要なところを担うことにもなるじゃないかとは思っているんです。

崎濱　「場としての主体」について、私の著書『伊波普猷の政治と哲学』の中で、この言葉をどういう意味で使ったかということを、少し補足したいと思います。先生がいまおっしゃった「正しさ」の問題にもかかわるのですが、「主体」にせよ「政治」にせよ、ある特定の正しさに導かれ得るようなものではないんじゃないか、というのが、この本を通して考えたかったことの一つです。先ほど私が述べたことにも通じるのですが、沖縄について考える時、当事者性の問題がどうしても付き纏ってしまって、倫理的な、つまりこうするのが良い、こうするのが正しい、あるいはこうするのが誠実だ、というような議論に、どうしても引っ張られてしまう。

誤解のないようにことわっておきますが、そのような倫理は必要ない、と思っているわけではありません。もちろんそれは、すごく重要なことだと思っています。ただ、そういう「正しさ」だけに議論が膠着《こうちゃく》化してしまうと、それ以外の沖縄の語り方が分からなくなってしまうと思います。その結果、「正しさ」にそぐわなかったり、溢れ出てしまったりする言説が見えなくなってしまって、そういう言説の中に潜んでいるかもしれない、現状を突破するための力が見失われてしまうんじゃないか、という危機感があります。そういう危機感、言い換えれば、沖縄を語る別の方法を探さなければならないという切迫感は、おそらく、伊波普猷にもあったんじゃないか。そういう気持ちで伊波普猷を読む中で考えたのが、「場としての主体」です。

「このままでいいはずがない」と思っている人が複数いたとしても、いろいろな立場があるわけですよね。それぞれ異なる立場だったとしても、とりあえず誰もがジョインできるようなきっかけ、それを「場」と読んでみたいと思っています。そこから「政治」を起こす主体を作ることができるんじゃないか、と。

私の本では「政治」と「主体」は不離不可分である、と書いたのですが、要するにどういうことかというと、現状を変える突破口を開くための力が「政治」であり、それを生じさせるのが「主体」であるという話なんです。「場」というのは、そういう「政治」と「主体」が育つところ、というイメージです。「主体」というのは「あなたはこっち側の人間ではありません」とか、「あなたは入って良い人間です」といったように、誰かを排除したり、反対に恣意的に包摂したりするようなものではなくて、力がそこで勝手に作られていくようなものなのではないかと、と考えています。おかしな言い方かもしれませんが、そういうことが可能になる場所が、主体なんじゃないか、と思っています。ただ、「政治」も「主体」も自然発生的に勝手に生じるものではなくて、それが生じるために行動を起こすことが必要なので、「場」と言ってしまうと、そうした積極性を定義するためには不適切かもしれませんが……。こうした議論は、本の中ではあまり深めて書けなかったという後悔が残っているのですが、いま言ったようなことが、基本的に私が考えたいことです。

「場としての主体」というのは、ある意味、無責任に見えるかもしれないなと思うんです。なぜかというと、そこで醸成された力がどういう方向に発散されるのか、誰にもコントロールできないからです。必ずしも、意図した方向に進むとは限らない。いわゆる右派とか左派とかという概念では分けられないような発散の仕方を多分するだろうけれども、同時に、その発散の仕方をどこか一つの方向に収斂させようとする力も働くだろうと思います。このような偶然性に開かれているという意味では、恐ろしいものかもしれません。

でもその恐ろしさに耐える。耐えると言うとちょっとネガティブな感じがしますが、恐ろしさに対して自らを開いておく必要はあるんじゃないかな、と。

小禄と松尾、直面した沖縄のいらだち

崎濱　少し話が脱線してしまいますが、自らを開いておくという考え方は、私が育った場所に教えてもらったことです。私が生まれ育ったのは小禄という場所です。那覇空港の近くで、今でこそ「子どもの貧困」という言葉がありますが、それは日常的に、ごく当たり前に存在していた状

「このままでいいはずがない」と思っている人が複数いたとしても、いろいろな立場があるわけですよね。それぞれ異なる立場だったとしても、とりあえず誰もがジョインできるようなきっかけ、それを「場」と読んでみたいと思っています。そこから「政治」を起こす主体を作ることができるんじゃないか、と。

濱崎紗奈

況でした。いまは大分違いますが、当時の小禄は、分かりやすくプロレタリアートの町だったと思うんです。例えば、同級生のご両親には、奄美や先島といった離島、それから波照間や粟国みたいなもっと小さな島々、そういうところから出てきて、那覇で働いている、そういう人が多かったように思います。一方で、地主層の家もありました。かつては米軍に接収され、いまは自衛隊基地として使われている、といったように、中北部の軍用地主とはまた違う形の軍用地主という存在が小禄にはいます。土建業を営んでいる家もありました。そういう小禄という世界が、私の思考の原点です。そういう周囲の環境がある一方で、私の家はミドルクラスの、言ってしまえば「普通」の家でした。ですが、「普通」の家が少なかったので、逆に周りから浮いている、周りとは違う、という感覚が常にありました。そういう感覚と、自分が「ハーフ」であるという感覚が結びついて、自己意識が形成されました。周りと自分が違うという感覚は、恐怖や不快を伴うものですが、だからこそ、周囲を観察し、周りから学ぶ、ということも可能になったと思っています。

脱線ついでに付け加えると、小学校高学年の時、小禄から引っ越しました。引っ越した先は、県庁や国際通りの近くの松尾という場所です。那覇市の中心地なので、政治集会やデモが開かれているのを、しょっちゅう目にしてきました。大袈裟でなく、ほとんど毎週末、なんらかのデモや集会に遭遇しました。スピーチを耳にしたり、デモ行進で掲げられるスローガンなんかを目にしたりする中で、いろいろなことを感じました。たとえば日本政府の責任を問うような発話だったり、あるいは、軍事基地があることの暴力を糾弾する言葉だったりとか。確かにそれは、沖縄が直面している問題の一側面を表わしてはいる。でも、沖縄という場所で、好みもしないのにもがき苦しまされてしまうという苛立ちに、そういう言葉がうまくリーチできているのかというと、そうではない、と感じました。心の中に抱え込まされてしまっているドロドロした気持ちと、分かりやすく強い言葉との間に、乖離があるように感じました。その乖離を直視せずに、強い言葉に頼ってしまうことが嫌で、私はかなり長い間、政治嫌いになりました。

けれど、嫌いな一方で、毎週末、目にするデモや集会のことが気になるわけです（笑）。現状を変えようとして運動にかかわって、その運動にかかわる言葉という領域があって、にもかかわらず、そういう言葉が現実を捉えきれない。なぜ、そういうところを沖縄の人たちは歩かされてしまうのか。そのことが、今でもずっと、私にとっての大きな問題意識です。与えられてしまう強い言葉ではなくて、なんとかして自分の言葉を手にしたい、というふうに思った経験が強くて、いまはたまたま研究という方法を手にして、そこに携わっています。でも、多分、研究以外の方法でもいいんだろうな、という思いは、常に持っているんですね。

書いたり、読んだり、考えたりするという営みは、高尚で高等で、大学とか大学院とか、いわゆるアカデミアと呼ばれる世界の専有物かのようにされていますし、それが制度化されてしまっている側面が大いにあると思います。ですが、私はやっぱり、書いたり、読んだり、考えたりすることが、全ての、それを欲している人によって行われる必要があると思っています。現状に対する違和感だったり、もやもやだったり、自分の内側に抱えてしまった何かを言葉で表現することによって、癒されたり、すっきりしたりすることが、必要だと思います。意図せず予期せず困難な状況に放り込まれてしまって、その状況の中で溺れてしまっている人たちが、その苛立ちを「どうして今自分たちは苦しいのか」「なぜこんな状況に陥っているのか」という問いに昇華させて、さらにはその問いに少しずつ答えを出しながら、次に進む力を育てていくために、思想というものは存在してきたのだと思っています。

県外移設論と伊波普猷

冨山　多分、伊波普猷もある意味同じ悩みを持っていたし、伊波普猷の読まれ方っていうのがいろんな場所を作ったんだろうなと思います。みんな読んでたんですよね、きっと。「なんじゃこれは」という話も含めて、それなりに議論の場になってたんじゃないかなあと。もうちょっと詳しく見てみる必要があると思うんですが、伊波普猷研究だけではない読まれ方が、伊波普猷に関してなされてたんじゃないかなぁ。全部読まなくても、それこそ崎濱さんの言うような思想の在り方があったんじゃないかと。

古典っていうのは何かそれを聖書のように意味を確定させる読み方ではなくて、いまどう読めるか、というので読むものです。「私はこう読んだ」っていう、それぞれの経験と共に読むわけですよね。そういう意味では伊波普猷っていうのは、依然として重要です。にもかかわらず、何かしら正しい読み方、正しい分析の仕方みたいな話が重要視されるようになっていくなかで、そういうことがなされなくなった。崎濱さんの本は、だからいいんですよ（笑）。「これだったんだ」というのを思い起こさせる。

たとえば第一章は「県外移設論」に引き付けて読んでる。これは凄い（笑）。そういう意味では、伊波普猷にかかわって場がどんなふうにできて、これからどんなふうに作れるのかみたいな話が、多分課題として隠されているだろうと思います。また時代や空間、場所にファイル化して解釈を施すというのが思想史研究ではなくて、いま、自分にとって、それがどういう意味を持つのか。自分たちにとってどういう意味を持つのかということ。それはすぐさま正しさの問題ではなくて、場なんですよね。そこには返さないと。まあ正しさでどうこうすれば主体的なものができあがる。それは違うわけで。そこには場があって、それが主体化だとするならば、その都度、その都度、ある種の正しさは当然あるわけですよね。

辺野古の話にしても、安保の話にしても、正しい話はいっぱいあるし、それを否定するつもりはないんだけど、それだけであるわけがないじゃないですか。それだけじゃないからといって、

県外移設論
普天間基地の移設をめぐって、沖縄県外に移設すべきだとする主張。紆余曲折を経て、現在名護市辺野古に基地が建設されているが、県内移設は沖縄の負担を減らすことにはならないため、少なくとも県外に移設すべきだという議論が、政治家・文筆家・学者によって展開されてきた。その主張は革新・保守を問わず、幅広く共有されてきた。一方で、沖縄にとっての痛みを他府県に移すことは日米安全保障体制そのものを見直すことにはならないとする倫理的・政治的批判も展開されてきた。

それがまずいと言うわけでもない。だとするなら、それが継続して変わっていかないといけないし、変わっていけるとしたら、場と共にないと変わりようがない。正しい主体と違った主体しかなければ、ケンカするしかない。お互いにケンカするだけになっちゃって、そこには何の未来もないというかな。それぞれ正しいし、それぞれ間違ってる、それなりに正しいし、それなりに間違ってるわけで、それが続いて行けるようなプロセスに主体を置き続けれるとしたら、場、あるいは、なんらかの知的作業が絶対に必要だと思うんです。絶対というのもきつい言い方だけど、そういうものを学知が担えるはずだというのはずーっとあって。

『暴力の予感』の最後の方に書いたかな。なんかいろんな、ちっちゃな場をいっぱい作ってこの本ができるプロセスがある。いっぱい作ったんですよね。読書会だとか、ゆんたく会だとか、なんかそういう場所がいっぱいあって、それぞれ違う。意見が一致しているわけでもまったくない。だけど、そのなかでできたこの本が共有されているわけでもない。そこでの人間関係は必ずあるわけですよね。そしてそれが政治的にはいろんなことに分派しているようにも見えるだろうし、それこそ崎濱さんも言及されている野村浩也さんなんかもその中に入っている。でも、その場所の中で議論になる、あるいは言い合いになる（笑）。それがなくなっていくのは一番よくないなぁと思う。

県外移設をめぐる崎濱さんの議論が、こうしたプロセスと重なって見えたんですよね、私には。昔は、というと良くないんだけれど、例えば新川明さんたちが伊波普猷を読んでた頃というのは、もうちょっと議論があったはずで。多分、復帰論、反復帰論みたいに分ける必要もないぐらい、ごちゃごちゃあったはずだよね。むしろそっちが大事で。それがいまなくなっている、ということが多分大きな問題だろうなあと思う。

生き苦しさを解きほぐしていくための思想、理論

崎濱　本当にそう思います。そのごちゃごちゃした状態が常に見えるようにしておく、ということはすごく重要だと。特に沖縄のような場所について考えたり、議論したりするうえでは、絶対に必要だと思っています。というのも、沖縄に関していろいろ考えたり抱えたりする時には、一人の人間の中にも、あれかこれかで割り切れずに分裂しながら同居するものがたくさんあると思うんですよね。私はこうですっていう態度が、はじめから最後まで絶対動かないわけでもない。こうだと思っていたけれど、でもこうかもしれない、という思いが渦巻いて当然だと思うんです。そういう簡単には割り切れない状態に耐えられるだけの、知的体力を養う場として、本来は大学が機能していく必要があると思います。

大学のような制度化された機関だけではなくて、知的体力の訓練が可能になるような実践が、もっともっと行なわれるべきだと思います。思想や哲学というものが、大学という制度化された場所で特定の訓練を受けた人の専有物のようになっている状態は、結果として思想や哲学を殺すことになってしまうのではないかと思います。現在の社会が抱え直面する複雑に入り組んだ状態、例えば沖縄という場所は複雑に入り組んだ諸問題の総合体そのものだと思うんですけれども、そういう状態のさなかで、捕われて身動きできなくなっている人は、たくさんいると思います。あるいは、自分が身動きできず苛立っている、苦しんでいるということに気付かずに日常生活を送らざるを得ない人がたくさんいるだろうと思います。

でも、そういう苦しみが、生きづらさや生き苦しさの原因であるんだとしたら、そういうものを解きほぐしていくための一つの方法として、思想や哲学、あるいは理論と言い換えてもいいか

もしれませんが、そういうものがあるべきだなあというふうに思います。なので、実践か研究かという、あれかこれかという二分法ではないような形で、そういうようなことが可能であるような場所を作ることが、何よりも重要なんじゃないかと思います。

　伊波普猷を読むということが、そうした場を作ってきたんじゃないかと先生がいまおっしゃったのは、ほんとにそうだなあと共感します。新川明さんと新里恵二さんとの間で展開された、伊波普猷をどう読むかということをめぐる鋭い論争がありますが、そういう論争が成立し得るという状態それ自体が、思想が固定されたものではなくて、生きたものとして誰かにとって意味がある、あり続けるための基本的な条件だろうなあというふうに思います。

冨山　いうのは三度目ですが、この本が、それをもう一度再出発させる契機になっていると思います。さらに、何よりも強調すべきは、その論争の中に天皇制の話が入ってきたってことですよね。いままで、伊波普猷から天皇制の言葉を引っ張ろうと思っても、引っ張れなかった。その話が、「後期日琉同祖論」という形で入ってきた。文字通りそれは、伊波にとっての天皇制の問題であったっていう。この問題は、はっきり言って、ほとんどというか、一〇〇％議論されてない。それをめぐって伊波普猷がもう一度議論の場に出てくるべきだと思うんですよね。あるいは、そこにかかわる暴力の問題が本源的蓄積ともかかわっている。そういう読み方も、かなり射程の広い議論の場を作れるだろうと思うんですよね。だから、なんか作っていきましょう。

崎濱　はい。

冨山　もうちょっと付け加えれば、何故自分が読めなかったのかなとつくづく思っていて。それはやっぱり、政治というものに対する性急さが自分にはあるんですよね。あったんだと思うし、変な言い方だけれども、消そうと思っても消せなかった。いまは死語かもしれないけども、ノンポリの政治性みたいな言い方が昔あった。「私はノンポリですよ」っていう人はたくさんいて、でもそれこそが「政治的な表れだー」って批判するんだけど、ノンポリが政治であるという話は、

……鋭い論争
「反復帰」論は、単に「日本」という国家への統合に反対するだけではなく、国民国家という制度そのものを再考・批判し、別なる共同体のあり方を構想するという思想的展開を見せた。これに対して、日本共産党＝沖縄人民党による激しい反論が行なわれた。特に、新里恵二による新川明批判は特筆すべきで、雑誌『青い海』（おきなわ出版）四六号（一九七五年一〇月）から五七号（一九七六年二月）誌上で、両者による激しい論戦が展開された。新里が、伊波の「日琉同祖論」を、民族統一路線の理論的根拠として頼みにしていたのに対し、新川はこれを「同化主義」であるとして痛烈に批判した。結局、両者の主張は最後まですれ違い続けたが、伊波を「苦悩の思想家」として理解するなど、両者が共有している認識もあったことが見てとれる。

後期日琉同祖論
崎濱紗奈『伊波普猷の政治と哲学――日琉同祖論再読』（法政大学出版局、二〇二二年）で論じられた概念。伊波普猷の「日琉同祖論」について、ソテツ地獄を境として、それ以前を「前期日琉同祖論」、以後を「後期日琉同祖論」

だったら全部政治になっちゃうよね。

崎濱　そうそう。

冨山　で、ある意味なにも言ってないのと同じみたいになって、そこで止まっちゃうのよね、話が。ノンポリの政治だよ、終わり。それを乗り越えられない。だからかな、伊波の「後期日琉同祖論」、つまりオモロの世界に政治があるというふうに思えなかったのね。多分、伊波的には、そこで止まってるんだよね。それを引きずり出して、一度下ろしていく作業っていうのは、場に下ろしていく、伊波の消し去られた部分から政治をもう一度再開するというのは、多分、伊波からではなかなか難しい。それを読むことで設定し直すような作業があるんだろうなあと思って。そこまで考えながら読めていいはなかった（笑）。

オモロのあの文章が、なんかもう、ごちゃごちゃと面倒くさかったっていうのもあるんだけど。古典研究ってのは、めんどくせーなーみたいな。そこで終わっちゃったのもいけなかったんだけど、どっかで自分にとっての政治を語る言語のフォーマットに引っかからなかった。その先にあるのはノンポリの政治である、みたいな。

それは確かにそうなのだけど、それは全てが政治であるって言ってるようにもなっちゃう。そこをそうならずに堪えながら読むということができてなかったな、というのがあるんです。でも、そこに実は天皇制の話があった。やっぱり、ここからもっぺん話をすべきよね。

「天皇制と向き合おうとした伊波普猷」という読み方

崎濱　そうですね。いま先生がおっしゃってくださったのは、私の本の第四章や第五章にかかわ

として定義している。従来の伊波普猷研究は主に「前期日琉同祖論」を検討対象としてきたが、本書は「後期日琉同祖論」に焦点を当てて論じている。崎濱によれば、「前期日琉同祖論」が自由主義的な発想に基づいた多文化主義的な世界を構想しているのに対し、「後期日琉同祖論」は、世界の基盤自体を問い直す根源的かつ存在論的次元を射程に置いている。

本源的蓄積
資本主義的な生産様式が成立するための前提をなす蓄積。具体的には、農民が土地などの生産手段を奪われることによって、労働者へと転化させられていく歴史的過程を指す。

る部分なのですが、私は最初から伊波普猷の一九三〇年代のテクストを、確信をもって天皇制や政治にかかわるものとして読んでいたわけでは全然なくて……。むしろ、一九一〇年代に書かれた伊波普猷のテクストに関しては、これまでの研究の中でもうほとんどのことが言い尽くされているし、私が何か新しいことを言うのは難しいなあという、言ってみれば挫折感からの苦肉の策で、三〇年代のテクストをじっくり読んでみようと思ったというのが正直なところです。

ただ、三〇年代のテクストにこだわった理由をもう一つ強いて挙げるとすれば、伊波普猷の沖縄戦をめぐる発言をどう評価するかという問題があります。伊佐眞一《いさしんいち》さんが二〇〇七年に発見されたのですが、米軍の沖縄上陸後、伊波普猷が一九四五年四月三日・四日に書いた「決戦場・沖縄本島」という東京新聞の記事があります。この記事が発見されるまで、沖縄戦についてほとんど何も語らないか、あるいは語らなかったとしても、戦争に対して批判的であったであろうというふうに思われていた伊波が、実は戦意高揚とも読めるような文章を書いていたという事実は、当時衝撃を持って受け止められました。この事実をどう解釈するべきかをめぐる激しい論争が、二〇〇七年に伊佐さんが書かれた『伊波普猷批判序説』を発端に展開されました。

この論争を読んだ時、これは結構難しい問題だなあと思ったんですね。それこそ、正しいか正しくないかで判断するならば、現時点からみれば、戦争に加担する文章を書いたことは当然正しくないことと言えるわけです。その正しくないことをめぐって、「当時の伊波にとっては仕方なかったし、たとえ加担する姿勢を見せているとしても、彼の中に戦争への抵抗を読み取ることができる」というような、ある意味伊波を擁護するような読み方ももちろん可能だと思いました。でも、どうもそれだけだと伊波普猷の思想の核心的な問題、彼が抱えてしまったなんらかの思想的な躓きというものが見えないんじゃないか、とずっと気にかかっていました。

でも、その躓きがいったいどこにあるんだろうかということが、よく分かりませんでした。だからこそ、沖縄戦に至るまでの間、ソテツ地獄以降、伊波普猷はいったい何を考えようとしたの

伊佐眞一
一九五一年生まれの歴史家。伊波普猷の卒業論文や「決戦場・沖縄本島」（『東京新聞』一九四五年四月三日・四日）の発見など、伊波普猷の思想を理解する上で重要な業績を残してきた。主著に『伊波普猷批判序説』（影書房、二〇〇七年）、『沖縄と日本の間で：伊波普猷・帝大卒論への道』（上・中・下、琉球新報社、二〇一六年）がある。

『伊波普猷批判序説』
二〇〇七年刊行、伊佐眞一著。自由主義者で、同化主義に批判的な人物という、従来の研究における伊波普猷像に疑義を呈した一冊。とりわけ、本書でも紹介されている、伊佐が発見した「決戦場・沖縄本島」という東京新聞の記事は世間に衝撃を与えた。この記事が発見される以前は、伊波は時勢に対しては沈黙を貫いたとする見方が一般的であった。しかし伊佐は、「決戦場・沖縄本島」や同時代状況の分析を通して、伊波が戦争を肯定する態度を見せていたのではないかという視点を提示した。「祖国復帰運動」を思想的に支えてきた伊波普猷の否定的な側面は、多くの人に動揺を与え、同記事の解釈をめぐって論争を巻き起こした。

かという問いが、自分の中で答えを出してみたいテーマとして残り続けました。でも、こういう明確な問いがあったとしても、一九三〇年代に伊波が書いたものは、単に文章に沿って読むだけでは、私にとっては退屈で単調な文章で……（笑）。オモロやミセセル、クェーナといった古い謡をどう解釈するべきかということについて、伊波は延々書いているわけです。これをどう読んでいいのか分からない、というのが正直なところでした。

しかも、ソテツ地獄に直面して、今までの自分のやり方を全否定するような「琉球民族の精神分析」という文章を書いて、沖縄を根本的に救済するためには郷土研究が必要なんだ、と宣言してから、こういう研究に深くのめり込んでいくわけです。現実の沖縄の貧困を救済したいという思いと、古謡の研究という、一見すればどのように関係しているのか分からないこの落差が、伊波普猷の中でどのように繋がっているのかを考える必要があると思いました。

伊波が向き合おうとしたのは、ひょっとすると天皇制にかかわる問題なのかもしれないと思い立ったきっかけは、伊波に大きな影響を与えた民俗学者である折口信夫と柳田國男の文章や、彼らに関する研究書を読んだことでした。特に柳田は、日本の都市と農村の格差ということを非常に深く考え、それに対する一つの処方箋として、一国民俗学という方法をスタートさせた思想家なので、伊波に通じる姿勢があると感じました。折口信夫についても、強烈な近代批判という意識があって、そうであるがゆえに古代に遡るという態度があるわけです。

伊波普猷は彼らから確実に影響を受けていますが、彼らの方法をそのまま摂取したというよりは、伊波普猷流にアレンジして、彼のオリジナルな実践として、三〇年代のテクストが書かれたのだろうな、という着想を得ました。先ほど触れた、拙著の第四章と五章は、その着想をなんとか発展させるべく、こうじゃないかな、ああじゃないかなとあれこれ考えて書いた部分です。はじめは手も足も出なかった三〇年代のテクストでしたが、柳田や折口のテクストと照らし合わせて読んだ時に、天皇制や近代に対する批判がここには書かれているという実感が得られました。

オモロやミセセル、クェーナ 古琉球のウタ（歌謡）。伊波普猷は、国学者・折口信夫の影響を受けつつ、神の託宣を共同体で唱和し伝承したことがウタの起源であると論じた。これらの古いウタの中にこそ今は失われた思想が眠っていると考えた伊波は、歌謡研究にその晩年を捧げた。

そういう読み方が可能なんじゃないかなというふうに気付かせてもらった直接のきっかけは柳田と折口ですが、そもそもソテツ地獄と三〇年代のテクストの落差、繋がっているはずなのに繋がっているようには見えない、その非／連続性について考えようと思ったのは、冨山先生の『近代日本社会と「沖縄人」』を繰り返し読んだからです。もう一つ、大きな影響を受けたのが、ウェンディ・マツムラさんの *The Limits of Okinawa: Japanese Capitalism, Living Labor, and Theorizations of Community*（邦訳書『生きた労働への闘い：沖縄共同体の限界を問う』）です。この二冊から、沖縄が資本主義にどのように包摂されていったのか、あるいは弾き出されていったのか、という問題を考えることの重要性を学びました。

言い換えればそれは、伊波普猷を読むことの現在的意義を発見したということかもしれません。「貧困」という、近代以降ずっと沖縄が抱え続けている状況があります。「貧困」というのは、一見分かりやすい言葉ですが、実はその実態は捉え難い、複雑な事象として存在しているわけです。その象徴的な事象としてソテツ地獄があるわけですが、ソテツ地獄は決して過ぎ去った過去の経済危機ではありません。冨山先生が『流着の思想』で論じられているように、ソテツ地獄が出来るに至ったプロセスや、それがもたらした状況に連続する形で現在があるわけです。その連続は、単に切れ目なく地続きであるという意味ではなくて、いくつもの断絶や切れ込みが刻まれつつも、いまに繋がってしまっているというところが重要であり、だからこそ、沖縄における「貧困」というものは、簡単に答えが出るものではない課題であると言えるわけです。

別の言い方をすれば、この問題を解きほぐすためには経済的な施策や行政だけでは不十分であり、歴史学・思想・哲学といった、一見現実の問題からは遠いようにも見える方法を駆使して考えなければ、その全貌を解き明かすことはできない、と私は考えています。だからこそ、伊波普猷を読むということは、現実の問題を考える上で、実はとても「役に立つ」（この表現は好きではありませんが）と思います。

もがき、苦しんだ「臆病者な伊波普猷」

冨山　そうそう、「決戦場・沖縄本島」をめぐる話を崎濱さんのこの本を踏まえてもう一度議論するのは面白いと思うんですよね。当時の議論で真っ先に感じたのは、何故みんな伊波普猷に完璧な正しさを求めるんだろうということでした。あるいは、完璧じゃなければ部分的に頑張ったとかね、何故そういう読み方になるのかなあ、というのがまずあって。たとえそこで天皇主義者に転向したとしても、鶴見俊輔の転向論を踏まえて言うと、変わったとしても変わってない部分を考えるのがポイントなわけよね。変わったとしても、たとえそれが許されない変わり方であったとしても、議論するべきことはそれだけじゃないやろ、と。それなのに、なぜ正しさだけで議論しちゃうのか。あるいは、大変だけれども頑張ったんだ、というような話にしちゃうのか。むしろ、伊波普猷が読まれる空間が貧困化してるんだろうなあというのは、まずすごく感じたんですよね。

でもまぁ、そういうこともあるやろうし、それも踏まえたうえで、もう一度伊波普猷ゆっくり考えたらいいんじゃないんだろうかと思っています。完全無欠の一つの正しい思想なんて、そんなものあるわけない。あるわけないのに、どうしてそれを求める形でしか読まれなくなったんだろうなあということを考えています。基本的に私の考える伊波普猷は、臆病者だし、臆病者だからいっぱい気付いていたし、いろんなこと考えているみたいな、そんな人間像なんで。

臆病者っていう言い方が良いのかどうか分からないけど、まあそうであるが故にいろんなことが先んじて分かっちゃうのであって。その場その場で正しい政治的発言をし続ける人だとは全然思ってなかった。だから伊佐真一さん達が、なんでここでそんなに挫けるんだろうという気はすごくしたんですよね（笑）。

でも崎濱さんは、そこにある伊波の抱える苦悩というのかな、ソテツ地獄以降の、ものすごく孤独な戦いの中にいる伊波の文章として「決戦場・沖縄本島」を読み解いた。そこが凄いと思うし、それを踏まえてもういっぺん議論、伊佐さんも含めて議論になったらいいんじゃないかな。そうすることで、思想というものの領域も豊かになるだろうし、もう一度伊波普猷というものが、文字通り古典として、良い意味の古典として、ちゃんと位置づけられていくんだろうなあと思うんですよね。多分、いろんな読み方がまた出てくるように思うわけです。

崎濱　そう思います。先生がいま、「臆病者な伊波普猷」とおっしゃいましたが、私も同じ印象を持っています。伊波普猷にどうして惹かれてしまうのかということを考えた時に、彼が決してかっこよくはない、ということが一つの理由としてあると思います。伊波は、あれこれ考えてごちゃごちゃ書き散らした形跡を、見せてくれます。彼自身がこうかもしれないし、でもこうではないかもしれない、というようにかなり迷いながら書くわけです。読者としては「えっ、どっちなの？」とイライラさせられるような書き方をしているところがあります（笑）。なんというか、等身大の伊波普猷という人間が悩んだ痕跡を見せてくれますよね。

冨山　もがいてる感じ、藁をも掴むみたいな、ね。

崎濱　そうですね。そうせざる得なかったのは、伊波が根源的な大きな問いを抱えていたからなんだろうなあと思います。研究というものが、取り戻すべき姿があるとしたら、そういうもがく態度なんじゃないかなと思います。綺麗に上手に書く作法身に付けるのは、研究者として確かに最低限必要なことかもしれないけれども、果たしてそれで、満足してしまっていいのか、いやそうじゃないだろう、と思います。

じゃあ研究ってどうあるべきか、ということに対して伊波普猷が示している一つの答えは、もがき、苦しみ、あれこれ試行錯誤する痕跡を残すことだと思います。そういう痕跡を、あとから読んだ人が「ああ、なるほどなあ。自分と同じように苦しんだ人がいたんだな」というふうに思わせることも、研究者が果たすべき一つの役割なのかなあと思います。

冨山　それにまあ、しんどいかもしれないけど、一人でやったらしんどいかもしれないんだけど、十人ぐらいでもがいてたら楽しいかもしれない。

崎濱　そうですね。

冨山　解決はしないけど。でも、とりあえず政治って解決を求めるし、結論を求めるし、実際に制度がそうなっている以上、制度に合わせて物言う必要がある。それでも、どうしようもない、解決がつかないような話はいっぱいあるし、下手したらそれがなかったかのようになるわけですよね。分かりやすい政治ばっかりで、正しさばっかりだったら、正しいのか、正しくないのかも分からないけども、抱え込まれてるはずの話が、消えていく。話が最初のほうに戻るんだけれども、やっぱそれを消さないで保持し、確保し、ちょっとでも、何か繋げていくというか、拗《こじ》らせていくというのかな。それは研究の得意技やと思うのね

崎濱　確かにそうですね（笑）。

冨山　答えだすのは研究の得意技じゃないと思う。拗らして、面白がる。きっと面白いだろうなと思うんだけど、その領域、あるいは、それをやり続ける場所みたいなものが最終的に主体、場としての主体みたいな話ときっとかかわるんじゃないかと。そう信じてるんだけど（笑）。

崎濱　おっしゃる通りだと思います。もがき苦しんでいるはずのことを、分かりやすい正しさ、分かりやすい政治、簡略化されたカテゴリーで考え語った気になってしまうと、絶対にそこからあぶれる領域が発生します。そのあぶれる領域こそが、言語化できずに私たちに苛立ちや苦しみをもたらすものであると同時に、思考の出発点になるものだと思います。

冨山　そうそう。

崎濱　直観的な物言いでしかないんですけれど……。現状の沖縄とは少し違う話になってしまうかもしれないんですが、私が育った頃の沖縄は、ある意味暴力的な子ども社会が存在していました。小学校六年生ぐらいになると不良の仲間入りをして、酷ければ薬物に手を出したりとか……暴力に晒され、暴力に満ち溢れたの世界ですけれども、それを分かりやすい正しさで、それは悪いことだ、そうしちゃ駄目なんだと切って捨てられるような領域ではないと思います。むしろ、どうしてもがき苦しんでいるのか、自分がどういう状況に置かれてしまっているのか、そういう問いを発見して向き合う、何かしらの手掛かりになるような表現方法の一つとして言葉があると思います。反対に言えば、表現として昇華しきれない情動や感情が、暴力という表現になってしまうのではないか、と。

日常世界における暴力的な領域と、拗らせるのが得意な、研究という営みは、遠いようでいて、実は近くにあったら何か、新しくて、面白い化学反応が起きるものかもしれないなあとも思います。それほど簡単にはいかないとは思いますし、そういう実践が、どういう形で可能なのかまだ全然分からないですけれど、そういうことが何かできたらいいなあと思っています。

冨山　それも、伊波普猷とどう関係があるのかと言われそうだけど、実は繋がってるわけですよね。伊波普猷自身、言葉を作るような営み、それこそ政治だと考えたはずで。政治の言葉から排除されている、しゃべってもほったらかしにされる、聞かれない、そういう領域があるわけで、言葉の秩序を変えないといけない、それは知の在り方の問題で、伊波普猷は、そこでもがいてたよね。もうどう言っていいか分からんようなことを、なんとかかんとか言おうとしていたわけで。

崎濱　そうですね。伊波は、図書館という場をサロンのようにしたり、自宅を開放して子どもたちを集めたり、各地を行脚して講演活動してみたりといったように、たくさんもがきながら、同時にたくさんの文章を書き残しました。いわゆる実践と、書くということを同時にやってのけた、そういう人だと思います。

冨山　はい。そういう伊波普猷の新たな展開が崎濱さんとの対談で浮かびあがったと思い……。

——締めなくて大丈夫です。

（一同　笑い）

東京・高円寺、コクテイル書房にて

munugatai 7

教育熱心な沖縄をひも解く

リーダーシップ論から働き方の獣道まで

浅野 誠
古波藏 契

浅野　誠【あさの まこと】

一九七二年に沖縄生活を始め、「中座」期をはさんで四〇年近くの沖縄生活。大学教員を五〇年余り続けた後、南城市玉城で自然と人々とつながりつつ執筆活動を中心に人生創造を楽しむ。ブログ「沖縄南城・人生創造・浅野誠」https://makoto2.ti-da.net/で発信。最近著『〈老の生き方〉を創る　老を嘆くな、誇ろう』（アマゾン発売）、『生き方が変わる』（アマゾン発売）、『沖縄の子ども』（アマゾン発売）、『魅せる沖縄――私の沖縄論』（高文研）、『沖縄おこし・人生おこしの教育』（アクアコーラル企画）、『沖縄　田舎暮らし』（アクアコーラル企画）。

古波藏　契【こはぐら けい】

一九九〇年沖縄県浦添市生まれ。明治学院大学社会学部付属研究所研究員。博士（現代アジア研究）。戦後沖縄を対象とした歴史社会学研究の他、栄町共同書店の運営、自治体・省庁等のコミュニティ政策に携わる。主著に『ポスト島ぐるみの沖縄戦後史』（有志舎、二〇二三年）、ボーダーインク編『守礼の光が見た琉球』（監修、ボーダーインク、二〇二四年）、「日常のなかの冷戦」（歴史学研究会編『日本復帰50年：琉球沖縄史の現在地』東京大学出版会、二〇二四年）など。

■コーディネーター　古波藏契
■対談日　二〇二四年二月二五日

『沖縄の教育実践』から『魅せる沖縄』まで

古波藏契　初めに、教育というテーマで浅野さんにお話を伺おうと考えた理由から話し始めたいと思います。教育については、何を教えるべきか、つまり教育の内容については色々な人が議論されています。が、そもそも何を教えるかというより、どう教えるか、つまり教育の形式についても議論すべきだと思っています。

教育には社会的に良い面も悪い面もありますが、僕が浅野さんの文章を読んでいて気づかされたのは、人間が自分の人生を組み立てる時の基本的な型になるようなものが学校という場で作られていることです。そういう教育の形式面については、あまり考えられてこなかったと思いますが、それを浅野さんは「ストレーターコース」や「ところてんコース」といった言葉で主題化している。そこで社会の中で教育が果たす役割について、浅野さんの考えをお聞きしたいと思います。

もう一つは、それだけではちょっとまずいよね、という時に、どうしていくか。たとえば民主主義を担い得る人間を育てるために、学校がどういう場所であるべきかについても、浅野さんは考えてきたと思うんです。一九七二年に沖縄が本土に復帰したタイミングで浅野さんが沖縄に来られ、それ以来ずっと考えてこられたと思うんですけど、まずはその辺りからお話しいただければと思います。

浅野誠　一九七二年の四月一〇日に那覇港に降りたって、最初はドルを使う生活だったんですけど、いろいろ衝撃を受けるわけですね。その前に沖縄出身の妻と東京で出会い、自分の世界が大

ストレーターコース
「良い」高校→「良い」大学→「良い」会社→社内出世　というコースをできる限り早く高く進む人生コース。ここで「良い」とは点数・偏差値が高いという意味だ。沖縄でも一九八〇年代から多くの子どもも若者がこのコースを歩もうとしてきた。浅野誠の造語。
ところてんコース
寒天を後ろから押し出してところてんを作るように、定められたコースを受動的に歩む生き方。

転換しました。沖縄に来た当初は東京から来たというだけで特別扱いを受けました。当時、沖縄の教育界は文部省型と教職員組合型で大きく対立していました。私は民間教育研究運動に深く関わっていて、その分野の知識を得たい人たちが大挙して訪れるものだから、それに応えるために精一杯やるんだけど、すぐに「本土志向」や「本土並み」の志向がものすごく強いことに気づきました。行政だけでなく、批判的な立場の人たちも同様でした。

本土並みの民間教育研究運動について知りたいという事で、僕なりに紹介はするけれど、その構図自身がちょっと違うんじゃないかと、わりと早い時期に思い始めて。その頃一番刺激をくれたのが、新里恵二《しんざとけいじ》の『沖縄史を考える』という本。その本では、沖縄の教員が本土志向のコンプレックス構造を強く持っていることが書いてありました。沖縄の教員は自己評価が低く、沖縄のものをすべて駄目だと考える傾向がありました。その構造を見ながら、僕は逆に、自分の頭で自分達のものをもっと高く評価して良いんじゃないか、沖縄にも良いところはあるじゃないかと発言し始めました。

その頃、富田哲という中学校の教師と出会いました。一九七三年九月頃、栄町の飲み屋で彼と出会って、夜中まで激論を交わしながら、雑誌を作ることを考えた。『民主的な子を育てる』というタイトルで、沖縄生活指導研究会が中心になって、そこの機関誌を作りました。その機関誌は一〇号ほど発行されましたが、途中から他の団体も参加するようになって、『おきなわの教育実践』という名前に改めました。

その頃、『沖縄思潮』という雑誌からも注目されて、そこでも原稿を書きました。雑誌は長く続かなかったんだけどね。大城立裕《おおしろたつひろ》さんが編集長でした。嶋津与志《しまつよし》（大城将保）さんが事務局長みたいなことをやっていて、彼から頼まれて原稿を書いた。

実践記録を書いてもらうのは苦労しました。だいたい「私は駄目だ」と逃げるんですよ。だから家まで押しかけて「今書け」と言って書かせました。それが始まりです。

『沖縄史を考える』
新里恵二、一九七〇年、勁草書房より刊行。沖縄史研究のありようにかかわる示唆と影響が大きい研究書。その中の小論「沖縄近代史のなかの教職員層」は、沖縄教員の歴史的特性を見事にえぐりだした。

『おきなわの教育実践』
一九七三年創刊の「民主的な子を育てるために」を、その一〇号以降を一九七八年一月に改題して沖縄生活指導研究会が刊行した。生活指導研究会だけでなく、いくつもの民間教育研究団体から編集委員を集め、それらの機関誌のような性格をもって発刊された。現場教師の実践記録を中心に編集された。

大城立裕
一九二五年中城村生まれ。沖縄出身者として初めての芥川賞を受賞。文学者としてだけではなく、教育分野でも影響力を持っていた。二〇二〇年没。

嶋津与志（大城将保）
沖縄戦を中心とした歴史研究で知られる。嶋津与志はペンネーム。

その後も色んな場面で発言をしてきました。最初に議論の渦に巻き込まれたのは、沖縄の学力問題。大浜方栄《おおはまほうえい》さんという医師会の会長もされてた方が「沖縄の学力低下は教師が最大の責任者だ」と言うんです。それについては新聞やテレビでも議論しました。私が司会をしたテレビ番組の生放送をしている間に、電話がいっぱい入ってくるわけ。すごい視聴率だと驚きました。

その論争の中でも、沖縄の教師も親も、もっと自信を持つべきで、沖縄に足りないものは自分達で作らなきゃいかんと言って。それで最終的に書いたのが、一九八二年の『沖縄教育の反省と提案』です。

当時、私は、いろんな人にあちこちで使われていました。その際、沖縄の教師たちに自信を持つようメッセージを送り続けました。そして、実践記録を書くことを促して、約一八年間その活動を続けたんです。その後、愛知の大学に移り、二〇〇四年に沖縄に戻ってきましたが、意外なことに、沖縄の教育界はあまり前進していないと感じました。

特に学力テストの時代になり、ヤマト志向がさらに強まっているように見えました。その感想を少し書いたことがありましたが、この課題は宿命的かつ歴史的なものだと感じました。それで沖縄の歴史研究や教育史研究を続け、二〇一一年には『沖縄おこし・人生おこしの教育』、二〇一八年には『魅せる沖縄』を書きました。『魅せる沖縄』では、沖縄独自のものについても自分なりに整理しました。

古波蔵さんが私の眠っていた原稿を引っ張り出したので、私もまだ死ぬわけにはいかないと感じました。今は全く別の作業に取り組んでいて、「老い」についての本を書いています。その後、再び沖縄教育論を復活させなければならないと考えていますが、その時は古波蔵さんにも参加してほしいと思っています。

古波蔵　是非是非。でも、その前に聞きたいことがたくさんあります。たとえば、浅野さんの闘いは、沖縄でどのように受け止められたのか、ということです。最初に行政側の教育論と当時の

大浜方栄
発言は一九七七年、沖縄県議会でのもの。当時、沖縄県教育委員長。著書に『教師は学力低下の最大責任者』（エール出版、一九七九年）など。

『沖縄教育の反省と提案』
浅野誠著、一九八三年、明治図書より出版。実際には一九八二年秋には流通し、県内を中心に広く読まれた。戦後沖縄教育実践史の検討をもとに、同時代の沖縄教育実践の特性と課題を分析・提起している。

『沖縄おこし・人生おこしの教育』
浅野誠著、二〇一一年、アクアコーラル企画より刊行。

『魅せる沖縄』
浅野誠著、二〇一八年、高文研より刊行。歴史的検討を踏まえ、現代の沖縄の特性を問う。古波蔵契『ポスト島ぐるみの沖縄戦後史』にも影響を与えた問題提起の書。

沖教組的な教育論があり、そのどちらにも属さない立場を浅野さんたちは追求していましたが、それについてくる人達の動き、あるいは離反していく人達の動きについて聞かせてください。
　原稿を書かせようとした際に逃げ回る人たちは、面倒くさいと感じたのか、それとも書いたらどんな目で見られるか分からないと恐れたのか。浅野さんたちの活動に巻き込まれていく人たち、あるいは距離を置いて見ていた人達はどんな考えだったのでしょうか。

本土指向の沖縄独自路線

浅野　当時はまだ復帰運動の影響が残っていて、教育界でも沖教組の組織率はほぼ一〇〇％近かったです。教師たちは、文部省的に進めるのか、それとも違う方法を取るのかという二つの選択肢があると感じていたでしょう。
　一九七三年頃、沖教組の教研集会の中央集会に参加しましたが、当時はまだそれが非常に盛大でした。支部集会では全校が休校し、ほぼ全教員が参加していました。中央集会はたしか千人近く集まるような集会で、私は講師団のまとめ役に指名されました。当時、私は二六歳か二七歳で、指名されたことに驚きましたが、わりとズバズバ言ったんですよ。演壇にスローガンがいっぱい掛かっているけど、日頃やっていることと、中身が違うんじゃないかと。中教審路線を対抗し乗り越え、新たな民主的な教育を作ろうというスローガンなんだけど、各分科会の話を聞いていると、新学習指導要領をどう具体化して実践するかという話になっている。どっちにするかという問題ではなくて、どうするかという事を自分達で考えなきゃいかんのが沖縄の教育の課題じゃないかということを提起したんですよ。

沖教組
沖縄教職員組合。日本復帰前に存在した沖縄教職員会を改組して一九七一年に発足。革新陣営の中心を担った団体の一つ。

実は教研集会、中央教研ばっかりじゃなくて、六つぐらいある支部のほぼ全部で記念講演をやってるんですよ。自分の専門は生活指導だけど、それ以外も頼まれれば全ての分科会に出て行きました。そういう意味では沖教組の側も僕に関心を持ってくれていたのは確かでしょうね。当時、沖教組の幹部をやっていた人が大体校長になった時代だから、指導要領そのままやろうというのも、本人たちそんなに矛盾は無いわけ。でも、実は違うんだという話になってきた。

八〇年代に入ると、大浜方栄さんの発言による組合攻撃のような動きが本格化し、特に国体での日の丸掲揚問題が一九八〇年代半ば頃から大きな議論になりました。当時の教育委員会はほぼ文部省の言いなりで、沖縄独自の教育についての話はあまりありませんでした。せいぜい、運動会とか何かのマスゲームの中で沖縄の音楽を入れたり、エイサーを取り入れたりだとか、ちょっとした沖縄的味付けをするだけに留まっていた。それに対して僕は、沖縄をどうするかという課題に向き合っていく、子ども達を育てるという課題を避けて、沖縄的な味付けをしてるだけじゃないかと、そういう発言をしてましたね

古波藏　想像できます。「沖縄独自」と言いながら、大枠は本土と一緒で、表面だけ沖縄的装飾をふりかけるようなやり方ですね。

重ねて似たような質問になるかもしれませんが、僕が浅野さんの議論を発見したのは、大城立裕さんや新里恵二さん経由です。彼らは平和教育の形骸化を批判していました。沖縄戦という本土の他の地域にはない経験があっても、それを教える方法というのが、当てはめ学習的というか。六月二三日だとか、八月一五日だとかになると、「二度と悲惨な戦争を起こしません」といった宣言を子どもに言わせて、戦争体験が継承されていることにする、みたいな。新里さんは平和教育の「修身教育」化という言い方もしていますね。

新崎盛暉《あらさきもりてる》さんも生前、同じような批判をしてきました。いくら日本政府批判、中央批判をしたとしても、それが正しかったとしても、沖縄の民主主義を担えるような人間を育てる仕事は、や

日の丸掲揚問題
一九八六年文部省から沖縄県に対して、高校の卒業式に君が代の斉唱・日の丸掲揚実施の通達があり、県教育庁は各高校に指導を行い、それまでほぼゼロだった斉唱・掲揚が多くの卒業式で強行され大混乱となった。その年度の実施率は八〇%である。八七年沖縄で行われた「海国国体」では、読谷村のソフトボール競技会場で掲げられた日の丸を、反戦地主が引きずり下ろし焼却する事件があった。

新崎盛暉
一九三六年生まれ、二〇一八年没。沖縄戦後史の研究者であり社会運動家でもあった。一九六一年に東京大学を卒業後、東京都庁で働きながら英文学者・中野好夫の設立した沖縄資料センターの運営に携わり、沖縄関係の研究と執筆活動を行う。復帰後、両親の故郷である沖縄に移住し、沖縄大学で教鞭をとり学長も歴任。金武湾闘争や反戦地主の運動など様々な社会運動の伴走者でもあった。

はり残っている。

この議論の水脈は面白いなと思って辿っていったら、浅野さんがいらっしゃったんですよ。それであらためて気になるのは、七二年からそうした活動を続けてきたにもかかわらず、二〇〇〇年代に沖縄に戻ってみると進展が見られないのはなぜなんでしょう。これは教師たちの問題なのでしょうか、それとも親たちが受験にばかり注力しているからでしょうか、それとも何か別の問題でしょうか。このあたりはどう見ていますか？

沖縄の教育におけるリーダーシップ問題

浅野　いろいろな要因がありますが、一つはリーダーシップの問題です。一九六〇年代までのリーダーシップは、明らかに屋良《やら》朝苗《ちょうびょう》さんや喜屋武《きゃん》眞榮《しんえい》さんをはじめとする沖縄教職員会の指導者たちが担っていました。彼らは琉球政府文教部の部長を務めていたこともあり、沖縄教育に対する気概がありました。

一九七七年か七八年に、田港朝昭さんと一緒に屋良朝苗さんにインタビューしたことがあります。その時、彼が言ったことを付け加えると、県外では平和教育の原点として「教え子を再び戦場に送らない」という考え方がありました。教師の戦争責任を追及することが大きな課題だったのですが、沖縄ではこの問題がほとんど浮上してきませんでした。それが不思議で、今でこそ沖縄戦の問題が明らかになってきましたが、例えば加害責任の問題も、言われ始めたのは七〇年代終わりか八〇年代に入ってからですよ。

そうした中で、平和教育に関しても、最初は責任や構造の問題に深く踏み込むことがなく、感

屋良朝苗
一九〇二年生まれ、一九九七年没。教育者、政治家。戦前、沖縄師範学校と広島高等師範学校を卒業後に沖縄で教鞭をとり、その後台湾へ。戦後沖縄に引き揚げると、沖縄群島政府の文教局長に抜擢。一九五二年に設立された沖縄教職員会の会長となり、六〇年代に入ると復帰協の会長も歴任。一九六八年に初の公選による行政主席（現在の県知事）選挙に出馬し当選。二期にわたって主席・県知事を務めた。

喜屋武眞榮
一九一二年生まれ、一九九七年没。教育者、政治家。屋良の右腕として教育の復興や復帰運動に携わった。一九六〇年代には沖縄教職員会や復帰協の会長を歴任し、七〇年の国政参加選挙にて参議院議員として当選し五期務める。空手家としても高名であった。

どっちにするかという問題ではなくて、どうするかという事を自分達で考えなきゃいかんのが沖縄の教育の課題じゃないかということを提起したんですよ。……沖縄をどうするかという課題に向き合っていく、子ども達を育てるという課題を避けて、沖縄的な味付けをしてるだけじゃないかと、そういう発言をしてましたね。

浅野誠

情的に戦争はおかしいよね、という話に留まっていました。しかし、七〇年代に入ると、大城将保さんや石原《いしはら》昌家《まさいえ》さんをはじめとする多くの人が、より突き詰めた議論を進めていきました。そうした動きの中で、沖縄のリーダーシップをどう育てていくかという問題が浮上しました。教育センターや沖教組の教育研究所もあったけど、必ずしもそのような人材が育つ場にはなっていなかったわけ。

私自身は『沖縄の教育実践』の編集を通じて、例えば屋良朝苗さんへのインタビューを行ったり、他にも一見して関係ないような人も登場させたりして、視野を広げる作業を行いました。これが良かったかどうかは分かりませんが、沖縄の民間教育研究運動のリーダー集団を作ろうという意図はありました。結果として、七〜八個ぐらいの研究団体ができたのかなぁ。

そういう活動の中で、一九八二年に『沖縄教育の反省と提案』を書きました。これが予想外に売れましてね。比嘉靖という高校の教員で、彼もすごい活動家だったんですが、指導主事を務めていて、この本を一週間で数百部売ったんじゃないかと思います。形式上の発行年は一九八三年となっていますが、実際の発行は一九八二年の一〇月です。一一月にはもう残部がなくなり、増刷しました。かなり関心を持たれていたんです。

しかし、琉球大学やその他の大学関係がどうかと言うと、大学関係者も錚々たるメンバーがいました。安仁屋《あにや》政昭《まさあき》、儀部景俊、石原昌家など、彼らとは常に議論していました。僕はあの頃悪者でね。特に安仁屋政昭なんかには、「あんた、口でしゃべってばかりで、そんな啓蒙型じゃダメだよ」と言っていて。授業は啓蒙ではなく、子どもたちと一緒に考えるべきだと、ワーワー言ってました。

唯一、それに応えてくれたのが田港朝昭さんでした。彼は当初、眠くなる授業をしていたんですが、私は「そんな授業じゃダメだ」と言って、生徒や学生を動かす授業に切り替えなければならないと話しました。私自身も授業作りを通して成長しようと努めましたが、最初の五年間は失

石原昌家
一九四一年台湾宜蘭市生まれ。戦後沖縄に引き揚げ、復帰前の大阪で社会学を学ぶ。帰郷後は沖縄国際大学で教鞭をとり、沖縄において平和学の導入にも尽力した。戦争体験や沖縄戦後史（密貿易、コザロック、郷友会など）について学生たちと聞き取りを進め、数々の生活史を残している。

安仁屋政昭
一九三四年生まれ。歴史学者。一九五〇年代後半に広島大学で歴史学を学び、帰郷後は高等学校の教諭を務める。その後、沖縄史料編集所を経て、沖縄国際大学にて教鞭をとった。沖縄史料編集所では、戦争体験者の「聞き書き」を行い『沖縄県史10巻（沖縄戦記録2）』の発刊にも携わった。

敗ばかりで、当時の学生たちは私を「鬼の浅野」と呼んでいました。怖い先生だったんですよ、不可ばっかり付けて。今は「仏の浅野」ですけど、後に琉大で教えることになる里井洋一は鬼の浅野の最後の学生です。

授業を面白くするというのは、要するに一方的なレクチャー型の授業から、色んな事をやる授業にしようということだったんですが、これが僕のもう一つの顔にそのままなって、いまだに引きずってきています。

古波藏 浅野さん達の運動が立ち消えたわけではないと思うんですが、ある程度周囲の理解を得ながらも、その後の教育の問題があまり動かなかった原因について考えています。リーダーシップの問題や、人材の培養器になる組織がうまくつくれなかったという話を出ましたが、どうでしょう。社会全体として、そういう変化を求める雰囲気が薄れてしまったという側面もあったのでしょうか？

浅野 今思い出したんですが、もう一つの重要な要因は歴史研究です。なぜこのような構図になっているのか、そう簡単には解明できませんが、近代化のイメージが非常に強く影響しています。特に沖縄の知識人の中には、安里彦紀さんのような人がいます。『沖縄教育の近代化を阻んだ歴史的要因についての研究』という、彼のドクター論文をもとにした本では、産業化、合理化、民主主義化といった近代化をテーマにしています。

この歴史的背景を理解することが、沖縄の教育におけるリーダーシップの問題を解く鍵になります。私の直感ですが、沖縄教育のリーダーシップは近世末期の地方役人層に起因しているように思います。このヒントを与えてくれたのは、田港朝昭さんの琉大教育学部紀要です。一九六〇年代の終わり頃に書かれたもので、私が沖縄教育史に関する最初の論文を書いた時に参考にしました。

当時、卒論で良いものを書いた学生と一緒に近世末期の地方役人層の分析を行いました。教育界のリーダーだけでなく、地方政治のリーダーもこの地方役人層に属していることが分かりました。例えば、南城市あたりでは、旧士族ではなく、ほとんどが地方役人層で構成されていました。この層は、一九六〇年代まで沖縄の教育において中心的な社会階級的背景を持っていました。

沖縄教育史の本を見ると、多くは学校史に焦点を当てていますが、実際には地方役人層が教育にどのように関与していたのかを探らなければ、沖縄の教育の本質を理解することはできません。明治時代に入ってからの就学率が最初は大体一〇%内外で推移していたことも、この背景を理解する上で重要です。

明治政府や沖縄県庁が就学率を確保するに当たって、地方では地方役人層を学校に入れ込もうとしました。当時の士族層との関係でどのように進めるかという問題については、明治政府自体がまだ方針を徹底できていませんでした。例えば、断髪《だんぱつ》問題がありました。このような背景から、明治時代において学校教育をどのように定着させるかという課題は、日清戦争後の土地整理や徴兵令の施行に伴い、学校教員をリーダーに据えることで進められていきました。私は『沖縄県の教育史』において、そのような構図を分析しました。

ただ、私が『沖縄県の教育史』を書いた時には、まさかその後に若手の研究者がこんなに出てくるとは想像していませんでした。おそらく、この本を書いても二〇年は誰もその後を追う人はいないだろうと思っていましたが、実際に出版したら、一〇人ほどの研究者が興味を持って卒論の相談に来るようになりました。しかし、沖縄の現在の教育をどうするかという問題意識を持ち、それを引き受けてリーダーシップを発揮しようとする人は少ないのが現状です。

多少近い存在としては、現在キリスト教学院大学にいる照屋信治さんが沖縄独自の発想を探求していいます。沖縄独自の教育の発想を最初に打ち出したのは森田俊男で、彼は伊波普猷論をはじめ、独自の視点で明治時代の教育の分析に貢献しました。もっと若い研究者に沖縄独自の教育を築くための指導的役割を担う人が増えてほしいと思っています。

断髪問題
明治政府の「断髪令」にならって沖縄でもなかば強制的に進められた。ただ罰則はなかった。明治二〇年代初め頃から学校生徒や教員、宮史を中心に断髪姿が見られるようになるが、世間からの反発も多く、父兄等による学校退学の問題も起こった。特に首里、那覇の旧士族らの抵抗があった。(『沖縄大百科事典』参照)

『沖縄県の教育史』
浅野誠著、都道府県教育史シリーズの一環として、一九九一年に思文閣より刊行。前史時代から明治末までの沖縄教育通史。それ以前の通史が、「学校史」に限定したものであったのに対し、人々の生活の中での教育を視野に入れ、士族だけでなく、庶民の歴史にも光を当てた。

しかし、ご存知のように、琉大では私の後任として教育史の研究者を採用していません。また、琉大教育学部の修士課程も無くなり、今では教職大学院しかありません。そのため、今や沖国大の大学院生に頼るしかない状況です。

生活していく中で築かれる沖縄アイデンティティ

古波蔵　近代のリーダーシップは研究主題としてそれなりに注目されるようになるのに、それを現代の実践に応用する動きにはなかなかならない、と。

今の流れでもう一つ聞かせてください。さっきも出た沖縄の独自性についてです。『魅せる沖縄』でもさまざまな視点を取り上げていますが、表面的に「沖縄色」を出すだけではなく、沖縄独自のものを本質的に追求することが重要だとおっしゃいました。その中身について、もう少し聞いてみたいです。それから、『沖縄おこし、人生おこし』の教育を発表した際に、変な反応があったとおっしゃっていましたが、それはあまり理解されなかったという感触なのでしょうか？

浅野　僕の期待と比べると、もう少し反応が欲しかったというのが正直なところです。教員の間で読書会もあったのですが、あまり大きな反響はありませんでした。私が本気で沖縄の教育をどうするかという問題に真正面から取り組むようになったのは、二〇一〇年代に入ってからです。それまでは新里さんや田港さん等、既成の枠組みや理論を応用していました。しかし、自分の頭の中で再整理をしなければならないと感じて書いたのが、『魅せる沖縄』です。二〇〇四年に第二次沖縄生活を始めた時、沖縄とは何なのかという問いを深く考えるようになりました。例えば、沖縄独立論についてどう考えるか。いろいろと迷いながら考えを進めていきました。

その中で印象深かったのは、トロント（カナダ）での経験です。トロントでは、人口の半分が海外出身で、クラスの子どもたちの九〇％以上がパスポートを持っている小学校を訪問しました。多くが移民や難民の子どもたちで、教室の前の廊下には五カ国語で案内が書かれていました。それに比べて、日本に戻ってくると、特に勤め先の大学があった愛知県では、教室の中はみんな同じ肌の色で、その状況が異様に感じられました。

考えを深めていく中で、沖縄はウチナーンチュとしてのアイデンティティを持ちながらも、実は日本全体の中で非常に多様性に富んだ地域だと気づきました。二〇〇〇年代以降、『沖縄人はどこから来たか』という安里進《あさとすすむ》さんの考古学の研究や、DNA研究などからも、沖縄には多様なルーツがあることが明らかになってきました。特に、千年ほど前に日本本土や朝鮮半島から沖縄に来た人々が沖縄を作り上げたという説が有力になってきたのが二〇〇〇年代に入ってからです。それまでは縄文人と弥生人の二重構造があるという説が主流でしたが、どうやら弥生人が圧倒的に多かったということが分かってきました。

最近では、さらにいろんな説が出てきています。沖縄のルーツがどこか一つに定まるのではなく、さまざまな場所から人々が流入してきたことが明らかになってきました。二〇〇〇年代に入ってからは、第二次人口流入現象とも言える「沖縄ブーム」が起こりました。例えば、南城市で「こどものまち宣言」を作る際にデータを調べたところ、クラスの半数以上の子どもの親が南城市出身ではなく、親もいろんな所から移り住んできたことが分かりました。つまり、沖縄には多文化の背景を持つ人々が多く集まってきており、そこでのアイデンティティは、単なるルーツとしてのものではなく、ここで共に生活する中で築かれるアイデンティティとなっています。

古波藏　実は色んなルーツが掛け合わさって沖縄の独自性を構成しているんじゃないかという見方ですね。

浅野　琉球民族独立総合研究学会の会員になろうとした時、三代ウチナーンチュでなければなら

『沖縄人はどこから来たか』安里進・土肥直美著、一九九九年、ボーダーインク。対談の司会は高良倉吉。改訂版が同社新書として二〇一一年刊行。

ないという条件があると知り、ショックを受けました。私はその会員資格を持っていません。娘や息子は持っているんですけどね。独立学会の考え方には非常に惹かれるものがあるんだけど、沖縄やウチナーンチュのルーツの純粋性を問うよりは、現に沖縄にはいろんなところから集まって来て沖縄を作ってきた、その作ってきた良さみたいなものが大事だと思っています。

特にそれに成功しているのは、音楽や芸能の世界ですね。色んな世界の音楽を、沖縄が沖縄でありつつ、リードしながら新しいものを創り上げています。私は一九八〇年代頃から「異質協同」という言葉をキャッチフレーズにしていましたが、最近では「共同創造」という言葉を使い、異なるもの同士がぶつかり合いながら新しいものを作り上げることが沖縄の強みだと考えるようになりました。

こうした考えが二〇一〇年代の半ば頃から強まり、『魅せる沖縄』を書くきっかけとなりました。最初の頃の考え方とは大分変化していますが、今は沖縄の良さを出す方向で考えていくことが重要だと感じています。

「沖縄の教育熱」の有り様の変化

古波藏　後半にお聞きしたいのは、「沖縄の教育熱」と呼ばれるものの正体についてです。復帰前には内地より高い高いと言われてきましたが、これについてどうお考えですか？

浅野　一括りにして「教育熱」と言うのは避けた方がいいと思うんだよね。教育熱が高いところもあれば、そうでないところもあるから。一九八〇年代、九〇年代と今とでも、教育に対する熱意のあり方も大分違うような感じがするなぁ。

古波蔵　確かに、時期ごとに違いがあるでしょうね。今だけ見ても、一部で熱心に取り組んでいるところもあれば、完全にそれから離れているところもありますし、積極的にドロップアウトする動きもあるように思います。

浅野　意識的にオルタナティブな選択をする人はそういませんが、だんだんそうなるというか。これは沖縄の仕事おこしや就職問題とも関連しています。例えば、芸能やスポーツでは成功しているようですが、仕事おこしではそうでもない。特に実業高校や中小企業の役割についてはあまり注目されていません。教育熱心な人たちの多くが学校教員や医者を目指しますが、最近の若い医者は昔とは随分違います。以前は医者といえば威張っていたというか、権威がありましたが、今の三〇代の若い医者たちは権威をあまり感じさせないですよね。

古波蔵　医者も半分サービス業のようになってきていて、エリートというイメージが薄れてきてるかもしれないです。

浅野　そうそう。一九九〇年代から始まった一元的序列競争の秩序が徐々に限定的になり、それにしがみつくか、距離を置くかという選択が出てきています。今の若者は割と醒めた目で見ているよね。沖縄に限ったことなのか、あるいは全国的な傾向なのかはまだはっきりしませんが。

古波蔵　「勤勉に努力したところで本当に報われるのか」という感覚がリアルになってきていますね。公務員や医者になったとしても、それで本当に幸せになれるのか、みたいな。そこで疑問を抱く若者も増えているかもしれません。

浅野　やりがいのある仕事を求める考え方が広がってきています。九〇年代までは、親や教師から「こうしなければならない」という束縛が強かった。いまや、そのような権威が薄れてきています。中学生や高校生の段階から、自分自身で考え、親や教師からの卒業が早まっていると感じます。最近では、教員になりたい人も減ってきてるじゃないですか。

古波蔵　公務員志望も減っていますね。

浅野　そうでしょうね。昨日も琉大の教授と話していましたが、琉大の教育学部の受験生が大幅に減っているということです。こういうコースを歩めば良い、という有効期限が切れてきているのかもしれません。しかし、オルタナティブな選択肢があるかどうかは不明で、そこに踏み込んだ議論が不足していたのではないかと思います。

私が面白いと感じたのは、中小企業家同友会が行っている「同友会大学」です。ここでは、新入社員をどう指導し、支援するかをテーマにしたワークショップを行っています。参加しているのは零細企業を含む中小企業の経営者たちですが、そこに面白い生き方を探している人が多い気がする。

例えば、沖縄の産業まつりなんかに行くと、いろんな仕事や製品が紹介されていて面白いですよ。いろんな仕事や製品が展示されていて、新しい生き方や仕事を見つけるきっかけになります。南城市でも、いろんなワークショップやイベントをやっていて、沖縄県内だけでなく県外からも人が来て新しい仕事おこしをしているんです。

そういう世界は目立たないけど、教育界でもっと高く評価するべきです。まぁ僕も「沖縄おこし」、「人生おこし」の問題には取り組んでいますが、自分の考えがまだはっきりしていなくて、イメージの提示が弱かったと感じています。

工夫して生きていく沖縄

古波藏　なるほど、驚くほど見ているところが重なっています。僕がコンサルタントをやっているのも、地域の活性化というより、「ストレーターコース」や「ところてんコース」以外の選択

沖縄の産業まつり
「一次から三次にわたる全産業の商品を県民に広く紹介」する沖縄県内最大の総合産業展（主催：沖縄県工業連合会）。毎年秋ごろ、那覇の奥武山公園施設全体を使って行われる。大企業からベンチャー企業まで幅広く出展し、新商品、新しい取り組み、企業理念の紹介などが展示される。様々な商品が販売され、飲食出店も充実しており楽しみにしている県民が多く、一種のフェスティバルの様相を呈している。

肢を早い段階から見えるようにすることに主眼があります。NPOでも、僕らがやっている協同組合のようなかたちでも良いですし、悩んでるならいきなり地域おこし協力隊でも良いかもしれない。過疎地の方に行くと、色々な地域事業者の仕事をバイキングみたいに組み合わせて働くマルチワークの仕組みも整ってきています。

いずれにしても仕事としての地域づくりという選択肢がもう少し一般的になっても良い。例えば、親戚で集まった時に、一人くらいはそういう仕事をしていれば、自身の進路選択の時にも想像しやすくなるじゃないですか。多分、浅野さんが付き合っている人たちも、ガツガツと勉強して納得できない評価基準に合わせるよりも、別の生き方を見つけた方がいいと感じているかもしれませんね。

浅野　沖縄で、たとえば五〇代の人に話を聞いてみると、いわゆるストレーターコースを歩んできた人って実はほとんどいないんです。大企業に入って、そのまま就職したりというのはあまりいなくて、ある程度の割合を占めるのは役所や教員ぐらいで。女性に至っては、終身雇用の企業に勤めている人はさらに少ない。そこで、多くの人が自分たちで考えて生きていく道を見つけています。沖縄は何十年前からか、起業率や開業率、閉業率が全国一位ですよね。これを否定的に見る人もいますが、私はむしろ、いろいろと実験をする精神の中で生きていくことができるので、逆に面白いんじゃないかと思います。

古波藏　公的金融から割と簡単にお金が借りれて、事業を始められやすいという環境は、失業対策として致し方なくそうなっているというイメージもありますが、浅野さんの見方では積極的に評価できる、と。

浅野　そう。たくさんのカフェができては消えていくように、みんな工夫して生きているんです。戦後の沖縄も、まさにそうやって生き抜いてきた歴史があります。外から見ると「年収が低いから苦しいだろう」と思われるかもしれませんが、実際には年収二〇〇万でも十分やっていける地

僕らがやっている協同組合　本書２４３頁註参照。

域です。私も年金だけで暮らしていますが、全く問題なく生活しています。周りを見渡せば、みんな同じような状況で、それでも豊かな生き方をしている人たちがたくさんいます。そういう新しい生き方は、もはや序列ではなく、多様な生き方があるんだということをもっと自信を持って発信していくべきです。

たとえば、私の親しい知り合いで、夫婦合わせて年収三〇〇万か四〇〇万の家庭がありますが、子どもが二人いても豊かな生活をしています。その方はヨガの先生ですが、彼らの生き方はこの地域ではごく普通ですし、それを高く評価すべきだと思います。昭和薬科や沖尚ができたころの高校生と、今の高校生はかなり違っているのではないかと感じます。昔は、いかにして受験で成功するかが重要視されていましたが、今は違う価値観が広がっていると思います。

かつては琉大に入学して、例えば昭和薬科や沖縄尚学から教育学部に来れば、教員になるだろうと期待されていました。一九八五年までは、多くの学生が教師になっていた。

ですが、今では必ずしもそうではない。だんだん変化してきています。たとえばこの間、畳屋さんに畳を替えてもらったら、その人が昔、私がいた教育学部の学生だったんです。それは驚きました。ご夫婦で畳屋をしていて、二人ともに私の学科の卒業生でした。

そういう風に地元で新しい仕事をしている人が増えているんです。これは何か構造的な大きな変化が起こっているのではないかと思っています。

これまでの教育界は、そういう変化を捉える視点は弱かった。九〇年代までは、序列競争の一元的な競争軸が立てられていました。そこで成功するかどうかが重要視されていたけれど、いまや各自が自由に、創造的にやっていくしかない状況になっています。そして、そうやって新しい道を切り開いている人たちが実際に多くいる。そうした人たちの期待に応えるような教育界をどう作っていくか、今の課題になっているんじゃないでしょうか。

古波蔵　浅野さんが直接見ておられるのは、さっきの中小事業者の他、どのあたりでしょうか。

つながりの希求が、何かしら地域に具体的な役割や居場所を見つけて生きていくということになっていけば非常に可能性があると思う一方、もっと曖昧で信用しちゃまずいものに巻き込まれる危険性も感じていて。……そういう怪しい共同性に先んじて、別の道を整備しておく必要があると思って準備しているところです。

古波藏 契

浅野　福祉関係ですね。ここは特に元気がある。たとえば看護師。あの資格は非常に有効で、途中で半分くらい転職したり、自分で仕事を作るんです。僕は沖縄県立看護大学で授業をやっていたんですが、一五年前の教え子が近くで訪問看護センターを運営しています。今では、彼女が私たち夫婦の医療顧問になっています。「我々は訪問看護で死にたいから頼む」ということです。

彼女は地域のデイケアサービスセンターにも関わっていて、教員出身の八〇歳前後の方々がそこでお遊びをしたり、血圧を測ったりしていますが、どうも退屈だと感じているようです。そこで、インテリ層の高齢者も楽しめるような場所を作ろうという話になっていて。僕も大賛成。南城市民大学といって、別に誰かが講義するわけではなく、自分たちで企画を立てて、面白いことを考えています。僕の妻も四、五人でグループを作って「南城ユンタクグループ」と称して色んな活動をしています。

そういう新しい生き方をしている人たちがたくさんいるのに、それを十分に集約できているかどうか。そこが課題だと思っています。沖国大でも、看護大でも、一五年前から面白い学生はいました。よく私のこの家にも遊びに来ていました。高校生でも、ゼロ時間制や七時間制を見直そうという動きが出てきています。学校の中でどう進んでいるかは分かりませんが、そういう変化が兆しとして現れていると思います。

古波藏　確かに兆しはあるかもしれないですね。僕自身も一応薬科出身ですが、やりたい仕事と、食べるための仕事と、いくつも組み合わせて生活していますし、一緒に活動する仲間にも似たようなスタイルの人が多いです。

とはいえ、他方では昭和薬科の志願者数が過去最高を更新し続けているという現象も同時に起きている。志願者といっても小学生なので、その親世代の問題なのかもしれないですが。いずれにしても、萌芽が萌芽のまま、例外的な選択に見えてしまう状態ではあるんだと思います。

浅野　そろそろ誰か資金力のある人が面白い高校を作ってくれたら良いですよね。

古波蔵　それは僕も同感です。以前は「ドロップアウト」と言われていたことを、積極的に選択する人たちが一定数いるのに、それが一般には見えていないだけかもしれない。どんどん獣道を選ぶ人が増えているのに、受け皿になる教育機関の方が現実に追い付いていないだけなのかも。

「つながり」という言葉をめぐって

古波蔵　地域の中で生きていくことがオルタナティブな進路選択の一つになり得るという話だったんですが、それに関わって一つ議論しておきたいことがあります。最近、「つながり」という言葉がよく使われるじゃないですか。僕の今の仕事の一つが地域政策関係なんですが、この業界にいると、会社の名前から事業のキャッチコピーまで、「つながり」という言葉に出会うことが本当に多い。なんだか分からないけれど、とても強い求心力を持っているようです。

数年前に『つながる沖縄近現代史』という本を出した時、想定外に広く受け入れられたものだから、冗談半分、本気半分、タイトルに「つながる」という言葉を使ったのが良かったんじゃないかと話していました。それくらい、社会がつながりというものに飢えている感触がある。

つながりの希求が、何かしら地域に具体的な役割や居場所を見つけて生きていくということになっていけば非常に可能性があると思う一方、もっと曖昧で信用しちゃまずいものに巻き込まれる危険性も感じていて。例えば、かつてのファシズムのようなイメージです。ナチス時代のドイツにしても、戦前の日本にしても、あそこまでファナティックな全体主義に人々を巻き込めたのは、つながりに飢えた人々を国家や民族共同体という幻想的なつながりで包み込むのが上手だったという面がありました。同じことを誰かがやり出すと、非常に具合が悪い。そういう怪しい共同性に先んじて、別の道を整備しておく必要があると思って準備しているところです。この辺りについて、浅野さんはどうお考えですか？

浅野　〝つながり〟という言葉がどこから出てきたのかははっきりしませんが、印象的なのは、医療や福祉の分野で〝社会資本〟という言葉が使われていることです。琉大の保健学科なんかでも、長寿研究の中でつながりの重要性が強調されています。この〝社会資本〟という言葉は、一般には分かりにくいかもしれませんが、私はそれを〝人間関係資本〟と勝手に言い換えて使っています。

古波蔵　ソーシャルキャピタルですね。ちゃんとしたつながりがあるかどうかで、健康と寿命も左右されるという。

浅野　それです。それが実は沖縄にとって大きな財産として存在しているということを医療関係者はよく言うんだけど、一般的にもあるじゃないですか。旅行者が沖縄に来て、暖かい人間関係を感じるというのもその一例です。私自身も『沖縄田舎暮らし』という本を書いたことがありますが、多くの人が最初は沖縄の自然や海に憧れて来ますが、最終的には沖縄の人々の温かさに惹かれることが多いんです。例えば、レストランに入るとおばちゃんが親しげに話しかけてくれたり、沖縄の人々は一見無口に見えても、話し出すとどんどんしゃべる。民泊に来た高校生が、泊まった家のお嬢さんと恋に落ちたりとか……までは滅多にないかもしれないけど、そういう温かさは沖縄の大きな財産です。

上原健太郎さんがやっている聞き取り調査でも、先輩後輩関係のつながりの重要性が分かる。地域で生活していると、ああいうつながりって普通にものすごく多いわけ。それを財産として位置付ける必要があると思う。

別の道を整備しておく……共同性の再構築に向けた社会実験として、対談収録後の二〇二四年一〇月には那覇市栄町市場内にシェア型書店「栄町共同書店」を設立。運営法人は労働者自身が出資・経営を担う労働者協同組合を採用。研究者、アーティスト、編集者六名で共同経営を行っている。

「つながりの希薄化」と「地元つながり」の狭間で

古波蔵　実際に沖縄の人々が温かいのか、内地から来た旅行者の抱く幻想なのかは良く議論されるところですが、そういう議論はとりあえず置いて、歴史的な変化について話しておきたいです。たとえば調査をすると、沖縄でも周囲とつながってる感覚というのは希薄化してきているそうです。五年ごとに沖縄県が行う県民意識調査でも、一〇年前と比べてつながりが強くなったか、弱くなったかを尋ねていますが、毎回「弱くなった」と答える割合が一番多い。これだけ見ていると、だんだん弱まっているようにやはり見える。

他方、浅野さんが実際に身を置いている地域コミュニティは生きているし、打越正行《うちこしまさゆき》さんの調査でも出てくるように、ある部分では職業斡旋や資金融通を媒介する機能を持つネットワークは厳然と存在しているのだと思います。しかし、それらを地域・階層を区別せずに沖縄的なものと一般化することもできないわけですね。このあたりは、上原健太郎《うえはらけんたろう》さんや打越正行さんも恐らく意識的で、岸政彦《きしまさひこ》さんや上間陽子《うえまようこ》さん達との共同研究というかたちで考えているところだと思います。ともあれ、僕として気にかかるのは、県民意識調査なんかに表れているつながりの希薄化傾向、少なくとも主観的には弱まっていると感じられる傾向について、どう考えていくのかということです。

浅野　弱くなったかどうかは分かりません。が、模合なんかがたくさん残っているという事実はあります。この間は新しく本も出ましたよね。また、旧来のつながりがそのまま生きているかどうかというより、かたちを変えながら生きていくという面が大事だと思っています。

一九八〇年代から九〇年代にかけて、コミュニティか、アソシエーションか、という軸で分析

上原健太郎（大阪国際大学）・上間陽子（琉球大学）・打越正行（和光大学）・岸政彦（京都大学）による共同研究が一つの形となったのが、『地元を生きる：沖縄的共同性の社会学』（ナカニシヤ出版、二〇二〇年）。ユイマール的で、理想的なものと捉えられがちな「沖縄的共同性」について、インタビューや参与観察といった社会学の手法を用いて沖縄社会の内部構造（階層やジェンダーの構造）に踏み込んで批判的に検討した労作。沖縄のヤンキー文化に自らの足で分け入って長年研究してきた打越は、比類のない社会調査と研究の途上で、惜しまれながらも二〇二四年一二月に急逝した。

『沖縄のもあい大研究』
平野（野元）美佐（京都大学）著。ボーダーインクより二〇二三年刊行。「模合をめぐるお金、助け合い、親睦の人類学」という副題が示すように、沖縄の模合の体験的観察にもとづく研究書。

してきましたが、最近では社会資本という観点で、ボンディング型とブリッジング型に整理しているのが分かりやすい。ボンディング型のつながりは、いわゆる共同体の縮小崩壊の中で減少しており、今ではブリッジング型、つまりネットワーク型のつながりが主流になってきています。

例えば、この辺の集落は昔からの住民が九割、隣の集落では半数くらいを占めていますが、もともとの住民もボンディング的なつながりからネットワーク的なつながりになってきている。冠婚葬祭を見ても、昔のような強固なコミュニティではなく、ネットワーク型のつながりが主流になっていることが分かります。私自身、この地域である意味、重鎮的な役割を担わされていて、祭りや集まりで老人代表として挨拶をさせられることがよくあります。二〇年しか住んでいないのに、二百年、三百年前の話をさせられて、「なんで私が」と思うんだけど（笑）。

そういうボンディングとしてのつながりは作れなくなっていく地域では、いかにしてアソシエーションとして、あるいはネットワークとして、意識的に作っていくかという問題に真正面からぶつかってきている。

東京都立大学の乾彰夫さんが「地元つながり」という良い表現をしているんだけど、コミュニティかアソシエーションかではなくて、いわばコミュニティの概念も大きく変わってきている。伝統的な共同体ではないけど、かといって純粋な結社としてのアソシエーションでもない。そこをどうやって繋げるかという話ですね。

こうした変化に対応しているのが、例えば零細企業の人たちや、日常的には模合です。模合は今でも人々を繋げる役割を果たしています。また、青年会やエイサーも結社としての役割を果たしていて、例えば浦添の内間では、昔のバイク熱中者を集めてエイサーをやって、地域を変えた事例もある。山城《やましろ》千秋《ちあき》さんの本にそういう例が書かれています。

こうした動きはさまざまなレベルで起こっています。婦人会や老人会が解散する一方で、新しい形の組織作りが進んでいます。福祉や訪問介護センターも、どうやってそれに結集していくか

『沖縄の「シマ社会」と青年会活動』山城千秋（熊本大学）著、エイデル研究所二〇〇七年出版。沖縄各地の青年会活動を、自らの体験・見聞・聞き取りをもとに描き分析をしている画期的文献。

が課題です。上間陽子さんがかかわる若年出産の母親たちをサポートする取り組みや、子ども食堂の活動も、別に結集はしなくていいけど、連携が求められる分野です。こうした変化に対応して受験校の生徒たちも変わってきているんじゃないのかな。

古波藏　そこは知りたいところですね。一様ではないでしょうし、漠然とですが、さっき言った二極分化している可能性も考えておいた方が良い気もしています。つまり、なんとか勝ち抜けするしかないんだという切迫感が高まりつつ、そのプレッシャーの反動もあってオルタナティブを模索する動きが連動して展開しているというか。

浅野　上に駆け上がろうとする人たちの中でのつながりも大事です。沖縄出身者のつながりって、大学の世界でも大きいじゃないですか。我々は四〇年前に日本生活指導学会を一緒に作ったものですが、今やパラダイムが変わってきている。学会を作る時代は終わって、集まりを作る時代になったと思う。

古波藏　そうですね。集まりと言えるかは分からないですが、僕らも新しい研究コミュニティのかたちを色々実験しているところです。ただ、過去を知らないと、それが本当に新しいのか分からない。新しいことをやっているつもりで、何周か遅れの取り組みを繰り返してるだけ、ということも良くあります。今回の対談企画も、そういう問題意識からです。浅野さん達が何を問題にして、何に取り組んで、何を積み残して、今どこを見ているのか聞いておかないと、議論も実践も積もっていかないと思うので。

沖縄の夢を語る会

浅野　僕はずっと、公務員、医者になろうという若者には、それ以外にも面白い世界があるよ、と勧めてきました。瑞慶覧長敏（元南城市長）みたいに、琉大からアメリカの大学に行って、また戻って来てとか、そういう生き方もありじゃないかと。

一九六〇年代のインテリゲンチャはワイワイしていました。政治に燃え、文学に燃え、音楽に燃えていました。どうやって今の若者たちが同じように燃えさせるものを作るか。

その頃は世の中を大きな物語で論じる中で学生が育っていったけれど、八〇年代後半から自分なりに新たな道を作っていくという世代が出て来た。今の世代、例えば上間陽子さんやあなた方も、面白い世界を作り始めている。その中で沖縄の強みをどう打ち出していくか。それは大きな物語作りとは違う、パラダイムシフト的な展開だと思うんですよね。例えば、南風原高校が地域芸能科を設立した時期には大きな盛り上がりがありましたが、今では少し萎んでしまったようで勿体ないですね。

さっきもちょっと話したけど、僕の本を大量に売ってくれた比嘉靖も、そういう考えを持っていた。受験校じゃないエリート高校をどうにか作ろうとして二〇年間アプローチしたんだよ。いろんな企画案も作って、金をなんとか集めて動いたけど、結局は上手くいかなかった。そういう高校を作る事だな。塾でも良い。一時期、僕もちょっと乗っかかったことあるけど、それこそまちづくり大学が一番手っ取り早いと思う。実業界がポンとお金を出して、N高みたいなものを作る動きも、良いところに着目しているなと思います。

学童指導支援員のような集団も、沖縄ではすごい勢いがあります。彼らの活動も見逃せないですね。影響力も大きいと思いますよ。例えば、浦添の学童クラブから始まって、アートの力をどうやって引き出すかという取り組みが広がっています。学校教員はどうかと言うと、そういうことに情熱を持つ人たちは、だいたい定年退職してしまっているんですよね。こう言っては悪いですが。あぁ、話が飛んじゃいましたね。

古波蔵　いや、一番大きな夢を描いて終わりたいので、いい流れです（笑）。ところで、さっき老人の面白い組織を作りたいとおっしゃっていましたが、もう作り始めているんですか？

浅野　いやいや、まだ具体的に始めているわけではなくて、この間、半分冗談で訪問看護センターの彼女と話していたんです。南城市が「こどものまち宣言」を作った時、一緒に委員をやっていました。福祉関係の人たちから、いろいろな話が持ち込まれてくるのよ。例えば、看護師さんたちは仕事が安定しているし、給料も悪くないので、新しいことを始める余裕があるんです。実際、一昨日、お医者さんの仕事を減らして保育園の園長をやっている人に会って驚きました。給料は全然違うのに、「医者はやらないんですか？」と聞いたら、たまにバイトで行く程度だと言っていました。こういう人が出てきているんです。

古波藏　分かります。お金の価値が変わってきているというか、収入に対する考え方が変わってきている感触があります。何か価値あるものに交換できると期待するからお金が輝いて見えるわけですが、どうも期待できそうにない。勤勉に働いてある程度稼げば、人並みの幸せが手に入るという確信も持てなくなっている。そうなると、お金のために無理にやりたくもない、誰の役に立っているのかも分からない仕事をするのは割に合わない。それより最初から価値があると思える仕事を選ぶ方が良い、ということになる。だから実際、収入が減っても地方に移住して、人の役に立っていると思える仕事をしたいという若者が一定数現れ始めているんだと思うんですよね。

浅野　昔は一千万ぐらいの収入を目指していたかもしれないけど、沖縄では五百万、六百万円の世帯収入なら、それなりに落ち着いた暮らしができるじゃないですか。僕は桁外れにお金を使わない生活をしているので、感覚が違うかもしれませんが。

古波藏　新しいことを始めるのに良い場所かもしれませんね。

浅野　沖縄の夢を語る会のようなものをやっても面白いかもしれません。「沖縄の夢を語る講座」なんて公開講座を作って、そこで集まった五人衆、六人衆でワイワイと次の企画を練るとかね。

南城市、浅野邸にて

※補記　この対談に触発されたことを、ブログ「沖縄南城・人生創造・浅野誠」の二〇二四年夏の連載「私の沖縄（歴史）研究」で書いているので参照されたい。（浅野記）

munugatai next

おわりに

世代を超えて問いを共有する

古波藏契

学術研究の世界は、世代を超えた対話の積み重ねで構成されている。前の世代が考えてきたことの上に新しい発見を付け加えたり、うまくいってない部分を修正したりしながら進めていく。「先行研究レビュー」の作業を怠った学術論文は容赦なくリジェクトされるし、自分の議論も後続世代に踏み越えられる前提で書く。要するに研究活動は、会ったこともない先人から、まだ生まれてもいない次世代まで含めたチームで取り組む共同作業だ。

もちろん、それは原則論であって、実践するのは難しい。自分の議論は先行研究より優れていると思いたいものだし、時間をかけて構築した理論にケチをつけられるのは面白くない。建前上は「批判を乞いたい」と言っても、実際に批判されると腹が立つ。それでも、どうにか堪えて原点に踏みとどまり、我執を抑え込みながら議論を重ねているというのが実際のところだろう。

そのように共同作業としての研究という営みは、かなり際どいバランスの上に成り立ってきた。沖縄研究も同様だ。だが昨今、さらに危うい段階に差しかかっているように見える。たとえば業績至上主義の風潮は、若手研究者に学会での報告数や学会誌での掲載数を競うように強いている。手っ取り早く業績を稼ぎたければ、専門分野を狭く絞ったり、先行研究を小さく切り縮めたりして自分の業績を大きく見せるのが一番だ。すぐに答えの出ない難問は、棚上げにして先に進むしかない。それは個々人の研究態度の問題というより、研究を取り巻く環境に規定された構造的な問題であり、精神論で乗り越えられるようなものでもない。詳述すると愚痴になるので省略するが、とにかく議論を丁寧に積み上げるという研究活動の最も基本的な部分が危うくなっている。

二〇二一年に『つながる沖縄近現代史』を出した時も、似たような問題意識があった。沖縄近現代史研究の世界も専門分化が進み、近代史と現代史の研究者がまともに議論することも難しくなるなかで、一般の通読に堪える沖縄近現代史像を構築するのが、当時の狙いだったと思う。だから、どちらかと言えば、同世代の研究者を隔てる専門分野の垣根を超えることに力を入れていた。

それに対して今回の企画では、世代間の断絶に焦点を当てている。自分達の議論が先行する議論の積み重ねに連なっているのか点検するとともに、理解し難い部分や未解決の問題をあぶり出し、考え続けるべき問いとして設定し直す。そのための方法として、編者を含めた若手・中堅の研究者・実践者と、同じ分野で活躍してきた上の世代との対談という方法を採った。

上の世代の面々は、同じ分野に身を置く人なら一度は名前を耳にするベテランあるいはレジェンド達だ。今も様々な媒体で精力的に書いたり喋ったりしているメンバーだから、その著書を読めば、だいたいの考えは把握することができる。他方、その議論を後続世代がどのように受けとめられているのかと言えば、必ずしも明らかではない。本人がこだわり抜いた部分ほど、現役世代にとっては理解し難く、取扱いに難儀するからなおさらだ。世代が違えば、立場も経験も違う。対談相手となる若手・中堅の役割は、そうした違いを超えて共有すべき問いを発見していくことだった。

たとえば、高良倉吉の琉球史像は広く知られているが、なぜ今の沖縄を考えるのに琉球史が必要なのか。そこで立ち止まって考えるために、安良城盛昭が巻き起こした七〇年代の論争にまで遡ってみる（mumugatai 1）。沖縄戦の記憶の継承が大事なことに異論は出にくいが、それを伝える場所としての学校や、使われてきた言葉のあり方に問いを立ててみる（mumugatai 3）。あるいは、経済や教育など、日本本土との「格差是正」が至上命題となってきた分野で、「自立」という言葉の内実を問い直す（mumugatai 4・mumugatai 7）。伊波普猷という「立派な思想家」の躓きにこだわり（mumugatai 6）、国境や県境に仕切られた歴史像を相対化し、越境する人々のつながりを軸にした「民衆史」を構想し（mumugatai 2）、男の話ばかりの沖縄戦後史を「うない」の経験から描き直してみる（mumugatai 5）。

収録を終えて振り返ってみると、学問や実践の現場で前提として不問にされてきた領域にこそ、上の世代のこだわりがあったように思う。そこに光を当て、問いとして設定し直すことができたとすれば、本企画の獲れ高としては十分だと思っている。同じ空間に身を置いて直接言葉を交わしていると、書かれた文字だと了解し難い意見にも、向き合いやすくなるから不思議だ。もちろん、どの話題も一度の対談で済むものではない。今回の対談は、研究という共同作業を通して続く対話の頭出しに過ぎない。

最期に、対談に参加してくれた全てのメンバーに感謝したい。永遠に続きそうな対話を紙幅の都合でバサバサとカットせざる得なかったことは気がかりだが、場所を変えながら続いていくものと思っている。

編者近影
左から、古波藏契、前田勇樹

かたりあう沖縄近現代史
——沖縄のこれからを引き継ぐための七つのムヌガタイ

二〇二五年一月三〇日　初版第一刷

編　者＝前田勇樹・古波藏契

発行者＝池宮紀子

発行所＝(有)ボーダーインク
〒九〇二—〇〇七六
沖縄県那覇市与儀二二六—三
電話（〇九八）八三五—二七七七
https://www.borderink.com

ブックデザイン・イラスト＝宜壽次美智

印　刷＝株式会社　東洋企画印刷

ISBN978-4-89982-479-4　C0020
printed in OKINAWA,Japan